Por dentro do roteiro

Tom Stempel

Por dentro do roteiro

Erros e acertos em *Janela indiscreta*, *Guerra nas estrelas* e outros clássicos do cinema

Tradução:
Maria Inês Duque Estrada

Revisão técnica:
Erik de Castro
Diretor e roteirista de cinema

ZAHAR

Para Ilana

Título original:
Understanding Screenwriting
(Learning from Good, Not-Quite-So-Good, and Bad Screenplays)

Tradução autorizada da primeira edição americana, publicada em 2008 por The Continuum International Publishing Group Inc., de Nova York, Estados Unidos

Jorge Zahar Editor Ltda.
rua Marquês de S. Vicente 99 – 1º | 22451-041 Rio de Janeiro, RJ
tel (21) 2529-4750 | fax (21) 2529-4787
editora@zahar.com.br | www.zahar.com.br

Grafia atualizada respeitando o novo Acordo Ortográfico da Língua Portuguesa

Preparação: Felipe Harrison | Revisão: Eduardo Farias, Taísa Fonseca
Capa: Ana Fortes | Composição: Susan Johnson

CIP-Brasil. Catalogação na fonte
Sindicato Nacional dos Editores de Livros, RJ

Stempel, Tom, 1941-
S849p Por dentro do roteiro: erros e acertos em Janela indiscreta, Guerra nas estrelas e outros clássicos do cinema / Tom Stempel; tradução Maria Inês Duque Estrada. – Rio de Janeiro: Zahar, 2011.

Tradução de: Understanding screenwriting: learning from good, not-quite-so-good, and bad screenplays
ISBN 978-85-378-0526-8

1. Redação de textos para o cinema. 2. Roteiros cinematográficos – Técnica. I. Título.

CDD: 803.23
11-1148 CDU: 808.1:791.632

Sumário

Introdução

Este livro não fala sobre mim; fala sobre você.

Sou um professor, não um guru. Como um sábio professor disse um dia, com um guru, tudo gira em torno dele – sua visão e a lealdade de seus discípulos –, enquanto, com um professor, tudo gira em torno do aprendizado dos estudantes. Acredito, e espero, que tenha em todos estes anos evitado me tornar um guru. Só de imaginar um grupo de inocentes deslumbrados sentados aos meus pés, observando-me com admiração e beijando a barra das minhas calças, fico enjoado. Você deve ler este livro por *sua* causa, seja como roteirista, diretor, produtor, executivo de criação, crítico, historiador, estudante dessas disciplinas ou simplesmente como fã de cinema que queira ler sobre roteiros. Embora este livro seja direcionado, às vezes claramente, a roteiristas e aspirantes a roteiristas, lembre-se de que filmes são uma mídia colaborativa. Aqueles que colaboram com os roteiristas – não apenas diretores, atores e produtores, mas também os espectadores – podem aprender muito para ajudá-los em sua função.

Existem duas grandes maneiras de aprender com este livro.

A primeira é através de minhas observações sobre os roteiros e os filmes resultantes. Sou um historiador do cinema especializado em história da criação de roteiros há quarenta anos, e leciono sobre roteiros no Los Angeles City College desde 1972. Isso me levou a analisar mais roteiros e filmes do que eu poderia enumerar. Entre meu curso de roteiros e outro sobre estrutura de filmes, orientei muitos alunos através de muitos filmes. Alguns dos roteiros e dos filmes sobre os quais escrevi neste livro (os bons, é claro) também passaram por análises detalhadas em minhas aulas. Posso garantir que você não vai concordar com todas as minhas conclusões (*eu* posso não concordar com todas as minhas próprias conclusões da próxima vez que assistir a esses mesmos filmes), mas os comentários vão lhe dar algo em que pensar. E posso garantir que cada capítulo que você achar muito longa, alguém vai achar muito curta, e vice-versa. Aqueles que leram o primeiro rascunho deste livro não chegaram a nenhum consenso sobre o tamanho das partes. Você provavelmente não vai se surpreender ao saber que eu gostaria de entrar em muito mais detalhes sobre vários filmes dos capítulos "Tomadas curtas". Se achar que dei pouca atenção a um filme, faça sua própria análise.

Como deve ter percebido, gosto de um livro com o qual é possível argumentar. É uma razão para meu estilo ser tão informal. Os poucos autores que tentaram analisar roteiros e filmes acabaram por forçar os roteiros a se enquadrarem com rigidez às suas próprias regras. Neste livro as análises são feitas na hora, como faríamos ao assistir a um filme. É por isso que soa, especialmente nos capítulos maiores, como se eu estivesse contando a história de cada filme, em vez de reunir todas as informações numa grande síntese. Você não vai encontrar As Grandes Regras de Como Escrever Roteiros neste livro. Escrever roteiros, assim como criar qualquer forma de arte, é um processo muito circunstancial. O que funciona para um não funciona para outro, como algumas das discussões deste livro vão demonstrar. Esta é a chamada lógica criativa, da qual falarei mais adiante.

Outra coisa que se deve aprender com este livro, e muito mais importante que minhas observações sobre filmes, é como você deve observar roteiros e os filmes por conta própria e desenvolver suas próprias habilidades nisso. Não estarei ao seu lado no futuro, sussurrando ao seu ouvido sempre que você lê um roteiro ou assiste a um filme. Certo, talvez eu esteja lá de forma metafórica, depois que tiver lido este livro, mas não literalmente. O romancista Joseph Conrad disse que, antes de tudo, queria fazer as pessoas *verem*. D.W. Griffith disse o mesmo sobre seus filmes. Não quero apenas que você veja, mas que pense sobre o que está vendo.

Podem ter notado que me refiro tanto a roteiros quanto a filmes. Quem mora em Los Angeles ou em outra cidade grande pode ter acesso a bibliotecas com roteiros de filmes, algumas das quais menciono aqui. Também pode comprá-los no eBay, ou em outros sites, ou até lê-los na internet. Mas em muitos casos só poderá ver o filme e/ou o DVD, e imagino que vai ver o filme antes, durante ou depois de ler o livro. Com raras exceções, os comentários encontrados em DVDs não incluem os roteiristas; ainda espero pelo dia em que cada roteirista tenha espaço nos extras para reclamar sobre como o diretor arruinou seu trabalho. De qualquer forma, você vai aprender a olhar o filme do ponto de vista do roteiro. Em alguns casos vou discutir um rascunho ou outro do roteiro e sua evolução, embora a discussão de *Kinsey* (2004) tenha sido a única na qual tive acesso a material geralmente inacessível ao público. Se estou ensinando a analisar roteiros sozinho, tenho de ensiná-lo a fazer essa análise com os materiais que estejam a seu alcance. Já que muitos leitores não serão roteiristas, discutirei também os outros colaboradores do filme e como suas contribuições trouxeram à tona o melhor do roteiro ou (como costuma acontecer) o prejudicaram. E, caso queira tornar-se roteirista, lembre-se do comentário do grande escritor americano Ernest Hemingway: só se pode aprender a escrever sentando o rabo na cadeira e escrevendo. Mas pode-se desenvolver o conhecimento de sua arte estudando seu passado e seu presente.

Uma vez que sou tanto um instrutor de roteiros quanto um historiador do cinema, muitos de meus alunos mais novos ficam confusos quando menciono um filme, mesmo um muito famoso, lançado quando nem eram nascidos. Neste livro, presumo que você tenha um conhecimento básico da história cinematográfica americana. Portanto, se não tiver assistido a *O nascimento de uma nação* (1915), *Intolerância* (1916), *A general* (1927), *Vinhas da ira* (1940), *Jejum de amor* (1940), *Cidadão Kane* (1941), *Pacto de sangue* (1944), *Sindicato de ladrões* (1954), *Doutor Fantástico* (1964) e *O poderoso chefão* (1972), feche este livro e vá assisti-los agora mesmo. Mas tentei me ater a filmes lançados nos últimos 25 anos, já que havia comentado filmes mais antigos em 1982, quando escrevi *Screenwriting*. Ainda assim discuto alguns clássicos que, por serem tão bons, têm coisas a ensinar até a quem já trabalha em cinema. Incluí, por exemplo, *Janela indiscreta* (1954) e *Lawrence da Arábia* (1962), não apenas por serem grandes roteiros que ainda servem de inspiração para aqueles que escrevem hoje, mas porque são considerados filmes de diretor. Com eles, você pode ter uma ideia da importância de um bom roteiro mesmo para grandes diretores como David Lean e Alfred Hitchcock.

Descreverei 21 filmes em detalhes e, para cobrir o maior número e variedade de roteiros, assim como suas diferentes abordagens, falarei também, brevemente, de 32 roteiros. Além de capítulos que lidam com mais de um filme (discutiremos três trilogias), há um capítulo, "Tomadas curtas", no final de cada parte. Tanto os capítulos longos quanto os curtos são escritos de forma interativa, no sentido de que posso explicar alguns dos elementos do filme em detalhes, ou apenas orientá-lo a perceber certas coisas da próxima vez que assistir a ele. Vou citar certas falas, mas não diálogos inteiros, já que você deve *ouvi-los*, não *lê-los*. Mas, se você insistir em ler todo o texto ou não conseguir uma cópia do filme, poderá checar a seção de "citações famosas" para cada filme no site Internet Movie Database (IMDb). Talvez seja frustrante quando eu começo uma discussão no momento em que você está interessado na história do filme, mas acho que, uma vez que a maioria de vocês deve ter assistido a DVDs ouvindo comentários dos realizadores, não terão muitos problemas com isso.

Você também perceberá que, quando falo de um filme, refiro-me especificamente à sua duração em minutos. Isto é para dar uma ideia de como o filme flui ao longo da sua duração. Às vezes também faço referência a páginas específicas do roteiro, seja do original ou da versão publicada. Como você talvez saiba, uma regra geral é que uma página do roteiro corresponde a um minuto na tela, ainda que a regra não seja absoluta (e vou comentar suas exceções). Por vezes falarei muito do diálogo, citando falas específicas. Em outras, mal falarei da existência do diálogo. Atores e diretores serão mencionados ou não. Se minha abordagem varia de roteiro para roteiro, é porque *sua* abordagem também vai variar enquanto estiver aprendendo com cada roteiro. Não raro você terá apenas o filme e em outras vezes apenas o roteiro, e terá que desenvolver várias abordagens diferentes.

A pergunta mais óbvia que você deve estar fazendo é: por que esses filmes? Posso dizer que, entre as várias pessoas que leram os diferentes rascunhos deste livro, nunca houve NENHUM consenso sobre quais filmes deveriam ser incluídos e quais deveriam ser excluídos. Um leitor adorou o capítulo sobre *Lawrence da Arábia*; outro achou que deveria ser removido. Um dos leitores (e ainda por cima, um editor!) achou que o livro deveria lidar apenas com os bons roteiros e abandonar as outras duas partes; outro gostou mais das partes "Não tão bons" e "Ruins". E houve até um leitor que me enviou uma página inteira, sem nenhuma linha em branco, com filmes que achava que eu deveria acrescentar *além* dos que eu havia decidido comentar neste livro. Portanto, não perca seu tempo preocupando-se com o porquê das minhas escolhas; apenas pense no que você pode aprender com elas.

Escolhi cada filme porque achei que você poderia aprender alguma coisa sobre construção de roteiros com ele, mesmo com aqueles não tão bons e ruins. Afinal de contas, é por isso que escolas de medicina estudam doenças e as escolas de negócios estudam o fracasso do Ford Edsel e da Nova Coca-Cola. Parte do meu propósito ao escolher filmes menos do que perfeitos é treiná-lo a encontrar problemas, para que possa resolvê-los em seus próprios roteiros. Garanto que seu primeiro rascunho não será perfeito. Mas é por isso que Deus inventou o segundo rascunho. E o terceiro, e o quarto, e...

Escolhi uma variedade de filmes, sobretudo dos tipos mais produzidos atualmente. Você encontrará, portanto, filmes de ficção científica (*Guerra nas estrelas – Episódios I, II e III* [1999 em diante]), filmes de terror (*Jurassic Park I, II e III* [1993 em diante]), filmes de adolescentes excitados (a série *American Pie* [1999 em diante]), comédias românticas (*Sorte no amor* [1988]), e até filmes históricos (*Titanic* [1997]). Além de filmes de alto orçamento, falarei também de vários filmes de baixo orçamento (*Kinsey* [2004] e muitos outros no capítulo "Tomadas curtas"). Os aspirantes a roteiristas (e a produtores e diretores) que lerem este livro provavelmente terão mais sorte para conseguir entrar no mercado de trabalho escrevendo e dirigindo seu próprio filme de baixo orçamento. Esses filmes dependem ainda mais de um bom roteiro, visto que não podem esconder roteiros fracos atrás de efeitos especiais, cenários, atores famosos etc. Você terá mais chance de demonstrar seu talento como escritor em um filme de baixo orçamento.

Algo que sempre me impressionou nas pessoas mais talentosas que conheci foi a receptividade a aprenderem coisas novas. Aqui estão três histórias que ilustram a importância de tentar aprender.

Nos anos 1960, Nunnally Johnson, o grande roteirista de *Vinhas da ira*, me disse que precisou assistir duas vezes a *Um estranho casal* (1968), de Neil Simon. Ele contou que riu tanto na primeira vez que não foi capaz de entender como Simon havia conseguido isso.

Em outra ocasião, Nunnally e eu resolvemos assistir a *Crepúsculo de uma raça*, de John Ford, lançado em 1964, que estava passando na TV. Nunnally estava escrevendo um grande *western* para o produtor Jack Warner e ainda não vira o filme de Ford. Ele desligou a TV meia hora depois e me disse que "não se pode aprender nada de um filme como esse". Ele *não* quis dizer que o filme era bom demais. Eu, no entanto, como você vai ver na parte de filmes ruins, acredito que podemos aprender muito com filmes ruins. A propósito, tentei não ser muito sarcástico em meus comentários sobre os roteiros não muito bons. Eles foram escritos por roteiristas talentosos e esforçados, que acabaram cometendo erros. Acontece com todos nós, e podemos aprender muito não apenas com nossos próprios erros, mas também com os dos outros.

Em 1945, na Inglaterra, Noel Coward escreveu, e David Lean dirigiu, um lindo filme chamado *Desencanto*. No filme, Laura, uma mulher casada, se apaixona por Alec, que também é casado. Eles resistem muito antes de consumarem seu relacionamento. Um dia, Alec diz a Laura que tem um amigo que está fora da cidade e o deixou usar seu apartamento. Eles vão para o apartamento, mas, antes que algo possa acontecer, o amigo chega e Laura sai correndo.

Quando o filme estreou nos Estados Unidos, Billy Wilder assistiu e, sendo ele Billy Wilder, ficou pensando sobre o personagem do amigo. Por que emprestou o apartamento para uma coisa daquelas? Ele costumava fazer isso? Como ele se sentia ao chegar em casa e ver seus lençóis desarrumados e sua garrafa de bebida aberta? Wilder percebeu que não tinha uma história, apenas um personagem e uma situação, e então engavetou a ideia (nunca jogue nada fora.)

No início dos anos 1950, o produtor Walter Wanger, marido da estrela de cinema Joan Bennett, descobriu que ela estava tendo um caso com um agente, Jennings Lang. Wanger atirou em uma área muito delicada da anatomia de Lang e acabou indo para a prisão, onde descobriu que as condições de vida em uma penitenciária eram um ótimo assunto para um filme. Quando foi libertado, Wanger produziu *Rebelião no presídio* (1954). Como a roteirista Phoebe Ephron, à beira da morte, falou para a filha, Nora, no hospital: "Tome nota. Tudo é cópia."

Enquanto isso, no julgamento, descobriu-se que Bennett, por ser uma estrela de cinema, não ia a motéis com Lang: os dois se encontravam no apartamento de um funcionário da firma de Lang. Ao saber disso, Wilder pensou: "É claro. Esse é o 'amigo' de *Desencanto*." Anos depois, ele e I.A.L. Diamond escreveram um roteiro sobre um executivo que emprestava seu apartamento aos chefes para seus encontros amorosos. Foi a origem de *Se meu apartamento falasse*, de 1960, que rendeu a Diamond e a Wilder o Oscar de Melhor Roteiro Original.

Mas a história ainda não acabou. Vinte e oito anos depois, eu conduzia um seminário sobre a história da criação de roteiros no American Film Institute. Uma noite tive como palestrante convidado Edward Anhalt, que havia escrito *Os deuses vencidos* (1958), estrelado por Marlon Brando. Enquanto falava sobre trabalhar com Brando, Anhalt mencionou que Lang e Bennett se encontravam no apartamento de *Brando*. O funcionário tinha assumido a culpa para proteger Brando e foi despachado para o escritório de Londres. Anos depois, ele se tornou um produtor e o astro de um de seus filmes foi... Marlon Brando. Se Billy Wilder tivesse sabido disso na época, ele não teria imaginado o filme.

Então, mesmo que você cometa erros, preste muita atenção.

"Tome nota. Tudo é cópia."

PARTE I

Os bons

1. *Lawrence da Arábia*

Lawrence da Arábia
(*Lawrence of Arabia*, 1962. Baseado em *Os sete pilares da sabedoria*, de T.E. Lawrence. Roteiro de Michael Wilson e Robert Bolt. 216 minutos na versão restaurada de 1989)

Thomas Edward Lawrence foi um jovem britânico estudioso do Oriente Médio que serviu no exército durante a Primeira Guerra Mundial. Enviado para ajudar na revolta árabe contra o Império Turco, patrocinada pela Grã-Bretanha, Lawrence liderou com sucesso a guerrilha árabe contra os turcos. Quando a guerra acabou, quase ninguém fora dos círculos militares conhecia Lawrence.

A fama de Lawrence veio de um jornalista-cineasta, Lowell Thomas, que filmou o superior de Lawrence, general Allenby, e o próprio Lawrence. Em suas palestras de 1919, Thomas descobriu que o público acabava interessando-se mais por Lawrence do que por Allenby. Lawrence tornou-se uma das primeiras estrelas do filme-documentário.

Thomas escreveu um livro sobre suas experiências, e Lawrence também escreveu seu próprio livro, *Os sete pilares da sabedoria*. Dos anos 1920 em diante houve várias tentativas malsucedidas de fazer um filme sobre Lawrence. O filme de 1962 começou com o produtor Sam Spiegel. Ele precisava convencer o irmão de Lawrence, A.W. Lawrence, que cuidava do espólio literário de Lawrence, a vender os direitos de filmagem de *Os sete pilares*. Spiegel contratou Michael Wilson, roteirista que estava na lista negra de Hollywood, mas que havia redigido os últimos rascunhos do filme anterior de Spiegel, *A ponte do rio Kwai* (1957), para dar ao livro um tratamento cinematográfico. O irmão aprovou o tratamento e vendeu os direitos para Spiegel.

Wilson começou a trabalhar no roteiro. Como o historiador Adrian Turner deixou claro, o roteiro de Wilson forneceu a estrutura geral do filme. No entanto, Wilson escreveu uma visão mais sombria de Lawrence, mais sábia e mais descrente do que aquela mostrada na tela. Os personagens árabes tinham muito pouca dignidade. Wilson tentou manter o maior número possível de personagens do livro de Lawrence, assim como incluir a maior quantidade de material do livro de Thomas, e o roteiro acabou com imensas 311 páginas, contendo, como David Lean, o diretor contratado por Spiegel, escreveu em uma de suas notas, "assaltos a trens demais".

O terceiro rascunho de Wilson, o último no qual trabalhou, tinha 273 páginas e foco maior na política do que nos aspectos da personalidade de Lawrence nos quais Lean pretendia concentrar o filme. Assim como nos rascunhos anteriores, o diálogo era adequado, mas um pouco sem graça. O roteirista contratado para substituir Wilson foi Robert Bolt, que tinha terminado uma peça bem-sucedida em Londres, *O homem que não vendeu sua alma*. Ele nunca havia escrito um roteiro. Wilson, por estar na lista negra, não recebeu nenhum crédito no filme; seu nome foi reconhecido apenas em 2002 para o quadragésimo aniversário do filme, no lançamento do DVD comemorativo. Agora discutiremos o filme, com referências às contribuições de Wilson e de Bolt.

O filme começa com os créditos iniciais aparecendo numa tomada aérea de um homem mexendo em sua motocicleta, sem nenhuma legenda designando tempo ou lugar. Ao final dos créditos, o homem monta na moto e parte. Então podemos ver um pouco de seu rosto, mas, como está de óculos, não conseguimos identificá-lo. As tomadas da estrada, do ponto de vista da motocicleta, nos levam quase que fisicamente para dentro do filme, não na versão em DVD, mas com certeza nas cópias de 70mm. A moto desliza para fora da estrada, o homem é jogado para longe, e seus óculos ficam presos em um galho. No roteiro lê-se apenas: "desliza [através da estrada] em direção à CÂMERA." Essa abertura nos leva para dentro do filme, e levanta a pergunta que o resto do filme vai desenvolver, sem responder totalmente: se retirarmos a máscara dos óculos, quem é esse homem?

A primeira resposta óbvia está na tomada seguinte. Vemos o busto de um homem, com um dos muitos nomes que usará durante o filme, T.E. Lawrence. Dois homens observam o busto, e um deles, o coronel Brighton, diz: "Ele era o homem mais extraordinário que já vi." Um padre, de pé ao seu lado, pergunta: "Você o conheceu bem?"

"Eu o conheci."

"Bem, *nil nisi bonum* [o início de uma frase em latim que significa 'não fale nada além de coisas boas daqueles que morreram'], mas ele realmente... merecia ter um lugar... aqui?" Em quatro linhas, Bolt sugeria as diferenças de opinião sobre Lawrence que irão continuar por todo o filme. A versão desta cena no roteiro final é uma das poucas que estão substancialmente alteradas no filme. No roteiro, vemos um pouco da cerimônia, antes que Brighton caminhe até o busto, o que leva o padre, depois de dizer "*nil nisi...*", a refletir se não existe "algo... desproporcional em tudo isso". É só então que temos o comentário de Brighton afirmando que Lawrence era um "sujeito notável". Por que a cena reescrita é melhor?

"Aqui" é a Catedral de São Paulo, em Londres. As pessoas estão saindo, podemos supor (de novo sem nenhuma legenda ou aviso na porta da catedral, mas com as pessoas vestidas formalmente), de um serviço religioso, quando um repórter se aproxima de lorde Allenby e lhe pede algumas palavras sobre Lawrence. Ele responde: "O quê? Mais palavras?" Em 1962 já havia *vários* livros e artigos sobre Lawrence e muito mais ainda por vir. O que Bolt está dizendo à plateia nessas quatro palavras é: não procure por uma explicação de Lawrence no diálogo. Esse não é um filme sobre palavras, e não vai surgir no final um psiquiatra "explicando" Lawrence. Muitos críticos, desde 1962, reclamaram que o filme não "explica" o personagem de Lawrence. E não explica mesmo; ele o mostra, e é disso que se faz um bom roteiro. Veremos muitos exemplos tanto de explicar, quanto de mostrar, nos filmes discutidos no restante deste livro. Um dos comentários mais inteligentes nas resenhas do filme foi o de um crítico que disse que Lawrence era mais ele mesmo não nas tomadas próximas, e sim nas tomadas aéreas, quando atravessava o deserto a camelo. Você deve se perguntar quando seus personagens são mais eles mesmos?

Allenby então explica de forma convencional o envolvimento de Lawrence na guerra e, quando o repórter o pressiona a dizer mais, responde: "Não. Não, eu não o conheci muito *bem*, sabe." O que é um tanto irônico, considerando-se que Allenby o conhecia tão bem quanto qualquer outra pessoa. O repórter vai entrevistar Jackson Bentley, a versão completamente ficcionalizada de Lowell Thomas. Bentley fala para o repórter que Lawrence era "um poeta, um erudito e um grande guerreiro". Mas, quando o repórter vai embora, Bentley vira-se para o amigo e continua: "E o exibicionista mais sem-vergonha desde Barnum e Bailey." A combinação de falsa sinceridade e sarcasmo presente em Bentley é estabelecida com apenas duas frases. A última frase é ouvida pelo oficial médico, que diz considerar o comentário "uma grave ofensa". Bentley pergunta se ele o conheceu, e o oficial médico diz que um dia teve a honra de apertar a mão de Lawrence em Damasco. É óbvio que vamos ver Brighton, Allenby e Bentley novamente, já que são interpretados por atores famosos (Anthony Quayle, Jack Hawkins e Arthur Kennedy). Não veremos o padre novamente, mas e o oficial médico? Sim, veremos, porém só depois de três horas e vinte minutos e, mesmo assim, não da forma sugerida pela cena. Tenho certeza de que deve existir, mas não me lembro de ter lido, uma resenha ou crítica que mencione o uso desse personagem no início e no final do filme. Podemos fazer algo parecido em nossos roteiros? Sim, se for consistente com o tema da história e ajudar a caracterizar a obra.

Logo depois Bolt remove o repórter, e o foco do roteiro passa para o general Murray, que diz para um amigo que Lawrence tinha "uma função de menor importância no meu gabinete no Cairo".

Antes de seguirmos em direção ao Cairo, tenho alguns comentários ao que pudemos observar até agora. Primeiro, o "até agora" é incrivelmente rápido. Os créditos iniciais, a corrida e a batida levam três minutos e trinta segundos, e a sequência na Catedral de São Paulo dura apenas um minuto e cinquenta segundos. A maioria dos filmes épicos tende a começar lentamente (ver alguns filmes discutidos mais para frente como cópias baratas de *Lawrence*). Mas *Lawrence* é rápido, levando-nos para dentro do filme e voltando várias vezes (visualmente, através do diálogo evasivo, da estrutura da cena com o repórter) à questão central: quem é Lawrence? Quando assistir ao filme, tenha um caderninho à mão e marque o número de vezes que alguém no filme pergunta a Lawrence: "Quem é você?"

Segundo ponto: a sequência era bem mais longa (cerca de nove páginas) no roteiro de Wilson. Havia mais conversas entre as pessoas na Catedral de São Paulo; Sherif Ali estava ao lado do busto; Lowell Thomas, antes de se transformar em Bentley, estava em seu iate quando recebia a notícia da morte de Lawrence; além de outros tantos detalhes. Wilson obviamente seguia o modelo do noticiário no início de *Cidadão Kane*, que tem duração de dez minutos. E o que Bolt fez foi condensar tudo isso no mínimo *necessário* para o filme se movimentar, de modo que, em menos de cinco minutos do início de um filme de três horas e trinta e seis minutos, cheguemos ao Cairo, em 1916.

A cena é na sala do mapa. Sabemos que é no Cairo porque a fala de Murray nos apontou para onde estamos indo. Os camelos do lado de fora da janela também ajudam. Um jornal árabe lido por Lawrence mostra que ele não apenas sabe a língua, como também sabe mais sobre o que está acontecendo no mundo do que seus compatriotas, os soldados ao seu redor. Ele faz a brincadeira do fósforo inventada por Bolt: acende um fósforo e depois o apaga com os dedos. É a primeira indicação do masoquismo de Lawrence. Um dos soldados tenta fazer o mesmo, mas grita de dor e diz que dói muito. Lawrence responde: "O segredo, William Potter, é não se importar se dói ou não."

Convocado a comparecer ao gabinete do general Murray, Lawrence passa pela sala de recreação dos oficiais. Descobrimos que a) Lawrence não se sente à vontade com os outros oficiais, e b) ele é fisicamente desastrado. Quando tenta citar o antigo líder militar Temístocles para Murray, este responde: "Eu sei que você é muito estudado, isso está no seu dossiê." A referência a Temístocles é praticamente a única das muitas referências à história clássica feitas por Wilson que permanece no filme.

Algo que sempre tento fazer meus alunos entenderem é que, quando você escreve roteiros, está escrevendo para serem encenados. Ou seja: os atores vão fazer e dizer o que quer que você tenha escrito, e é melhor que sejam coisas interessantes para os atores falarem e fazerem, e para a plateia assistir e ouvir. Vou repetir isso muitas vezes ao passar pelos vários filmes presentes neste livro. Murray só fica em cena por volta de cinco minutos, mas Bolt dá ao ator Donald Wolfit um papel muito interessante. Na cena, Murray é enfático, dispersivo e tem o foco apenas em seu pensamento militar tradicional, de que precisa de artilharia. Ele está disposto a entregar Lawrence a Dryden, do departamento árabe, mais para se livrar dele do que por pensar ser uma boa ideia, e até fala que "isto pode até fazer dele um homem". O que toca novamente na questão da identidade. E então ele desaparece do filme, mas vai ser lembrado pela plateia quando for mencionado mais tarde.

Se Lawrence não se sente à vontade com Murray, com certeza sente-se à vontade com Dryden. É uma figura composta, baseada em diversos burocratas e políticos, assim como Brighton é baseado em diversos oficiais militares. Ao transformar Brighton e Dryden em personagens singulares, Bolt cria personagens humanos e interpretáveis que podem expressar as ideias de várias outras pessoas, trazendo-lhes mais profundidade. As duas cenas com Murray e Dryden nos dizem tudo do que precisamos saber sobre esse momento histórico e sobre a situação política entre os britânicos e os árabes. Ao contrário de Murray, Dryden é suave, sofisticado, às vezes desiludido, e incrivelmente manipulador. Em outras palavras, o personagem perfeito para Claude Rains. O que Dryden quer é que ele vá para o deserto, encontre-se com o príncipe Feisal, líder dos árabes, e descubra suas intenções. Lawrence insiste que será divertido, mas Dryden avisa que "só dois tipos de criaturas se divertem no deserto: beduínos e deuses, e você não é nenhum dos dois. Acredite em mim, para homens comuns, é uma fornalha ardente." As palavras "fornalha" e "ardente" preparam a plateia para o deserto que estamos perto de contemplar. Lawrence acende seu fósforo e, quando parece que vai fazer seu truque, resolve apagá-lo com um sopro, levando-nos a um dos cortes mais famosos do cinema: o nascer do sol no horizonte do deserto. Bolt escreveu no roteiro que a cena iria se dissolver para o nascer do sol, mas Lean, que havia sido técnico de montagem no início da carreira, decidiu pelo corte direto. Estamos com aproximadamente treze minutos de filme.

Em *Os sete pilares*, a viagem de Lawrence para encontrar-se com Feisal é principalmente uma viagem de barco e, embora o barco seja mencionado no diálogo, este é um filme sobre o deserto, e temos cenas que deixam o diretor, o cineasta e o compositor fazerem o que fazem melhor. Bolt dá a Lean cenas para dirigir, ao cinegrafista Freddie Young paisagens para filmar e ao compositor Maurice Jarre cenas silenciosas que devem ser acompanhadas por temas românticos. Quando digo que escrever um roteiro é escrever para encenação, é também para o desempenho dos outros colaboradores no filme, incluindo os técnicos de computação gráfica em produções modernas que discutiremos mais adiante, como os filmes das trilogias *Jurassic Park* e *Guerra nas estrelas*.

O guia de Lawrence em sua viagem é Tafas, cuja função no filme é muito simples: a de fazer a Lawrence as perguntas mais básicas sobre sua história.

Eles chegam até um poço. Uma figura misteriosa surge a distância. *Muito longe*. Aproxima-se de camelo, vindo em direção ao poço através de uma miragem. Uma das entradas mais clássicas da história do cinema não é desperdiçada com um personagem menor. Ele é Sherif Ali, que atira em Tafas por beber no poço de sua tribo. O tiro acontece muito mais rapidamente no filme do que no roteiro de Bolt, em que a cena mais parece um tiroteio de Velho Oeste. David Lean tinha Anthony Nutting, que havia servido no Ministério das Relações Exteriores britânico no Oriente Médio, como seu "conselheiro oriental". Nutting foi totalmente contra Ali matar Tafas, dizendo que árabes não se matavam por um simples poço. Ele implorou a Bolt e a Lean que se livrassem de Tafas de alguma outra maneira. Embora o ato de Ali não seja politicamente correto no filme, com certeza é dramático. Livra-nos de um personagem menor do qual não precisamos mais e permite que Ali substitua Tafas como uma caixa de ressonância mais complexa para Lawrence. O tiro determina que Ali é um homem passional da forma mais dramática e se mostra em conflito com Lawrence imediatamente, colocando Lawrence em perigo, já que o deixa sozinho no deserto.

Até a morte de Tafas, a jornada de Lawrence havia sido leve, linda de observar e divertida. A morte de Tafas é o primeiro sinal de que haverá mais do que isso, porém logo depois o tom mais leve retorna. Lawrence passa o tempo cantando "The Man Who Broke the Bank at Monte Carlo", a voz ecoando nas paredes de um cânion íngreme, uma cena que não estava no roteiro. O eco da música é interrompido por Brighton, que aplaude. Ele é o conselheiro militar britânico do príncipe Feisal, um homem sério que se irrita um pouco com os gracejos de Lawrence, e que não sabe bem o que ele está fazendo ali. Brighton começa a explicar a situação quando eles ouvem explosões e percebem dois planadores no céu. Eles cavalgam em direção aos aviões e nós chegamos à primeira grande cena de ação do filme, depois de 35 minutos. Os aviões são turcos e atacam o acampamento de Feisal, que se torna um caos. O próprio Feisal está a cavalo, cavalgando de um lado para o outro atrás dos aviões e ameaçando-os com sua espada. Não é que imagine poder derrubá-los, é mais uma demonstração de sua frustração. No roteiro, era uma pistola. Por que a espada é melhor do que uma pistola nesta cena?

Em *Os sete pilares,* Lawrence encontra-se com Feisal em uma cidade, fala com ele, volta para o Cairo e então, finalmente, retorna de maneira um tanto relutante para o acampamento de Feisal. No roteiro de Wilson, Lawrence encontra-se com Feisal no acampamento e só aí os aviões atacam. A versão de Bolt é mais curta, tem mais impacto visual, e a apresentação de Feisal é melhor do que a fornecida nos livros de Lawrence e Wilson. No filme, Feisal concorda com Brighton em ir para longe do alcance dos aviões turcos e Lawrence se junta ao grupo, sem retornar ao Cairo.

Após os esplendores visuais dos 25 minutos anteriores, temos um diálogo de nove minutos dentro da tenda de Feisal. Ele, como Brighton e Dryden, é na verdade uma combinação de personagens da vida real. O chefe da revolta árabe foi o príncipe Hussein, e Feisal e Ali eram dois de seus quatro filhos. No filme, Feisal tem a idade, o poder e o título do príncipe Hussein, e não é mais irmão de Ali, portanto a diferença de posição entre os dois é grande. Feisal não é apenas mais velho que Lawrence e Ali, como também mais sábio. Domina a ação nesta cena, já que, como diz um dos personagens, estamos na "tenda de Feisal". Ele é arguto, sofisticado, curioso, e comanda com delicadeza. Ele escuta Brighton e parece concordar que deveriam se retirar para Yenbo, longe da linha de frente, mas quer ouvir o que Lawrence tem a dizer. Os roteiristas dão a Lawrence uma fala tirada de *Os sete pilares*, mas referente a outro lugar, ao dizer que Yenbo é "longe de Damasco". É a primeira vez que Damasco é mencionada e não há nenhuma discussão sobre sua importância, mas, da forma como todos se referem à cidade, simplesmente *sabemos* que ela é importante para os árabes. Feisal diz que não precisaria ir a Yenbo se os britânicos lhe concedessem uma artilharia, um reflexo da obsessão ultrapassada de Murray com artilharia. Brighton diz que eles poderiam fornecer a artilharia se os árabes pudessem tomar Aqaba, cidade no golfo de Aqaba. Feisal observa que a Marinha britânica poderia tomar Aqaba, mas Brighton assinala que os turcos, com seus poderosos canhões, destruiriam qualquer navio da Marinha que adentrasse o golfo. Ao final da reunião, Feisal conversa a sós com Lawrence sobre a história dos árabes, contando como eles tinham quilômetros de estradas iluminadas em Córdoba quando Londres ainda era apenas um vilarejo, o que leva à frase maravilhosamente evocativa: "Sonho com os jardins perdidos de Córdoba." Ele suspeita dos interesses britânicos na Arábia e pensa que Lawrence pode ser mais um "inglês amante do deserto"; mas também se vê que foi convencido pela visão romântica de Lawrence de que há mais para ser feito. Bolt faz de Feisal o exemplo do melhor da cultura árabe, algo que Wilson aparentemente nunca chegou a entender em seus rascunhos. Outra razão para a cena da tenda funcionar tão bem é que Bolt consegue um equilíbrio belíssimo em uma cena de múltiplos personagens, na qual fica claro o que está acontecendo entre Feisal, Brighton, Ali, Lawrence e um velho sábio. Você conseguiria escrever uma cena com múltiplos personagens assim tão boa?

Lawrence sai para uma caminhada noturna na areia. O foco é Lawrence e seus pensamentos, mas não temos nenhuma indicação em off do que esteja pensando. Podemos ver que está pensando, e Peter O'Toole como intérprete, Lean na marcação de seus passos e Jarre em seu acompanhamento musical mantêm o foco no processo, não no conteúdo. Vemos e sentimos a intensidade de Lawrence. O clímax desta cena é um simples pronunciamento de Lawrence: "Para Aqaba, por terra."

É preciso agora deliberar sobre o personagem de Lawrence até o presente momento no roteiro. Temos observado principalmente suas reações ao que ocorre ao seu redor e às pessoas com as quais ele tem de lidar. Atuar em filmes tem a ver com reagir e agir, e escrever roteiros tem a ver com descrever reações como se fossem ações. Observe as reações que Bolt dá a Lawrence em função dos diferentes personagens e situações. Através de suas ações e reações, nós o vemos começar a se redefinir, um processo reforçado pelo diálogo que levanta a questão de quem ele é. O principal do diálogo nunca está em longos monólogos, mas nas conversas aparentemente casuais. Preste atenção a elas da próxima vez que assistir ao filme.

Lawrence então decide seguir para Aqaba por terra. A próxima cena seria, obviamente, aquela em que contasse a Feisal. Nós não a vemos. Para início de conversa, seria uma repetição da cena na tenda de Feisal. Segundo, todos já esperariam por essa cena. Em vez disso, ele fala com Ali, tentando alistá-lo para a aventura, em uma cena de dois personagens no lugar de uma de vários personagens. Quando eles estão prestes a partir com vários dos homens de Feisal, este aparece. Ali lhe contou o plano de Lawrence. Sabemos, desde a cena da tenda, que Feisal ficou encantado com a perspicácia de Lawrence e, portanto, não surpreende que os deixe seguir em frente. Aos 53 minutos eles partem para Aqaba. A jornada e o ataque levarão mais 53 minutos.

As cenas seguintes alternam o grupo de Lawrence cruzando o deserto e parando para descansar. No primeiro oásis, Gasim, um dos homens, pega Farraj e Daud, dois jovens árabes que havíamos visto antes, quando eles tentavam se esgueirar no acampamento. Lawrence permite que fiquem como seus criados. Logo depois eles têm de cruzar o Nefud, a parte mais erma do deserto, e o motivo para isto é assumirem que um ataque por terra a Aqaba seria impossível. Durante a travessia noturna, Gasim (você percebe como Bolt o introduziu de forma tão casual durante a cena do oásis?) cai de seu camelo. Quando pela manhã percebe-se o ocorrido,

Lawrence, contrariando todos os conselhos, volta a cavalo para resgatá-lo sob o calor do dia. Ele consegue, e com isso os árabes começam a achar que ele é algo mais do que um mero inglês maluco. Lawrence e Ali têm uma cena de diálogo calma ao redor da fogueira, semelhante à cena com Tafas, mas, enquanto anteriormente o assunto era o passado de Lawrence, agora a conversa é sobre sua ilegitimidade.

Ali queima o uniforme inglês de Lawrence, que recebe roupas árabes. De onde saiu a bela roupa branca, na fronteira do Nefud, nunca será explicado, mas, como veremos mais tarde, especialmente nos filmes de *Jurassic Park*, quando a plateia está envolvida na história, ninguém vai pensar em coisas tão pequenas. Lawrence cavalga para experimentar suas roupas novas (o traje lhe dá a aparência de um beduíno, o que Dryden disse que ele não era) e ele aprecia seu reflexo na lâmina de sua nova faca. O gesto não estava no roteiro, mas surgiu quando Lean pediu a O'Toole para pensar no que Lawrence faria em tal situação. O gesto se repetirá mais tarde. Em sua cavalgada, Lawrence é avistado por Auda abu Tayi, o mais terrível guerreiro árabe, que, novamente, é um personagem composto de várias pessoas reais. Auda ameaça Lawrence e seu grupo por estarem bebendo em seu poço, mas os convida a "jantar comigo esta noite em Wadi Rumm", seu acampamento. A cena seguinte, em que todos os cavaleiros entram em Wadi Rumm, foi cortada logo após o lançamento do filme e restaurada na versão de 1989. A razão para o corte será discutida adiante.

A cena na tenda de Auda é diferente da cena na tenda de Feisal. Auda é maior, mais curioso, mais pomposo do que Feisal. A tenda de Feisal é fechada; a de Auda é aberta para todo o seu povo, a quem ele se dirige durante toda a cena. O âmago desta cena é que Lawrence, divertindo-se com Auda, tem que descobrir como convencê-lo a ir a Aqaba. Observe como Lawrence tenta várias abordagens diferentes antes de achar uma que funcione.

Aquilo que Lawrence disse a Ali no acampamento de Feisal – que, se um grupo fosse atravessar o Nefud, outros os seguiriam – mostra-se verdadeiro. E logo em seguida temos a cena na qual Lawrence e seu grupo, agora com centenas de guerreiros de Auda, cavalgam para fora de Wadi Rumm. As colunas de homens e camelos movimentam-se lentamente através do vasto cânion, enquanto mulheres, nos lados do cânion, dançam (as mulheres não estavam no roteiro). É uma cena muito mais impressionante do que a chegada ao acampamento, tanto visualmente quanto em termos sonoros, com o canto das mulheres. A ação das duas cenas é bastante similar e, sendo as duas tão próximas uma da outra, o impacto da partida é diminuído. É uma cena bem mais forte quando isolada.

Depois de tantas cenas de travessia do deserto, mais uma antes do ataque a Aqaba seria redundante. Portanto, vamos diretamente para a noite anterior ao ataque. Eles mantêm o elemento surpresa, observando a cidade a distância. Até que um tiro é ouvido no acampamento árabe. Um tiroteio entre dois homens de diferentes tribos. A tribo do morto quer vingança, o que daria início a uma luta entre as tribos, e a missão poderia fracassar. Lawrence intervém e chega a um consenso com as tribos: se ele matar o homem, a justiça será feita, e o ataque pode continuar. Não haverá consequências. Imagine quem é o homem que ele deve matar? Gasim. Em *Os sete pilares* foi Gasim que ele resgatou, mas não no Nefud, e não foi em Gasim que ele teve que atirar. Os roteiristas modificaram o acontecimento, pois dessa forma os eventos colocam uma pressão muito maior sobre Lawrence, e voltarão para assombrá-lo. Ou, em outras palavras, terão consequências.

O ataque a Aqaba é uma cena esplêndida de ação cinematográfica, e totalmente falsa. Nunca houve um ataque com camelos a Aqaba. Os turcos remanescentes se renderam após dois dias de negociações. Mas isso não seria um clímax satisfatório para uma viagem de cinquenta minutos até Aqaba, seria? Tampouco seria interessante um ataque a um comboio de caminhões que vinha de Aqaba antes da ofensiva, como estava no roteiro de Bolt. O roteiro de Wilson era um pouco mais verossímil. A área fortificada não era a cidade de Aqaba, mas Aba el Lissan, a entrada do cânion que levava a Aqaba. Foi lá que o ataque dos árabes aconteceu, e foi lá que Wilson o colocou. Não sei se Wilson usou um dos detalhes mais estranhos do ataque: Lawrence estava tão concentrado no tiroteio que acabou acertando o próprio camelo, matando-o durante o ataque. Já que Aqaba é que até este momento foi comentada no filme como meta da incursão, o ataque é uma liberação melhor da tensão da viagem, e Lawrence fica montado no camelo até o fim.

No fim do ataque, os rádios em Aqaba estão destruídos, então a jornada seguinte é para contar aos ingleses que Aqaba foi tomada. Lawrence decide (foi ele quem dirigiu a ação, não apenas reagiu a ela, pois foi aquele que resolveu ir a Aqaba) atravessar o Sinai para chegar ao Cairo, levando Daud e Farraj. Mas durante a viagem Daud é sugado pela areia movediça e morre, o que será outra morte na consciência de Lawrence. A jornada é mais sombria e menos grandiosa que a de Aqaba. Quando chegam ao Canal de Suez, Lawrence está emocionalmente exausto.

Eles pegam carona para o Cairo num caminhão, e Lawrence repara num homem que os segue de motocicleta no meio do tráfego, um presságio de sua morte. Primeiro eles vão à sala de recreação dos oficiais, onde os militares ficam espantados ao ver entrar dois homens em túnicas árabes. Os oficiais não sabem muito bem o que fazer com Lawrence, mesmo depois de ele contar que tomou Aqaba. (Em seu livro, Adrian Turner dá as duas versões da cena, a de Wilson e a de Bolt, e você pode ver por que Spiegel e Lean escolheram a de Bolt; como tenho assinalado, ele consegue ser mais dramático com menos palavras, e palavras mais expressivas.)

Lawrence é levado para ver Allenby, que, como suspeitávamos desde a cena na Catedral de São Paulo, é bem mais esperto do que Murray. Ele entende o valor de Lawrence de uma forma que Murray jamais conseguiria. Mas mesmo assim é um militar. Quando Lawrence defende sua decisão de tomar Aqaba perguntando se "um oficial não deve agir por iniciativa própria sempre que possível?", Allenby responde prontamente: "Na verdade, não. É muito perigoso, Lawrence." Allenby parece compadecer-se quando Lawrence se confessa abatido com as mortes de Gasim, Daud e de todos os outros. Mas quando Lawrence diz "Eu gostei [de matar]", Allenby não dá importância, dizendo: "Bobagem. É bobagem e você sabe disso. Você está cansado", embora esta frase não seja falada tão claramente no filme quanto poderia ser. Existem limites para a sensibilidade de Allenby.

Allenby, Lawrence, Dryden e Brighton se dirigem para o pátio onde continuam a conversa e ali são observados por outros oficiais, que agora admiram Lawrence. Ao ver que seu general lhe dá atenção, mudam suas atitudes com relação a Lawrence. Allenby concorda com os planos de Lawrence de prosseguir com a guerrilha. Na verdade, concorda com tudo mais que ele pede, inclusive a artilharia. Andando pelo corredor, depois da partida de Lawrence, Dryden argumenta que artilharia traria independência para os árabes e Allenby imediatamente responde que não vai lhes fornecer artilharia. Estamos com duas horas e quinze minutos de filme, meia hora depois do ataque a Aqaba, quando começa o intervalo.

O roteiro de Wilson prosseguia ainda por mais algum tempo antes do intervalo. Lawrence retorna para a Arábia, ataca um trem, é fotografado por Lowell Thomas e lidera os árabes na derrota dos turcos na cidade perdida de Petra. Lean, ao buscar locações, estava empenhado em rodar uma cena em Petra, mas não conseguiu resolver problemas técnicos que impossibilitavam a filmagem no local. Anos depois, Steven Spielberg filmou na cidade as sequências finais externas de *Indiana Jones e a última cruzada* (1989), um filme que deve mais do que o cenário de Petra a *Lawrence*. Preste bem atenção à abertura de *A última cruzada* se não acredita em mim.

A cena de Wilson em Petra, escrita para ser a última antes do intervalo, mostra Lawrence subindo os montes acima do templo enquanto os árabes entoam o nome que dão a ele: "Aurens! Aurens!" Ele já havia se tornado um deus para os árabes, e talvez para si mesmo. Veremos como isto vai entrar no roteiro de Bolt.

A Parte II do filme começa com a reintrodução de Bentley, que vai até Aqaba para encontrar Lawrence. Ele encontra Feisal primeiro e este o avalia, como antes avaliara Lawrence. Isto acontece bem mais depressa nesta cena, pois já se sabe que Feisal age assim. Depois de estabelecer alguma coisa em seu roteiro (um personagem, um processo etc.), você não precisará restabelecê-la a cada vez, o que pode economizar *muito* tempo. Bentley admite, sorridente, que apenas está atrás de uma boa história. Feisal percebe que pode usar Bentley assim como este pretende usá-lo. Ele argumenta que os árabes tratam seus prisioneiros de acordo com o Código de Genebra e os turcos não o fazem. Quando Bentley pergunta se isso é influência de Lawrence, Feisal se irrita. Ele diz que "Para o major Lawrence [Allenby promoveu Lawrence a tenente no final da Parte I; ele vai ser promovido a coronel antes do fim do filme; um detalhe na progressão do filme] a misericórdia é uma paixão. Para mim, são simplesmente boas maneiras. Julgue você qual desses motivos é mais confiável."

Lawrence prometeu a Allenby que iria bloquear a estrada de ferro, e então temos o primeiro, e mais espetacular, ataque a trem. Lawrence prepara uma explosão na ferrovia, a locomotiva descarrila e mergulha na areia. Em *Os sete pilares*, o ataque a trem mais elaborado é a explosão de uma ponte quando um comboio passava sobre ela. Muito mais impressionante no livro do que no filme. Então por que os cineastas não fizeram isso? A resposta é simples: no filme anterior de Lean e Spiegel, o muitíssimo bem-sucedido *A ponte do rio Kwai*, o grande clímax é a explosão de uma ponte com um trem em cima. Colocar a mesma cena em *Lawrence* seria repetitivo, embora Lean não tenha tido nenhum escrúpulo quando repetiu em *Kwai* a cena de ponte caindo com o trem do filme *A general* (1927), de Buster Keaton.

Os árabes se lançam sobre o trem descarrilado e começam a matar e saquear. Bentley está fotografando e encoraja Lawrence a subir no alto do trem, onde ele desfila como um deus, a outra coisa que Dryden disse que ele não era. Esta é a versão de Bolt e Lean para a sequência de Wilson em Petra, e tem mais complexidade psicológica. Na versão de Wilson, Lawrence se colocava como superior aos árabes. No filme, Lawrence é encorajado por Bentley a representar um papel, e nitidamente gosta disso. No final da cena ele é ferido por um oficial turco, comprovando não ser o deus que, por um momento, pareceu ser. Bolt agrupou três cenas do roteiro de Wilson (o ataque ao trem e o ferimento, Thomas tirando as primeiras fotos de Lawrence, e a cena em Petra) em uma única cena condensada.

A primeira vez que David Lean encontrou Anthony Nutting (e admitiu com relutância que ele seria um típico ministro inglês das Relações Exteriores), perguntou-lhe o que mais apreciava no deserto. A resposta de Nutting foi, simplesmente, "é limpo". Lean ficou tão encantado com a resposta que teve de inseri-la no filme. Mas onde? Se fosse nas primeiras cenas no deserto, estaria apenas falando o óbvio. Se fosse numa cena com um dos árabes, iria parecer que Lawrence os bajulava. A solução de Bolt foi mais engenhosa. Depois do ataque ao trem, Bentley entrevista Lawrence. Ele tem duas perguntas. A primeira é: "O que os árabes pretendem ganhar com esta guerra?" Lawrence responde que querem a liberdade, e que vai dá-la a eles. Bentley fica perplexo com o ego de Lawrence. Ele recupera a compostura e pergunta: "O que o atrai pessoalmente ao deserto?" Lawrence, sob a direção de cena de Bolt, "olha para o sujeito mal-afamado de cima a baixo, insultando-o com sua demora, antes de proferir 'é limpo'". Robert Towne, o autor de *Chinatown* (1974), disse em um artigo para a revista *Esquire,* em junho de 1991, que a pura simplicidade do diálogo demonstrava a marca de um grande roteirista. Por outro lado, a revista *Mad*, em sua paródia cinematográfica de abril de 1964, assinalou o absurdo da frase, colocando-a na boca de "Florence da Arábia", que estava sujo até os sovacos pelo sangue derramado no massacre dos turcos.

A cena "limpa" é seguida por Auda dizendo que precisa achar algo "honrado" para roubar. Corta para um trem que carrega um belo cavalo branco. A explosão é preparada de modo a nos fazer pensar que será uma réplica do primeiro ataque a trem, mas ele não descarrila. O foco não é no trem, mas na ação dos personagens. Auda rouba o cavalo e escapa. No ataque seguinte, nem mesmo chegamos a ver o trem. Farraj morre ao manejar a carga de dinamite, que explode dentro de sua roupa. A variação nas três cenas de trem corresponde à variação no fluxo do filme: do romance e ação da Parte I à cruel realidade da guerra. Os três ataques não são apenas cenas de ação, mas cenas de transição.

Lawrence e seus poucos seguidores remanescentes estão em uma caverna, no inverno. Lawrence anuncia que vai conduzir a revolta árabe em Deraa, e, se nenhum árabe aparecer para se juntar a ele, fará sozinho. Lawrence e Ali, este último com certa relutância, vão para Deraa, e Lawrence é capturado pelos turcos. Estamos aos 27 minutos da Parte II, ou seja, a duas horas e 42 minutos do início do filme.

Somos apresentados ao único personagem turco que vamos conhecer no filme, Bey, ou líder, de Deraa. Só o fato de ser o líder dos turcos o torna uma ameaça a Lawrence, o que dá tensão à cena sem que nada mais precise ser dito. É natural imaginarmos que ele vai perceber que seus homens capturaram Lawrence, mas não é o que acontece. Sua aparência é ainda mais refinada do que a de qualquer oficial britânico do filme, e seu interesse em Lawrence é de natureza puramente pessoal. Ele faz com que Lawrence seja chicoteado, e a cena sugere (o filme foi produzido em 1962 e, portanto, apenas sugere) que ele estupra Lawrence. Depois de toda a discussão sobre a brutalidade dos turcos, ele é sutil e sofisticado. Com bastante tempo de projeção percorrido, ele representa cinco minutos de uma ameaça muda numa trama longa e repleta de ação. José Ferrer interpreta Bey. Ele chegou à locação na segunda-feira, filmou sua única cena externa na terça, a cena do gabinete na quarta e na quinta, esperou até o dia seguinte para confirmar que não havia problemas com o negativo e partiu no sábado. Anos depois, disse que lhe perguntavam sobre aquela performance tanto quanto sobre qualquer outra que tenha feito. É um exemplo de como se pode escrever um grande papel pequeno.

Lawrence chegou, como diz a Ali, "ao fim de mim mesmo". Ele sente que precisa se reunir aos ingleses, que agora estão em Jerusalém. Ele volta, mas não se entrosa mais entre os ingleses como no início do filme. Lawrence encontra-se com Allenby e Feisal, que explicam o Tratado de Sykes-Picot, no qual ingleses e franceses concordaram em dividir a Arábia entre si depois da guerra. Lawrence fica chocado, embora na vida real soubesse do tratado antes mesmo de encontrar Feisal pela primeira vez. O tratado é usado aqui para colocar mais pressão sobre seu personagem na cena seguinte. Allenby está preparando a "Grande Ofensiva" sobre Damasco e precisa que Lawrence lidere um grupo no flanco direito. De acordo com *Os sete pilares*, tudo o que Allenby teve que fazer foi explicar a situação e Lawrence retornou, o que, convenhamos, não é muito dramático. No filme, o drama está na forma pela qual Allenby tenta convencer Lawrence. Conforme escrito no roteiro de Bolt, Allenby fala com Lawrence sobre liderança, humanidade comum e o interesse de Lawrence em poesia, observando que já houve generais poetas. Lawrence se opõe a ser considerado alguém fora do comum. Na parte cortada, a conversa começa com a resposta de Allenby, que resume toda a sua atitude com relação a Lawrence, real ou fingida: "Acredito que seu nome será conhecido por todos, enquanto, para saber quem foi Allenby, terão de visitar o Museu da Guerra. Você é o homem mais extraordinário que já conheci." Os preâmbulos foram cortados para que pudéssemos chegar ao ponto importante da cena, o que é crucial, pois estamos com três horas e cinco minutos de filme. Sabemos quem são Allenby e Lawrence e queremos que eles sigam logo adiante com a conversa e com o filme. O que é uma pena, pois havia um material maravilhoso nas cenas cortadas. Lean cortou-as, pelo menos em parte, porque não achou que tinha conseguido fazer jus ao roteiro. Imagine isto: um diretor admitindo que não é perfeito!

Bolt interrompe a cena com outra, curta, do lado de fora do gabinete, na qual Bentley quer saber o que está acontecendo do lado de dentro, e Dryden evita contar-lhe. É a única cena no filme entre Bentley e Dryden. Seus personagens são tão similares que não vemos neles o tipo de dinâmica que permeia as outras interações do filme. Lawrence concorda em voltar, mas apenas se conseguir que os guerreiros mais fortes juntem-se a ele. Allenby promete que ele terá todo o dinheiro necessário, mas Lawrence responde: "Os melhores não virão pelo dinheiro. Eles virão por *mim*." A massagem de Allenby no ego de Lawrence funcionou maravilhosamente.

"Os melhores" acabam sendo os piores ladrões e assassinos que Lawrence consegue encontrar, o que não deixa Ali nada feliz. Mas Lawrence fica fascinado com sua "escolta". Eles saem cavalgando, numa cena que nos remete à partida de Wadi Rumm, mas que, em lugar da beleza clássica desta, tem uma ação frenética. Eles cruzam com o exército turco em retirada. Talal, um dos guarda-costas, é do vilarejo que os turcos acabaram de destruir e encoraja Lawrence a não fazer prisioneiros. Ali teme que a situação se transforme num banho de sangue e sugere a Lawrence ir direto para Damasco, sem perder tempo. Este conflito é definido no início da cena com o diálogo mais breve possível: Talal grita "Sem prisioneiros!", seguido pelos apelos de Ali, "Damasco, Aurens". Talal galopa em direção aos turcos, é alvejado, e Lawrence grita: "Sem prisioneiros!" O ataque é bem mais impiedoso do que qualquer outro que tenhamos visto. Quando termina, Lawrence vê mais uma vez seu reflexo na lâmina da faca, porém fica horrorizado com o que vê. Até mesmo Bentley fica chocado. O prazer que sentiu ao fotografar Lawrence no primeiro trem é substituído pelo desgosto com o sangue derramado e a carnificina ao redor. O massacre dos turcos acontece aos 55 minutos da Parte II.

Os árabes chegam primeiro a Damasco, mas não presenciamos esse momento. Nem precisamos. É Allenby que vemos chegar lá, depois dos árabes, e são suas as reações ao ouvir sobre o estado da cidade. A reunião do Conselho Árabe no palácio do governo é um caos. As disputas tribais que Lawrence conseguira apaziguar durante sua campanha haviam retornado. Os árabes sugerem que precisam de engenheiros britânicos para a manutenção das máquinas e Lawrence observa que, se quiserem engenheiros britânicos, terão que viver com um governo britânico. Os árabes começam a sair da cidade. Auda e Ali deixam Lawrence e voltam para o deserto, o único lugar onde Lawrence pode ser feliz, na opinião de Auda. Lawrence fica e no dia seguinte vê as péssimas condições do hospital turco: sem água, sem remédios e superlotado. Chega um caminhão britânico e dele sai o oficial médico. Lembra-se dele, de três horas atrás? Mas ele não aperta a mão de Lawrence: presume que Lawrence é um árabe e o esbofeteia. É o único encontro com o oficial médico em *Os sete pilares*, mas Bolt esticou seu papel para a cena da Catedral de São Paulo e para a seguinte.

Lawrence encontra-se com Allenby, Dryden, Brighton e Feisal, que acaba de chegar a Damasco. Feisal diz suavemente a Lawrence que, enquanto os jovens fazem guerra, é chegada a hora para os mais velhos e mais sábios fazerem a paz, uma repetição da primeira conversa em sua tenda. Lawrence recebe a notícia de que deve ser mandado de volta para casa e sai. Do lado de fora, encontra-se com o oficial médico, que então o reconhece como sendo *o* Lawrence e quer apertar sua mão. Lawrence observa que já se encontraram antes, mas o oficial médico afirma que, neste caso, se lembraria. Isto está relacionado à primeira cena com o oficial médico, que abordou as diferentes formas pelas quais as pessoas viam Lawrence, e também com a cena seguinte.

De volta ao gabinete de Allenby, Feisal discute a contribuição de Lawrence, e diz: "Aurens é uma espada de dois gumes. Estamos igualmente felizes por nos vermos livres dele, não estamos?" Allenby responde: "Pensei que *eu* era durão, senhor." E Feisal devolve: "O senhor é apenas um general. Eu devo agir como um rei."

Agora, algumas observações sobre o diálogo. Citei muitas frases porque o diálogo de Bolt consegue tantas coisas tão bem. Ele nos dá os personagens, com uma voz diferente para cada um deles, como veremos em outros roteiros, com destaque para *Fargo* (1996). É extremamente fácil de ser interpretado pelos atores. Condensa tudo o que precisa ser dito em um mínimo de palavras. É com frequência espirituoso. Também citei bastante o texto para você saber que não deve dar atenção aos críticos de cinema. Bosley Crowther, principal crítico de cinema do *New York Times* por mais de vinte anos, costumava descrever o diálogo de *Lawrence* como "bastante sem graça."

Na última vez que vemos Lawrence, ele está em um carro que atravessa o deserto. O motorista diz que Lawrence está indo "para casa". Um homem de motocicleta passa pelo carro, um segundo presságio. A última tomada é um close de Lawrence através de um para-brisa empoeirado e, portanto, vemos tão pouco de seu rosto como vimos na cena de abertura, em que usava óculos.

Mas espere um minuto. Começamos o filme, três horas e meia atrás, entrando em um flashback, então não deveríamos estar agora saindo do flashback? Deixe-me explicar para você a diferença entre a lógica real e a lógica criativa. A lógica real diz que você não pode escolher uma atriz britânica para interpretar uma beldade sulista dos Estados Unidos; lógica criativa é Vivian Leigh em *E o vento levou* (1939). A lógica real (assim como a história dos filmes) diz que deveríamos sair do flashback e descobrir o que é Rosebud; lógica criativa é que neste filme não existe Rosebud,* e o homem na motocicleta é tudo de que precisamos.

Lawrence da Arábia foi produzido há mais de quarenta anos e a pergunta que você deveria fazer é: um roteiro assim poderia ser escrito e

---

* Rosebud é o nome do trenó que o personagem interpretado por Orson Welles em *Cidadão Kane* teve na infância, e que só descobrimos no final do filme. (N.T.)

produzido hoje? Certamente, embora o estupro homossexual talvez hoje fosse abordado com menos sutileza. Mas este filme poderia ser produzido nos dias atuais? No início dos anos 1990, a resposta seria não, já que o custo seria exorbitante. Mas, desde então, um dos efeitos colaterais do desenvolvimento da tecnologia de computação gráfica foi o aumento no número de filmes históricos produzidos. Eles incluem vencedores do Oscar como *Coração valente* (1995), *Titanic* (1997) e *Gladiador* (2000), assim como títulos mais recentes, como *Troia*, *Rei Arthur* e *Alexandre* (todos de 2004) e *Cruzada* (2005). Nem todos foram maravilhosos, como discutiremos adiante, mas deram retorno suficiente para que justifique sua produção. É claro que com a computação gráfica você perde a materialidade de pessoas reais e de lugares reais que temos em *Lawrence da Arábia*, mas, para citar o romancista inglês L.P. Hartley, o passado é outro país, e lá as coisas são feitas de outro jeito.

FONTES

A Biblioteca Margaret Herrick da Academia de Artes e Ciências Cinematográficas de Hollywood tem alguns materiais do roteiro de *Lawrence da Arábia*. Um deles é o tratamento de Michael Wilson, de 10 de dezembro de 1959, que nada mais é do que uma resenha de *Os sete pilares da sabedoria* e da situação política na Arábia. Existem dois esboços do roteiro usados para a filmagem que, curiosamente, não possuem nenhum roteirista creditado. Versão A é aquela na qual me aprofundei; Versão B é uma versão ligeiramente condensada da A. Elas foram obviamente construídas com a ajuda de Lean, uma vez que possuem instruções de câmera detalhadas, a maioria das quais – pelo menos, a julgar pela versão final do filme – não foi seguida.

O livro de Adrian Turner, *The Making of David Lean's "Lawrence of Arabia"* (Dragon's World, 1994) é, entre os livros escritos sobre o filme, o que possui a versão mais detalhada do desenvolvimento do roteiro. Turner dá uma atenção especial às contribuições de Michael Wilson. O livro de L. Robert Morris e Lawrence Raskin *"Lawrence of Arabia": The 30th Anniversary Pictorial History* (Doubleday, 1992) fala mais sobre a produção física do filme do que você vai querer saber, mas também tem informações detalhadas sobre os cortes feitos depois do lançamento e sobre sua restauração em 1989. *Os sete pilares da sabedoria*, de T.E. Lawrence (publicado originalmente por Jonathan Cape em 1935, com edição em brochura da Penguin a partir de 1962), é a versão de Lawrence sobre como tudo isso aconteceu, o que é interessante comparar com o filme.

2. *Sorte no amor*

Sorte no amor
(*Bull Durham*, 1988. Roteiro de Ron Shelton.
108 minutos)

Antes de se tornar roteirista, Ron Shelton jogou em uma liga secundária de beisebol. O primeiro roteiro que escreveu, *A Player to Be Named Later* (Um jogador a ser conhecido mais tarde), contava a história de "Crash" Davis, um receptor convocado pelo Durham Bulls, pequeno clube de beisebol da Carolina do Norte, para treinar um arremessador recém-contratado, Ebby Calvin "Nuke" LaLoosh. O roteiro não teve comprador, mas Shelton não desanimou e escreveu outros roteiros que foram produzidos. *A Player to Be Named Later* tratava apenas de beisebol, e Shelton percebeu que precisava de um personagem para conquistar o interesse de um público não interessado no esporte. Ele havia conhecido uma série de mulheres que eram fãs dos times da segunda divisão e criou uma personagem inspirada nelas, Annie Savoy, e o roteiro tornou-se *Sorte no amor*.

Depois de vermos uma série de fotografias de jogadores de beisebol famosos e não tão famosos, ouvimos a voz de Annie dizendo (em narração): "Eu acredito na igreja do beisebol", uma das grandes falas de abertura na história do cinema. Por quê? Bem, por nos dizer que vai ser um filme sobre beisebol, mas isto poderia ser dito de outras maneiras: "Sou uma verdadeira fanática por beisebol", ou "Ó Deus, sou louca por beisebol." Mas, com "igreja do futebol", a frase nos diz isso da maneira mais interessante possível. Não é uma expressão literal, "*on the nose*" ("na mosca"), como se diz na indústria cinematográfica americana. Sugere que a pessoa que está dizendo tem um modo surpreendente de ver as coisas. Depois a voz nos diz (ainda não vemos quem está falando) que experimentou "todas as grandes religiões e a maioria das pequenas. Venerei Buda, Alá, Brama, Vishnu, Shiva, árvores, cogumelos e Isadora Duncan." Ela não é apenas interessante, mas um pouco excêntrica. Acha que "não existe culpa no beisebol, e que ele nunca é chato... o que o torna parecido com o sexo. Todo jogador que dormiu comigo teve a melhor temporada de sua carreira." Agora sabemos que o filme vai ser sobre sexo, além de beisebol, e que ela provavelmente vai para a cama com um jogador. Também a vemos pela primeira vez, enquanto se veste para ir ao jogo, e como se trata de Susan Sarandon concluímos que um jogador vai ter a melhor temporada ao dormir com ela. Ela diz, ainda em narração, que lhes dá "lição de vida", lê Walt Whitman e Emily Dickinson para eles, embora, como assinala em uma das declarações mais filosóficas pronunciadas em um filme, "Claro, um cara vai prestar atenção a qualquer coisa se pensa que é uma preliminar". Quando seu monólogo termina, ela atravessou a cidade e está chegando ao estádio. Eu sempre afirmei que, se ela fizesse o mesmo monólogo da igreja referindo-se à mecânica e entrasse numa oficina, nós a acompanharíamos, porque ela já se mostrou nos primeiros três minutos do filme como uma personagem com a qual gostaríamos de conviver.

A maioria dos manuais de roteiro lhe dirá para não iniciar seu filme com um monólogo. Eles estão certos em termos da lógica real. Em termos da lógica criativa, ouça o monólogo de Bonaserra na abertura de *O poderoso chefão* (1972) ou o monólogo de Annie em *Sorte no amor*. Ambos determinam os temas e as ideias do filme e definem um dos seus principais personagens. Em *O poderoso chefão*, o personagem é Don Corleone, que é definido pelo modo como Bonaserra se refere a ele. Em *Sorte no amor*, é Annie e como ela diz o que diz. Algumas pessoas queixam-se de que o que Shelton criou foi uma fantasia masculina. Que seja. Ela é uma mulher que gosta de beisebol e de sexo; claro que é uma fantasia masculina. Mas ele também lhe deu idiossincrasias que a levam além de uma fantasia. Descobrimos mais adiante que ela ensina em uma escola secundária. Ela pode ser agressiva, mas é perfeitamente capaz de admitir que às vezes só fala besteira.

No estádio a que chegamos, e durante o filme inteiro, a atmosfera é a das ligas de beisebol de segunda divisão. Mencionarei alguns desses detalhes à medida que aparecem no filme, mas há muitos outros. Procure-os e encontrará. E depois imagine como poderá usar os detalhes do mundo que seu filme aborda para lhe dar textura. Neste caso, há o locutor mais velho da rádio local que nos dará explicações e fará as transições ao longo do filme (como os locutores quase sempre fazem nos filmes esportivos; aprenda os clichês, eles são seus amigos). Ele está falando sobre o novo arremessador recém-contratado, que o treinador está procurando. O treinador o encontra fazendo sexo com uma garota no vestiário. Mas o que contraria o treinador é que Ebby está desperdiçando sua energia, não que esteja fazendo sexo. O treinador diz à moça, Millie, que não a quer no vestiário, e ela responde que, se a proibir de entrar lá, seu pai retirará o placar que deu ao time. Estamos falando de uma liga de beisebol da *segunda divisão.*

No meio de tudo isso, Ebby diz que precisa de um apelido. Assim como Shelton "captou" Annie ao ouvi-la dizer "eu acredito na igreja do beisebol", ele captou Ebby quando o ouviu pensar no apelido. O que seus personagens estão revelando sobre si próprios naquilo que dizem a você?

Millie senta-se ao lado de Annie e as duas observam Ebby arremessar a bola. Millie registra a velocidade do arremesso no radar – ela não é apenas uma "loura burra", e ama o beisebol tanto quanto Annie. Ao contrário de tantas mulheres do cinema americano, as duas têm outros interesses além de sexo. Quando Annie lhe pergunta sobre Ebby, Millie responde: "Bom, ele transa como arremessa – em todo lugar." O que foi mesmo que Annie já nos contou sobre o tema do filme?

O treinador e seu assistente Larry estão no escritório depois do jogo. Um homem entra e, quando lhe perguntam quem é, responde: "Um jogador a ser conhecido mais tarde", frase famosa no mundo do esporte americano para um jogador que não é um craque, incluído como parte do acordo para a compra de um craque. Ele é Crash Davis. O filme começou há nove minutos e ele quer saber o que veio fazer ali. O treinador lhe fala de Ebby, e Larry, cujo diálogo ao longo do filme é praticamente um jargão incompreensível de beisebol, descreve Ebby como tendo "um braço de 1 milhão de dólares e a cabeça de cinco centavos". Talvez Larry tenha ouvido isto de alguém, mas cabe a Shelton o crédito de ter colocado a frase na sua boca quando o ouvimos falar pela primeira vez. É o tipo de comentário mordaz que craques insistem em receber, e com isso ele deixa claro que Larry não é um tolo como às vezes parece. Também confirma o que já sabemos a respeito de Ebby.

Crash não está contente. Ele levanta e vai embora, mas depois volta e pergunta: "Com quem vamos jogar amanhã?" Ao deixar o vestiário, escuta Ebby dando uma entrevista sobre seu primeiro jogo: "É outra coisa. É radical, totalmente sensacional." Imaginamos que a irritação de Crash diante da cena seja apenas uma reação normal, mas voltaremos a ela no decorrer do filme. Shelton é muito bom nos movimentos que parecem casuais, mas que servem de preparação para cenas posteriores.

Crash e Ebby conhecem Annie ao mesmo tempo num bar, e Ebby chama Crash para brigar do lado de fora. Mas em vez de ser apenas mais uma dessas brigas de bar de filmes, Crash joga uma bola de beisebol para Ebby e manda que ele tente acertá-lo com ela. Ebby, consciente de sua velocidade, reluta em obedecer, mas Crash, que conhece a brutalidade dele, o pressiona, e ele erra o lance. Crash lhe diz que agora é seu novo receptor e acrescenta: "Você acaba de aprender a lição número um. Não pense; o máximo que você vai fazer é prejudicar o time." Ao longo do filme veremos Crash e Annie dando a Ebby um monte de lições sobre o beisebol e sobre a vida e, como ele as aprende, o filme se torna uma comédia. Se não as aprendesse, seria um drama.

Annie leva Ebby e Crash para casa dela (aos dezenove minutos). Ela explica que escolhe um jogador por temporada. Crash recusa-se a ser submetido a uma "prova" após doze anos no beisebol, o que leva Annie a perguntar-lhe em que ele acredita, e ele responde com uma fala maravilhosa, que abrange tudo, desde grama sintética até "beijos longos, lentos, profundos, suaves e molhados que duram três dias". Ouça a fala. Várias vezes. Se tiver que escrever monólogos para seus personagens, esta fala e a de Annie na abertura são modelos excelentes. Em ambas, Shelton dá aos atores uma variedade de coisas para dizer, de modo que eles podem mudar o ritmo das frases. Crash vai embora, Annie suspira "Ó, meu Deus", e em seguida enlaça Ebby e lê poemas de Walt Whitman para ele.

Numa cena sem falas, Crash apanha um tubo de papelão cilíndrico do lixo, segura-o como um taco de beisebol e observa sua postura no reflexo de uma vitrine. Isto também parece casual, uma coisa que qualquer jogador poderia fazer, mas também nos prepara de um modo puramente visual para sua tentativa de quebrar o recorde de *home run** da segunda divisão. Na partida seguinte, vemos Crash com o taco, e Shelton nos dá, tanto no diálogo falado quanto nos pensamentos de Crash em off, uma ideia do que os rebatedores pensam quando estão em campo. Crash se surpreende quando Annie se intromete nos seus pensamentos.

Annie lhe envia um bilhete sobre seu desempenho e os dois se encontram no dia seguinte no túnel de batimento.** Ele lhe propõe ficarem juntos e é óbvio, pelas cenas anteriores, que estão interessados um no outro. Mas ela responde: "Apesar do meu repúdio a quase toda a ética judaico-cristã, quando se trata da temporada de beisebol, sou monógama." A fala se conjuga com o que ela disse de si no monólogo da abertura. Os dois combinam ajudar Ebby, a quem Annie, depois da primeira noite que passaram juntos, deu o apelido de Nuke (arma nuclear).

Nuke está arremessando e rejeita as sugestões de Crash. Crash o deixa arremessar da forma que quiser, mas avisa o rebatedor, que devolve a bola na placa com o touro, símbolo do time. Crash diz a Nuke que contou ao rebatedor. A cena dura seis minutos, pois estamos assistindo ao processo de educação de Nuke. Um processo acontece ao longo do tempo, exatamente como um filme, e é por isso que os processos são grandes temas para filmes. Veja, por exemplo, filmes sobre "assaltos", "missões", "jornadas": todos mostram um processo.

---

*Jogada mais difícil do beisebol. Ocorre quando a rebatida é tão forte que faz a bola sair do campo. Mas, na essência, o *home run* acontece quando o rebatedor consegue percorrer as quatro bases de uma só vez apenas em um único lance. (N.T.)

**Túnel de batimento (em inglês, *batting cage*) é uma estrutura utilizada para treinos ou aquecimento de rebatedores. É feito de uma armação de metal e rede, que evita que as bolas rebatidas saiam voando. (N.T.)

Como contribuição para o processo, Annie dá a Nuke sua cinta-liga, para que ele a use por baixo do uniforme durante a viagem. Ele não usa e o time perde. Na viagem, ficamos sabendo que Crash efetivamente esteve na *The Show*, como a liga principal é chamada. Ele conversa com os jogadores a respeito. Repare na autenticidade dos detalhes da fala, que não se limita a beisebol, mas é também sobre Crash e sobre sexo. Em outras palavras, sobre todas as coisas de que o filme trata.

Eles chegam da viagem e Annie dá mais conselhos a Nuke, inclusive que ele tente respirar através das pálpebras. Ele começa a usar a cinta-liga. Crash vê o jogador com a peça, pede uma explicação, e então diz: "A rosa fica para a frente, rapaz." Nuke começa a seguir as instruções de Crash. Quando não faz, Crash novamente conta para o rebatedor qual vai ser a jogada e Nuke percebe o que ele diz. Nuke está ficando *um pouquinho* mais esperto. O processo continua.

No ônibus da equipe, Crash passa instruções a Nuke sobre os clichês das entrevistas esportivas, desde "Eles são seus amigos" a "Temos que vencer uma batalha por dia... Estou muito feliz por estar aqui. Espero poder ajudar o time." É uma cena bem curta, mas que a plateia não esquece. Como a cena de Crash rebatendo, ela nos mostra algo que sempre nos intriga: esses clichês que ouvimos nas entrevistas são espontâneos ou decorados pelos jogadores? Shelton não incluiu isto na cena anterior no ônibus, em que Crash conversa sobre a liga principal. Logicamente, poderia estar ali, mas funciona melhor numa cena separada. Você tem duas cenas curtas em vez de uma cena mais longa, e cada uma delas tem mais impacto separadamente. Não procure sempre marcar *home runs*; *singles* e *doubles* também fazem parte do jogo.

Jimmy, um jogador mais jovem, foi visto antes no vestiário anunciando que estava começando um grupo de oração. No fim dessa viagem, Millie espera o ônibus e fala com Jimmy. Tendo em vista o que sabemos sobre Jimmy e Millie, isso promete cenas ótimas, sempre afinadas com os temas principais do filme: beisebol, sexo e, em segundo plano, religião. Mas Jimmy e Millie são personagens menos importantes no filme e, por mais engraçadas que pudessem ser tais cenas, não teremos tempo para elas.

Estamos com um pouco mais de uma hora em um filme de 108 minutos, e veremos como Shelton faz render esse arranjo tardio no resto do filme.

Por sugestão de Annie, Nuke canalizou sua sexualidade para o beisebol durante a viagem. Os Bulls estão numa fase de vitórias e Nuke não quer que nada a atrapalhe. Annie o pede para tentar desatar a cinta-liga que ela está usando, sob o pretexto de que se trata de um exercício de coordenação motora. Mas Nuke recua. Quando Crash a vê queixar-se, ele responde: "Eu disse a ele que um jogador numa fase boa precisa respeitar a fase boa... e você devia saber disso! Vamos lá, Annie, pense em alguma coisa mais inteligente para dizer, tá? Algo cheio de magia, de religião, essas tolices. Vamos lá, me seduza." Ela diz simplesmente: "Eu quero você." Mas eles não fazem amor. Estamos com 73 minutos de filme.

Nuke está tendo problemas com o arremesso, em parte porque o pai está assistindo ao jogo. Vemos então mais uma das grandes "cenas íntimas de beisebol" de Shelton: a discussão no campo. O que será que eles estão falando? Neste caso, comentam que Jimmy e Millie estão noivos. É a primeira vez que ouvimos isto; às vezes, você pode abandonar cenas potencialmente interessantes e deixar a plateia usar a imaginação. É bastante útil quando você precisa manter o roteiro em movimento. Um dos jogadores diz que vai falar com Jimmy sobre o passado de Millie. Crash, demonstrando a liderança que exerce sobre o time, deixa claro que se alguém contar alguma coisa a Jimmy vai ter que se ver com Crash. Então os ossos de galinha que José, o jogador hispânico, estava usando para afastar a maldição de seu taco não dão resultado, e eles têm que achar um galo vivo. E a tentativa de Nuke de respirar através das pálpebras não está funcionando. O treinador manda Larry ver o que está acontecendo. Mas o que sabemos sobre Larry? Ele não parece muito inteligente e quase só fala bobagens, mas tem seus momentos. Ouça sua solução para os problemas: "Certo, bem, mas... castiçais sempre são um presente bonito e, bom, talvez vocês consigam descobrir onde ela colocou a lista de casamento, e talvez um aparelho de jantar, ou uma coisa de prata." O jogo prossegue. Será que a fala de Larry seria tão divertida se tivesse partido do treinador? E, da próxima vez que você assistir ao filme, preste atenção à frase que Larry disse mais cedo e que *muito* indiretamente o prepara para esta fala.

Annie e Millie arrumam o vestido de casamento de Millie enquanto ouvem o jogo pelo rádio. Quando Millie pergunta a Annie se ela acha certo usar branco, Annie responde: "Querida, todas nós merecemos usar branco." No jogo há uma discussão entre Crash e o árbitro. A cena não é tão boa quanto as outras "cenas íntimas" de beisebol porque não nos conta nada de novo, exceto que, como é de esperar, Millie conhece o palavrão que provoca a imediata expulsão de Crash.

Nuke e o pai fazem uma visita a Annie. Nuke recebe um telefonema: ele vai para a liga principal. Estamos aproximadamente com oitenta minutos de filme. Nuke de repente se torna humilde, algo que não tínhamos observado antes. Talvez devêssemos ter tido alguma pista anterior, mas podemos acreditar nisso dentro do contexto, porque acompanhamos o processo de aprendizado que Nuke atravessou, tanto no beisebol quanto na "lição de vida", para chegar a esse ponto. Shelton nos dá uma delicada cena de despedida, que é uma surpresa e uma mudança de ritmo em relação às cenas prévias com Nuke e Annie. De início, Nuke presume que vai vê-la novamente, mas repare como Shelton faz Annie deixar claro que não se verão mais, sem de fato dizer isto.

Nuke encontra Crash em um salão de bilhar, bêbado e melancólico como nunca vimos. O tom de toda a cena é muito mais grave do que o de qualquer outra do filme. O resto do filme é tipo Preston Sturges, um dos roteiristas favoritos de Shelton, sobre beisebol. A cena do salão de bilhar é como um John Huston de *Cidade das ilusões* (1972, roteiro de Leonard Gardner): um sentimento de perda e do tempo passando. A cena funciona porque insinua a profundidade do material sem transformar o filme num drama. O proprietário do salão de bilhar, Sandy, chegou a fazer .375 na segunda divisão, o que leva Crash a comentar a diferença entre a segunda divisão e a primeira. Ele diz a Nuke que enquanto ele, Crash, é inteligente, Nuke tem talento, e isso é que faz a diferença no jogo. Nuke dá um soco em Crash, mas este, ainda como professor, faz com que não seja a sua mão de arremessador que o acerte. Uma cena semelhante, porém mais leve, se passa na manhã seguinte, no vestiário, com mais prosa do que poesia, quando Crash se desculpa por seu comportamento.

Jimmy e Millie casam-se no campo do estádio antes do jogo, proporcionando-nos um final para sua história, além de mais um pouco da atmosfera do beisebol da segunda divisão. Depois do jogo, o treinador revela a Crash que vai dispensá-lo, já que Nuke foi embora. Crash fica arrasado, o que Shelton, o roteirista, nos faz saber dando a Shelton, o diretor, um longo close-up do rosto de Crash ao receber a notícia. A cena do salão de bilhar definiu a reação de Crash nesta cena. O filme chegou aos noventa minutos.

Crash vai à casa de Annie e, depois de contar que foi dispensado, os dois começam a transar numa cena praticamente sem diálogo. Tanto é terrivelmente cedo no filme para eles ficarem juntos como terrivelmente tarde. Muitos romances mantêm o casal separado, física ou emocionalmente, até a última cena. Muitos os reúnem cedo demais. A lógica criativa aqui (e Shelton está correto) é que, uma vez que sabemos desde o início que esses dois são atraídos um para o outro e feitos um para o outro, vamos querer ver como eles *são* juntos. Para isto contribui o fato de que Shelton lhes proporciona ações inusitadas, o que torna a cena mais vívida do que uma montagem convencional de sexo. Uma das minhas principais queixas quanto a cenas de sexo no cinema é que elas tendem a ser muito genéricas – closes ligeiramente desfocados dos corpos dos dublês, com música convencional na trilha sonora. Shelton é exato: *isto* é o que *estas* duas pessoas *específicas* fazem em seus momentos de intimidade. Os detalhes também são engraçados, e assim a plateia recorda a cena como sendo mais longa do que de fato é. Do momento em que Crash aparece na porta de Annie até ele sair passam-se apenas cinco minutos.

Como Annie registra em narração, "o beisebol pode ser uma religião cheia de magia, de verdade cósmica e dos enigmas ontológicos fundamentais da nossa época, mas é também um trabalho". Crash vai para o time de Ashville, onde – nós sabemos pela narração de Annie – consegue o *home run* final de que precisava para o recorde da segunda divisão. Vemos Crash acertar, mas sabemos o *significado* disso pela narração de Annie. Ela menciona de passagem que ele raramente se lembra de Nuke.

Ah, sim, Nuke. O que aconteceu com ele? De que precisamos a essa altura do filme para terminar a história? Precisamos ver como ele está se saindo na liga principal, mas este é um filme de orçamento modesto que provavelmente não pode se dar ao luxo de apresentar um jogo da primeira divisão. O que vimos nas cenas de Nuke que pode ser usado aqui? As escolhas de Shelton são clichês de entrevistas. O que parecia um detalhe atmosférico, e bastante insignificante, agora retorna. Nuke está sendo entrevistado num estádio vazio (por motivos orçamentários) da primeira divisão e está despejando os mesmos clichês que Crash lhe ensinou. Engraçado, e exatamente sutil o bastante para dar uma grande, e rápida, conclusão para o personagem.

E Crash e Annie? Depois que a temporada termina, ele volta para ela. Conta que o treinador lhe disse que ele daria um excelente treinador, e que pode haver um emprego na segunda divisão em Visália, Califórnia, no ano seguinte. Annie começa a falar, mas Crash diz que ele apenas quer "ser". Annie retruca: "Posso fazer isso também." Eles não entram em detalhes, como combinar quando ela vai para lá, ou se ela vai conseguir um emprego na Califórnia etc. Não precisamos saber disso, só que eles estão, ainda que temporariamente, juntos.

Annie termina o filme com uma narração: uma citação de Walt Whitman sobre beisebol. Estamos com 103 minutos de filme e restam cinco minutos para os créditos. Veja bem, eu adoro Whitman, mas, francamente, ele não é páreo para Ron Shelton como roteirista. Os versos de Whitman não se comparam com "eu acredito na igreja do beisebol".

FONTES

A maior parte das informações sobre o roteiro vem de uma apresentação de Ron Shelton num seminário no American Film Institute, em 1988. Uma excelente resenha sobre o roteiro escrita por Mary Dalton e Davis March, "Rough Trade in the Gender Wars", foi publicada na edição de novembro/dezembro de 1998 da *Creative Screenwriting*. O artigo inclui um longo trecho de uma cena do roteiro, cortada do filme, no qual Annie explica como foi fisgada pelo beisebol. Leia-o e veja se consegue imaginar por que foi cortada.

3. *Janela indiscreta*

Janela indiscreta
(*Rear Window*, 1954. Baseado no conto "It Had to Be Murder", de Cornell Woolrich. Roteiro de John Michael Hayes. 112 minutos)

Às vezes, em minhas aulas de roteiro no Los Angeles City College, exibo um filme em partes ao longo do semestre, e discutimos o roteiro enquanto assistimos a ele. Às vezes, não escolho o filme antes que as aulas comecem. Certa ocasião tive um aluno que perguntou no primeiro dia por que tinha que aprender a escrever roteiros, já que não pretendia contar histórias, e sim "criar cinema puro, como Hitchcock". Na mesma hora percebi que devia passar *Janela indiscreta* naquele semestre. Foi o que fiz, e o aluno nunca mais pronunciou as palavras "cinema puro, como Hitchcock".

O conto de Cornell Woolrich foi escrito em 1942 e mais tarde o diretor de teatro da Broadway Joshua Logan pensou em transformá-lo em seu primeiro filme. Logan escreveu um esboço de treze páginas que não foi usado por ninguém futuramente ligado a *Janela indiscreta*, pela simples razão de nunca ter resolvido o problema de direitos autorais com Woolrich. A história de 15 mil palavras tinha uma *ideia* possível para um filme – um homem com uma perna engessada passa o tempo olhando da janela de trás de seu apartamento e imagina que ocorreu um crime em um dos outros apartamentos –, porém Woolrich contou-a numa prosa muito eficiente, mas não em termos cinematográficos. Observando agora como ela se transformou num filme, você pode avaliar como é possível pegar uma boa *ideia* e desenvolvê-la para chegar a um *roteiro* bem-encaixado.

Woolrich conta a história na primeira pessoa. Jeff, o narrador, nos descreve aquilo que vê, o que é essencial para o filme, mas também *não* nos conta coisas que veríamos se estivéssemos olhando. Por exemplo, na primeira página do conto, Jeff diz: "A questão era que meus movimentos estavam muito limitados na ocasião." Não sabemos até as últimas linhas do texto que Jeff estava com a perna engessada, mas no filme não haveria uma forma realística que impedisse de vermos isso imediatamente.

Pelo modo como Woolrich descreve o apartamento e o pátio anexo, a janela do apartamento onde o crime é cometido é perpendicular ao apartamento de Jeff, o que significa que cada vez que ele olha para esse apartamento tem que se debruçar na janela. Woolrich não nos *conta* isto a cada vez que Jeff olha, mas num filme teríamos que ver constantemente Jeff se debruçar, o que poderia ser repetitivo.

Woolrich também usa a narrativa de Jeff para nos contar o que ele pensa, sobretudo quando ele começa a imaginar o que pode ter acontecido no outro apartamento. Os pensamentos de Jeff fazem a história fluir de um acontecimento relativamente insignificante para outro. Primeiro Jeff observa uma diferença entre Thornwald em seu apartamento e o proprietário no apartamento vazio acima do de Thornwald, mas é somente oito páginas depois que ele compreende o que isso significa: a diferença na altura quando os dois homens caminhavam na cozinha dos respectivos apartamentos provavelmente significava que Thornwald tinha enterrado o corpo da esposa no chão do apartamento de cima quando ele estava em reforma.

O conto de Woolrich não apresenta muitos personagens. Há Jeff, seu empregado Sam, Thornwald e Boyne (um guarda que Jeff chama mais cedo na história). Woolrich só menciona os moradores de mais dois apartamentos, e apenas de passagem: um rapaz e uma mulher que gostam de dançar e uma mulher com uma criança pequena.

O tratamento de Joshua Logan acrescenta uma namorada para Jeff, uma atriz chamada Trink. Em um ponto da história, ela vai ao apartamento de Thornwald, e, quando ele a descobre ali, Trink tenta sair da embrulhada através de uma performance teatral improvisada. Logan não começa a explorar as maneiras pelas quais Trink ou Sam poderiam ser usados para fazer Jeff explicar o que ele acha que está acontecendo. Num certo momento, Logan faz Jeff contar a Trink sobre "as várias pessoas que ele está observando". Mas Logan não dá uma ideia de quem elas são.

Finalmente, o agente de Logan convenceu-o a vender a história para Hitchcock, que pegou o tratamento das mãos dele por uma ninharia. O roteirista contratado em seguida para escrever *Janela indiscreta* foi John Michael Hayes, um redator de rádio que havia se transferido para o cinema em 1951. Hayes teve alguns encontros preliminares com Hitchcock, na maioria deles tentando impressioná-lo com o quanto sabia sobre os filmes do diretor inglês. Depois Hayes trabalhou muito e deu um tratamento à história. Quando o resultado foi mostrado a James Stewart, o ator concordou em estrelar o filme.

É fácil compreender por quê. O tratamento resolve todos os problemas de adaptação do conto de Woolrich à tela, e é tão detalhado em especificar a ação que grande parte é mantida no roteiro. Hayes é tão preciso que, na primeira cena com Boyne (o amigo guarda), enumera todos os motivos que levam Jeff a acreditar que um crime foi cometido. Hayes nos diz em seu tratamento aquilo que Jeff vê, o que ele imagina que descobre, quando sabe, quando pensa que não é verdade e quando tem certeza. Na história de Woolrich há uma certeza crescente por parte de Jeff, mas no tratamento de Hayes há reversões constantes: Jeff pensa uma coisa, então alguém prova que não é verdade, e alguma coisa mais é revelada que convence Jeff de que algo aconteceu. A estrutura dramática básica dá ao filme reviravoltas dramáticas que a história não apresenta.

O principal trabalho que Hayes fez no tratamento foi o desenvolvimento dos personagens. O Jeff de Woolrich não tem características definidas além de seu interesse no crime. Eis a descrição de Jeff feita por Hayes no tratamento, que aparece em cada esboço do roteiro doravante: "Ele é L.B. JEFFERIES: Um homem de 35 anos, alto, magro, enérgico; seu rosto é comprido, com uma expressão séria quando em repouso, e em outras circunstâncias capaz de humor, paixão, ingênua admiração, e do tipo de intensidade que transmite íntimas convicções de força moral e honestidade básica."

Não surpreende que Stewart tenha assinado o contrato após ler o tratamento. Que astro não assinaria? E veja como Hayes apelou para a vaidade do ator: Stewart estava com 45 anos quando o papel foi oferecido. A descrição de Hayes é uma das melhores introduções de um protagonista que já li num roteiro. Você deveria salvá-la em seu computador para ser usada como modelo. Nada atrai tanto um astro quanto um maravilhoso personagem e, se este personagem mostra "força moral e honestidade básica", tanto melhor.

Hayes também dá a Jeff uma ocupação. Ele é um fotojornalista, o que é cuidadosamente registrado na abertura visual do tratamento e do filme, graças à exibição das fotos que tirou, inclusive da mais recente, que lhe causou uma perna quebrada. Considere a vantagem de fazer de Jeff um fotógrafo: significa que ele olha profissionalmente, então não nos sentimos pouco à vontade como sentiríamos se ele estivesse bisbilhotando os vizinhos apenas por curiosidade. Woolrich teve algum trabalho para desculpar o voyeurismo de Jeff, fazendo-o observar: "Bom, o que mais poderia fazer? Ficar sentado aqui com os olhos bem fechados?"

Como fotógrafo, Jeff é um dos melhores exemplos num filme do uso da profissão do personagem. Hayes pôde usar um artifício que durante um tempo quis usar, mas que no rádio não funcionaria. Quando Thornwald entra no apartamento de Jeff, este o desorienta disparando flashes em seu rosto. Jeff também possui lentes teleobjetivas, de modo que Hayes pode aumentar a intensidade ao longo do filme fazendo Jeff mover-se de "simplesmente olhar" para "olhar com binóculos" e para "olhar através de uma câmera com lentes de longo alcance", o que permite variar o tamanho das imagens, proporcionando diversidade visual. O Jeff de Woolrich tem que perguntar sobre "aquele binóculo que tínhamos antigamente, quando passeávamos de barco nas férias". Nem o barco e nem "aquelas férias" são sequer mencionados no filme.

Uma mudança muito positiva feita por Hayes é na pessoa do empregado de Jeff. Em Woolrich, Sam é um criado negro bastante convencional. Hayes lhe dá Stella, uma enfermeira de meia-idade. A habilidade de Stella em dizer coisas escandalosas faz um contraponto cômico à civilidade de

Jeff e de sua namorada, Lisa. Adiante no roteiro, eles estão olhando Thornwald lavar as paredes do seu banheiro e Stella diz: "Deve ter respingado por toda parte", e Lisa a censura. Stella responde: "Por que não? É o que todos nós estamos pensando." Stella é também mais parecida com Jeff do que Sam era na história original, o que elimina qualquer necessidade de transformar a prosa de Woolrich em uma narração de Jeff.

Hayes nunca viu o tratamento de Logan, por isso a personagem de Lisa foi inspirada em duas outras circunstâncias. Primeiro, ele sabia que Hitchcock esperava que Grace Kelly estrelasse o filme e portanto o papel foi escrito para ela. Como aconteceu com Stewart, foi o roteiro que convenceu Grace a fazer o filme em vez de *Sindicato de ladrões*. Segundo, Mel, esposa de Hayes, tinha sido modelo profissional, e assim ele deu a Lisa a profissão de compradora de uma loja de departamentos, alguém bem-entrosado com o mundo da moda. O ponto principal da história entre Jeff e Lisa no tratamento e no filme é que Jeff não quer se casar com Lisa por achar que ela não se adaptaria ao seu mundo. Ao fazê-la uma pessoa envolvida com o mundo da moda, Hayes nos faz compreender os interesses dela e lhe dá oportunidade de sugerir uma alternativa para a vida de Jeff: fotografia de moda. Também permite a Grace vestir-se muito bem no filme, o que não é menos importante; como roteirista, você tem que pensar em tudo.

No tratamento de Hayes, Lisa não se envolve tanto com a história do crime como no roteiro ou no filme. Sua percepção de que a sra. Thornwald não deixaria sua bolsa e suas joias não está no tratamento, nem sua descoberta da aliança que confirma a consumação do crime. No tratamento, ela vai ao apartamento de Thornwald para localizar uma revista de crimes que, de acordo com Jeff, dará uma pista mais geral para o assassinato. A modificação no roteiro, que a faz procurar a aliança de casamento, é muito melhor, tanto para a personagem de Lisa quanto para o suspense na cena no apartamento de Thornwald.

A relação Jeff-Lisa é muito mais detalhada e desenvolvida no tratamento do que no roteiro e no filme. No tratamento, Hayes estende ao longo do filme as discussões sobre se os dois devem se casar ou não. Nos roteiros as discussões são eliminadas e, embora alguns diálogos permaneçam, grande parte deles foi cortada. Quando Lisa volta, após deixar o bilhete no apartamento de Thornwald, ela pergunta a Jeff como foi seu desempenho, e no roteiro ele tem uma fala sobre como ela é uma "verdadeira profissional", que foi cortada no filme a favor de um close-up de Jeff com um olhar admirativo.

O close-up é um exemplo perfeito de como o material se afastou do diálogo literário e entrou para o domínio da narrativa visual. É o tipo de coisa que Hayes aprendeu com Hitchcock. Hayes disse a respeito do processo de trabalhar no roteiro com Hitchcock: "Não nos encontrávamos com frequência enquanto eu escrevia o roteiro [ao contrário do que aconteceu em outros projetos, em que os dois se encontravam diariamente], mas depois passamos a nos sentar e desmembrávamos o roteiro tomada a tomada, e ele me mostrava como tornar algumas coisas muito melhores." Em uma entrevista, Hayes afirmou: "Hitchcock me ensinou a contar uma história com a câmera, e a contá-la silenciosamente."

Com a introdução dos personagens de Stella e Lisa, Hayes conseguiu reduzir a quantidade de tempo relativo que Boyne, o detetive, aparece e tornar maior seu impacto. No conto, Jeff chama Boyne na página doze (ao todo são 33 páginas). No tratamento de Hayes, ele não aparece até a página 36 (ao todo são 75). Nesse ponto, Jeff já comentou com Stella e com Lisa o que pensa estar acontecendo. Stella está totalmente disposta a acreditar no pior, enquanto Lisa custa mais a acreditar. A chegada de Boyne empurra a história para a frente porque a lei está então envolvida, e isso significa que ele pode e vai checar os fatos, os quais, na maior parte da segunda metade do tratamento, demonstram que Jeff se enganou. Como no conto original, Boyne manda dois guardas entrarem sub-repticiamente no apartamento de Thornwald, onde eles nada encontram de incriminador. Alguém obviamente assinalou para Hayes que aquilo era contra a lei e, no roteiro, Coyne, como o personagem foi rebatizado (e rebatizado no filme como Doyle), se zanga com Jeff diante da mera sugestão de fazer tal coisa.

O personagem de Lars Thornwald também foi desenvolvido do conto para o tratamento, primeiramente pela inclusão de cenas no início que nos mostram que o casal não é feliz e que a sra. Thornwald é uma megera.

Isto nos leva, junto com Jeff, a pensar que algo pode estar errado quando não a vemos ou a ouvimos depois que ele a matou, pois antes a víamos e ouvíamos muito bem. Como roteirista, você tem que aprender a usar o que *não* vemos e ouvimos assim como o que vemos e ouvimos.

Os acréscimos mais pitorescos à história de Woolrich são as pessoas que Hayes coloca nos demais apartamentos, dando ao filme uma riqueza que não havia no conto. Elas também nos oferecem algo diferente para olhar e para provocar reações em Jeff. Acima do apartamento de Thornwald – agora em frente ao de Jeff, para ele não ter que virar o pescoço em cada cena –, moram recém-casados que constantemente baixam as persianas, embora possamos perceber que o marido vai ficando mais irritado cada vez que a noiva o chama de volta para a cama. No primeiro esboço do roteiro, Hayes tem uma grande sacada que não sobreviveu no segundo esboço ou no filme. A noiva chama o noivo mais uma vez e ele responde: "Comece sem mim." Depois ele se afasta da janela e vemos que ela está sentada diante de uma mesa, pronta para jogar xadrez.

No filme, o casal é transferido para o edifício à esquerda do de Jeff, de modo que ele possa apenas ocasionalmente dar uma olhada para a janela com as persianas fechadas. No primeiro esboço do roteiro, Thornwald passa a ocupar o apartamento acima daquele que o casal ocupava antes, tornando mais fácil para nós acompanhar sua atividade, o que sempre é útil num filme.

O antigo apartamento de Thornwald agora é ocupado pela srta. Corações Solitários, que Hayes também introduz em seu tratamento. É uma solteirona, e no roteiro e no filme ela acaba ficando com o compositor que trabalhava em outro apartamento, embora no tratamento seu destino seja mais interessante. Hayes introduziu mais um casal que não consta no roteiro. No tratamento, o marido sai de seu apartamento e vai ao de outra mulher com quem está tendo um caso. A última visão que temos da esposa é ela fofocando com a srta. Corações Solitários. Hayes escreve: "A mão da solteirona afaga o braço dela, Jeff desvia o olhar, deixando-as se consolarem com o afeto que encontraram em seus mundos particulares de desapontamento amoroso."

Hayes deu a cada um dos personagens adicionais um enredo progressivo, o que ajuda a dar um sentido de completude e de estrutura ao filme. Srta. Torso, uma dançarina, é vista com vários homens entrando e saindo de seu apartamento, mas só no final conhecemos seu verdadeiro amor, um soldado.

O tratamento de Hayes foi concluído em 12 de setembro de 1953, e ele teve aprovação para começar a fazer o roteiro. O esboço de 167 páginas foi completado em 30 de outubro de 1953. Um dos motivos para o texto ter ficado pronto tão depressa foi que grande parte da descrição dos personagens e da ação foi transposta textualmente para o roteiro. O enredo também foi fortalecido, sobretudo pela maior participação de Lisa no esclarecimento do mistério. O roteiro de filmagem ficou pronto em 1º de dezembro de 1953, e não é muito diferente do esboço de 30 de outubro. O esboço de dezembro tem apenas cinco páginas a menos do que o primeiro, além de pequenas alterações terem sido feitas em 5 de janeiro de 1954. Segundo registros nos arquivos da Paramount, a produção começou em 27 de novembro de 1953 e foi concluída em janeiro de 1954.

Se as 162 páginas do roteiro de filmagem parecem muita coisa para um filme de apenas 112 minutos, lembre-se de que Hayes tinha escrito *tudo* que os atores deviam fazer, até as mínimas reações. Quando assistir a *Janela indiscreta* da próxima vez, preste atenção a quanto Hayes e Hitchcock conseguem extrair das tomadas das reações. Até momentos do filme que parecem improvisados na verdade não são. Logo no início, Jeff sente uma coceira na perna por baixo do gesso. É um momento tão repentino que parece que Stewart foi pego de surpresa pela câmera, ou que aconteceu por acaso e alguém decidiu deixar no filme. Mas não foi. Eis como Hayes descreve a ação:

> Subitamente Jeff desvia a atenção para si próprio. Sua perna, sob o gesso, começa a coçar. Ele se contorce, tenta mexer a perna um pouquinho. Não sente alívio. Coça pelo lado de fora do gesso, mas a coceira aumenta. Pega um coçador chinês para as costas no peitoril da janela. Cuidadosamente, e com relativa habilidade, ele o enfia sob o gesso. Ele se coça, e uma sublime expressão de alívio inunda seu rosto. Satisfeito, deixa o coçador de lado.

Hayes também compensa o diálogo com a ação, como na cena em que Stella leva o café da manhã para Jeff e então começa a especular sobre o que Thornwald fez com a esposa. Jeff começa a comer, mas a indagação de Stella sobre o local onde ele a teria esquartejado, chegando à conclusão de que a banheira seria o único lugar por causa do sangue, faz com que ele perca o apetite.

Hayes usa seus personagens, especialmente Stella e Lisa, como caixas de ressonância para as reflexões de Jeff. O que faz essas cenas funcionarem no filme é que as discussões são postas em termos dos personagens e das suas relações entre si. Depois da primeira cena com Lisa, na qual ela e Jeff passam a discutir, ela retorna, determinada a seduzi-lo, e ele está ocupado, pensando no que viu na véspera no apartamento de Thornwald. Ela o beija enquanto falam, mas ele continua falando sobre o que pode ter acontecido. Acredite em mim: é mais divertido olhar James Stewart e o pescoço de Grace Kelly do que seria ouvir a narração de um dos monólogos interiores de Woolrich.

Mesmo com um roteiro tão detalhado, houve mudanças do texto para o filme. Uma das maiores é o momento de clímax em que Thornwald tenta jogar Jeff pela janela. No roteiro, as pessoas que estão embaixo no pátio olham para ver o que está acontecendo. Praticamente nada disto ficou no filme, que acelera para o final, o que é decisivo quando a plateia está inquieta e quer saber logo como acaba. Acelerar o final pode não ter sido a única razão para o material ter sido cortado. É que ele simplesmente poderia fazer com que todos se lembrassem da única cena ruim no roteiro e no filme. Uma das mais inventivas modificações de Hayes infelizmente levou-o a escrevê-la. No conto de Woolrich, Jeff percebe a diferença de altura entre o piso dos dois apartamentos. No tratamento, Jeff percebe a diferença de altura entre as flores do jardim de Thornwald semanas antes – por acaso ele havia tirado fotos do jardim (viu outra vantagem da profissão dele?) – e sua altura agora. As flores estão *mais curtas*. No tratamento, Jeff apenas repara nas flores. No roteiro, ele pensa no assunto depois que um cachorro no pátio, que antes fora visto cavando no jardim, é encontrado morto. Os gritos da dona do animal chamam a atenção dos moradores –

exceto a de Thornwald – para suas respectivas janelas, para ver o que estava acontecendo. A longa fala do proprietário é o tipo de discurso que pareceria mais apropriado para um filme-mensagem de Stanley Kramer da época do que para um thriller romântico. Hayes pelo menos tem o bom senso de colocar a reação das outras pessoas em sequências semilongas ou médias, o que não quebra demais o esquema visual (vemos quase tudo no filme a partir da janela do apartamento de Jeff). Infelizmente a sequência foi filmada em close-ups dos vizinhos, o que apenas reforça a escrita enfadonha.

Fora isso, a direção de Alfred Hitchcock é impecável, mas você já pode ver por que costumo referir-me mais ao filme como *Janela indiscreta* de John Michael Hayes do que como – o mais convencional – *Janela indiscreta* de Alfred Hitchcock. O "cinema puro" da direção de Hitchcock, por exemplo, na cena de Lisa no apartamento de Thornwald, funciona apenas por causa do contexto da história que Hayes construiu cuidadosamente.

Janela indiscreta foi muito imitado, e as imitações quase sempre foram ruins. O remake para TV de 1998 suprimiu toda a interessante caracterização de Hayes e muito do emocionante drama de seu roteiro. Em seu lugar está o material, socialmente admirável, mas dramaticamente inerte, sobre como Christopher Reeve, no papel do protagonista após seu acidente, consegue seguir em frente com a ajuda de vários equipamentos e amigos.

No início da década de 1990 não teria sido possível fazer um remake de *Janela indiscreta*, uma vez que havia tão pouca ação (ou seja, derramamento de sangue). Isso mudou devido a três fatores. Primeiro, em 1999, a bilheteria do blockbuster *Sexto sentido* de M. Night Shyamalan mostrou que havia mercado para filmes com mais suspense do que ação. Segundo, o apelo para redução da violência no cinema após o tiroteio em Columbine, em 1999, levou Hollywood a enfatizar mais o suspense que o sangue, com exceções ocasionais, como a série *Jogos mortais* (desde 2004). E, terceiro – surpresa! –, os filmes menos sangrentos fizeram mais bilheteria, pois atraíam as mulheres, assim como os homens. A melhor imitação recente de *Janela indiscreta* foi o sucesso esmagador de *Paranoia*, de 2007, que se deveu a esses três fatores. E ao fato de que foi inteligente o bastante para tomar emprestado o elemento principal da estrutura do roteiro de Hayes: as constantes dúvidas que Kale, o personagem de Jeff, tem a respeito de seu vizinho ser ou não um assassino.

FONTES

Para uma versão mais detalhada deste capítulo, veja meu artigo "*Rear Window*: A John Michael Hayes Film" na edição de inverno da *Creative Screenwriting*.

O conto original pode ser lido em *After-Dinner Story*, de "William Irish" (pseudônimo literário de Woolrich), publicado por Lippincott Company, 1944. O conto foi reeditado no livro *Stories Into Film*, de William Kittredge & Steven M. Krauzer (Harper-Colophon, 1979). Os números das páginas que menciono são de *Stories Into Films*, no qual o conto vai da página 134 à 167.

Há várias fontes de informação sobre Hayes e entrevistas dele. Confiei em quatro. A entrevista mais antiga está em *Blueprint on Babylon*, de J.D. Marshall (Phoenix House, 1978). Hayes conversou com Donald Spoto para o livro *The Dark Side of Genius: The Life of Alfred Hitchcock* (Little, Brown, 1983) e com Susan Green para *Backstory 3: Interviews with Screenwriters of the 60s* (University of California Press, 1997). Mais recentemente, *Writing with Hitchcock* (Faber and Faber, 2001), de Steven DeRosa, faz uma excelente apreciação sobre as relações de trabalho entre Hitchcock e Hayes nos quatro filmes em que trabalharam juntos.

Uma cópia do tratamento de Logan de fevereiro de 1952 está nos Documentos de Hitchcock, nas Special Collections da Biblioteca Margaret Herrick da Academia de Artes e Ciências Cinematográficas de Hollywood. A coleção de Hitchcock *não conta com* o tratamento de John Michael Hayes nem com o primeiro esboço do roteiro. Faye Thompson, da Special Collections, percebeu que poderiam estar na seção Story Collection da Paramount, e também nas Special Collections da Herrick, onde de fato estão. Como a única referência que Hitchcock faz a Hayes e à sua contribuição para o filme, ao conversar com François Truffaut, é que "John Michael Hayes é um redator de rádio e escreveu o diálogo" (François Truffaut, *Hitchcock/Truffaut* [Touchstone, 1985, reedição do original de 1967], p.222. [Ed. bras.: *Hitchcock/Truffaut: Entrevistas.* São Paulo, Companhia das Letras, 2004]), não surpreende que tenhamos de procurar em outra parte testemunhos do trabalho de Hayes.

4. *Fargo: Uma comédia de erros*

Fargo: Uma comédia de erros
(*Fargo*, 1996. Roteiro de
Ethan e Joel Coen, 95 minutos)

Ethan e Joel Coen causaram impacto como roteiristas com filmes cult, a exemplo de *Gosto de sangue* (1984) e *Arizona nunca mais* (1987). Eles são cult porque foram indulgentes com seus personagens, mostrando todos eles no seu pior aspecto. As pessoas *"cool"* que transformam filmes cult em sucesso gostaram dessa atitude, os frequentadores habituais de cinema, não, talvez porque sentiam que *eles* também estariam sendo indulgentes. Então os Coen fizeram *Fargo*, seu maior sucesso comercial, que apresenta um personagem que de fato é simpático. E eles aprenderam com o sucesso? Bom, os filmes que fizeram depois de *Fargo* recaíram na indulgência e não foram campeões de bilheteria. Até há pouco tempo.

Os créditos iniciais do filme aparecem sobre um carro com reboque que atravessa a neve. O veículo estaciona num bar em Fargo, Dakota do Norte. Jerry Lundegaard, o motorista, encontra dois homens no bar, Carl Showalter e Gaear Grimsrud. Eles começam imediatamente a discutir sobre se Jerry está atrasado, o que, além de colocar os atores em movimento, estabelece o clima do encontro. Embora os três estejam discutindo o sequestro da esposa de Jerry, fica claro que não são mestres do crime. Estamos no mundo reconhecível dos fracassados, e isso nos revela que o sequestro provavelmente não vai dar certo. Em alguns filmes de assalto, vemos quase verdadeiros gênios trabalhando, e nosso prazer decorrerá de seu êxito em realizar seus planos. Aqui o prazer vem de observar a variedade de recursos que eles conseguem estragar. Não significa que não serão perigosos. Os Coen compreendem algo que os roteiristas da série de TV *Arquivo confidencial* (1974-80) sabiam: o fato de um criminoso ser um idiota não o faz menos perigoso; faz com que seja *ainda mais* perigoso.

Jerry está de volta a Mineápolis, jantando com a esposa, Jean, e o pai dela, Wade. Está mais agitado do que no bar, e tem menos controle ainda da situação. Ele é muito submisso a Wade, um homem mais velho, estúpido e enfático, que despreza o projeto de Jerry de investir num estacionamento.

Carl e Gaear estão num carro, ao que parece dirigindo-se para Mineápolis. Carl é o mais falante dos dois, como vimos na cena de abertura. Os Coen lhe deram maravilhosas árias curtas, que Steve Buscemi (Carl) interpreta muito bem. Peter Stormare (Gaear) quase sempre está calado, reagindo a Carl. Suas reações, e às vezes a ausência de reações, provocam Carl. Os Coen escreveram dois personagens muito diferentes (em primeiro lugar, como esses dois se aproximaram? – nunca ficamos sabendo) que competem o tempo todo. Ficamos querendo saber o que Carl vai dizer *desta vez* e como Gaear reagirá ou não reagirá.

Jerry trabalha como vendedor de automóveis e os Coen nos mostram cada clichê que conhecemos sobre vendedores de automóveis. Jerry insiste que está "tentando fazer negócio com você", e então diz que precisa falar com o chefe, e entra em outra sala, espera e volta com uma proposta. Este é Jerry em seu elemento, fazendo algo em que é mais ou menos bom. Enquanto isso, Carl e Gaear param em um motel para fazer sexo com duas prostitutas. Alternando entre Jerry e os sequestradores, podemos *ver* a diferença em suas vidas. Ninguém discute a vida dos criminosos ou a esterilidade da vida da classe média; isso é apenas mostrado.

Manhã na casa dos Lundegaard. Wade telefona para Jerry a fim de lhe dizer que está interessado no projeto, que antes havia desprezado. Quando Jerry chega à oficina, encontra Shep Proudfoot, o mecânico que o pôs em contato com os sequestradores. Jerry precisa dizer-lhes que o acordo está cancelado, mas Shep não sabe onde encontrar os dois. Descobrimos que Jerry tomou emprestados 320 mil dólares, aparentemente usando como garantia carros da loja onde trabalha. O motivo pelo qual ele queria que sua esposa fosse sequestrada fica claro – precisa do resgate para pagar suas dívidas –, mas agora que Wade vai bancar seu negócio pode dispensar os sequestradores e todos vão poder viver felizes para sempre. Doce ilusão. Estamos com dezessete minutos de filme. Fomos apresentados a Jerry, Wade, Jean e aos sequestradores, a trama já teve alguns contratempos, e temos a tessitura de dois modos de vida muito diferentes.

O sequestro não dá certo. Jean não é tão trouxa quanto pensávamos com base na primeira cena. Ao tentar escapar, ela cai da escada. Será que morreu? Não sabemos e continuaremos sem saber por mais duas cenas. Às vezes, você pode segurar a informação para aumentar nosso interesse. Enquanto isso, Wade conta a Jerry que não vai lhe dar os 720 mil dólares necessários para o negócio. Wade está investindo por conta própria, não como sócio do genro. Jerry sai e pega o carro no estacionamento. Numa cena sem diálogos (um vendedor de automóveis que não encontra as palavras!), ele começa a raspar o gelo do para-brisa, depois dá um soco. Jerry descobre a cena do sequestro em casa e então *treina* o telefonema que vai dar para Wade. O que isto diz a você sobre o personagem de Jerry?

Uma placa nos informa que estamos em Brainerd, Minesota, a terra de Paul Bunyan, o mítico lenhador do Grande Norte. No carro, Jean ainda está viva no banco traseiro, debaixo de um cobertor. Carl se esqueceu de colar o selo de registro temporário no vidro do carro. (Sim, é o mesmo carro que Jerry rebocava na primeira cena, como parte do pagamento aos sequestradores.) Um guarda os para. Se Carl e Gaear fossem espertos, conseguiram sair dessa situação. Carl talvez conseguisse, mas Gaear atira no guarda. Bronco, mas perigoso. E quando outro carro se aproxima, Gaear parte em perseguição ao veículo, que bate. Gaear mata os ocupantes. Bronco, mas muito perigoso.

Estamos com 32 minutos de um filme que tem 96 minutos. A única coisa que ainda não aconteceu: a estrela do filme não apareceu.

O quê? VOCÊ NÃO PODE FAZER ISSO! Você devia ter apresentado a estrela nas primeiras páginas de seu roteiro, ou então a estrela não continuará a leitura do roteiro. Se você está pagando por uma estrela, é melhor garantir que ela apareça na maioria das cenas – se não em todas. Mas aqui está uma vantagem em não escrever um veículo óbvio para uma estrela: você não precisa adular o ego da estrela. Neste caso, ajudou o fato de que um dos roteiristas era casado com a atriz escolhida para o papel principal.

O que temos até agora é um filme típico dos irmãos Coen, *sem personagens com os quais possamos nos identificar.* Somos atraídos pela história, mas ainda está presente a complacência dos roteiristas com os personagens. Porém eles agora vão elevar seu jogo para um nível diferente, como diz aquele nosso amigo, o clichê esportivo. Então, naturalmente, eles nos apresentam fotos e pinturas de pássaros. O telefone toca ao lado de uma cama onde um casal dorme. Podemos imaginar que o relatório do crime seria passado para o homem, mas é a mulher, Marge Gunderson, quem atende. Só mais adiante na cena, quando ela e o marido, Norm, tomam o café da manhã, percebemos que ela está nos últimos meses de gravidez. Marge se agasalha bem para proteger-se do frio, vai para o lado de fora, volta, e um minuto depois diz ao marido que o carro precisa de um empurrão para pegar. É uma simpática cena doméstica, diferente das cenas com os sequestradores e sobretudo diferente da cena doméstica na casa de Jerry. O que é mostrado, não narrado.

Marge chega à cena do crime na autoestrada. Ela escuta o delegado Lou, mas lhe diz: "Não concordo totalmente com sua hipótese, Lou." Ela examina a situação e sabe *exatamente* o que aconteceu. Sua primeira cena "de polícia" define Marge como mais inteligente do que qualquer outra pessoa do filme, mas também mais simpática, como demonstra seu comentário para Lou. Gostamos dela logo de cara e desejamos vê-la levar os idiotas à justiça. E sabemos que vamos ter algumas risadas pelo caminho, mas não à custa dela. Marge parece se inclinar para examinar alguma pista, porém explica para Lou: "Oh, pensei que ia vomitar... mas já passou. Agora estou de novo com fome." A estrela por fim apareceu em cena.

Antes que você insista que se trata apenas dos irmãos Coen sendo *cool*, transgressores, anti-Hollywood etc., pense no seguinte: a série de TV *Columbo* (1971-93) fez a mesma coisa (ao introduzir o detetive bem depois de termos visto o crime) *25 anos* antes de *Fargo*.

Jerry conversa com Wade sobre o pagamento do resgate, que agora é de 1 milhão de dólares. Repare como o resgate aumenta à medida que o filme avança. É a filha de Wade, portanto ele insiste em tratar do assunto pessoalmente e em negociar com os sequestradores.

Carl e Gaear levam Jean para uma cabana na floresta, porém mesmo com os olhos vendados ela tenta fugir, mas falha. Imaginamos que seu pavio curto fará com que acabe sendo morta. Você pode mostrar muito sobre seus personagens através das *más* decisões que eles tomam, e o roteiro dos Coen é um verdadeiro manual a respeito.

Marge vai ouvir as prostitutas com quem os sequestradores se encontraram. Elas não são de muita ajuda, embora uma lembre que um dos rapazes não era circuncidado. Veja e ouça como a cena usa personagens batidos e lhes dá novo vigor: a falta de atenção das prostitutas, a quê elas prestam atenção, sua ingenuidade e as referências aos tempos da escola.

Carl está irritado com o péssimo sinal da TV na cabana, e cortamos para Marge e Norm vendo TV em casa. Marge recebe uma ligação de Mike, um antigo namorado, que a viu no noticiário e sugere um encontro quando ela for a Mineápolis. Quem é Mike e o que tem ele a ver com a história? Vai levar algum tempo antes de descobrirmos. Estamos mais ou menos na metade do filme.

No trabalho, Jerry recebe um telefonema de Carl, que agora quer mais dinheiro, após as mortes em Brainerd. Em outra ligação, sobre o empréstimo feito por Jerry, pedem-lhe os números de registro (provavelmente fictícios) dos carros que ele usou como garantia. O mundo está se fechando sobre Jerry. Marge chegou a Mineápolis porque um número de telefone para onde os sequestradores ligaram a leva à oficina de Jerry. Ela faz o check-in num hotel e telefona para... Jerry. É a cena pela qual estávamos esperando, aquela que os irmãos Coen seguraram até agora, com uma hora de filme. Ela quer saber se alguns dos carros estão faltando. Ele faz sua habitual conversa mole. Podemos ver que Marge não está particularmente desconfiada dele *nesse momento*, mas também temos a sensação de que o está avaliando para a eventualidade de ele se tornar mais importante para o caso.

Marge se encontra com Mike. Já a ouvimos falar com ele, vimos que decidiu ir a Mineápolis para investigar pessoalmente o número de telefone, em vez de mandar um agente. Mas os roteiristas não nos prepararam para o fato de que Mike ainda tem uma queda por Marge. Ela dá uns foras nele, mas é compreensiva quando ele fala da morte da esposa. (Sabemos mais tarde, por outra pessoa, que ele nunca foi casado.) O que Mike está fazendo neste filme? Ele não tem relação com o mistério da história e nada acontece além desta cena. Qualquer executivo de desenvolvimento lhe diria para eliminar a cena. Acho que ela desempenha uma função importante: Marge é tão inteligente, simpática, calorosa, tão *perfeita*, que precisamos ver nela um pouquinho de fraqueza humana – a vaidade, no caso – para que se torne a personagem bem-construída que é. Isto contribuirá, em troca, para compreendermos seus comentários no final do filme.

Shep briga com Carl por colocá-lo em perigo telefonando e dando aos guardas seu número. Carl liga para Jerry e pede mais dinheiro. Wade pega o dinheiro e um revólver. Carl mata Wade, e Wade consegue acertar um tiro no queixo de Carl. Carl pega a maleta com o dinheiro e foge sangrando.

Estamos com 73 minutos de filme. A longa cena seguinte é com dois personagens que não tínhamos visto antes e que não veremos depois. Um policial entrevista um bartender. O bartender conversou com um rapaz, muito provavelmente Gaear, que mencionou estar no lago. A cena poderia ser um exemplo típico da razão pela qual as histórias de mistério não funcionam tão bem no cinema como os thrillers. Nestes, alguém está tentando fazer alguma coisa, enquanto nos mistérios alguém (policial, detetive particular, uma velha senhora, quem quer que seja) fica andando por ali e conversa com as pessoas, tentando obter informações. É só fala, fala, fala. Para fazer com que essas cenas funcionem, ou você tenta fazê-las dramáticas (veja a cena seguinte com Marge e Jerry), ou nos dá uma textura interessante o bastante para desejarmos assistir. Neste caso, os irmãos Coen nos dão textura: somente quando o policial pede ao bartender uma descrição do rapaz percebemos que ele está falando de Carl. Como? Ele o descreve do mesmo modo que a prostituta fez: "Um tipo miúdo, com uma cara meio engraçada." Nenhuma referência à circuncisão.

A cena entre bartender e policial também é um excelente exemplo de algo que os irmãos Coen fazem no filme inteiro. Assim como Bolt em

Lawrence da Arábia, eles dão a cada personagem sua própria voz. Você não poria as frases de Marge na boca de Carl, ou vice-versa. Jerry parece muito diferente dos outros personagens do filme. Você deve ter visto filmes em que todo mundo parece igual. Isto em geral acontece porque o roteirista não teve a imaginação nem o sentimento pelos personagens para fazê-los parecer diferentes.

Carl dirige de volta para o lago, enterrando a maior parte do dinheiro junto a um mourão de cerca perto da estrada. Estamos no meio da neve, logo não haverá meio de ele saber qual foi o mourão. Então, aos oitenta minutos do filme, temos o principal evento: Marge *versus* Jerry, Frances McDormand *versus* William H. Macy. Olhe para a cena e veja se consegue imaginar *quando* Marge *descobre*. Se a primeira cena Marge-Jerry pertence mais a Jerry, esta é de ambos, um grande duelo, um belo exemplo de como se escreve para uma performance. E, como nas cenas mais bem-escritas, tudo o que o diretor (Joel Coen, aquele que é casado com McDormand) tem a fazer é apontar a câmera para os atores e sair do caminho. Um grande texto torna muito mais fácil a um diretor parecer bom, se ele for inteligente o bastante para compreender isso.

Gaear está na cabana, vendo uma novela numa TV que funciona mal, a primeira vez que o vemos numa situação mais doméstica. Jean está morta. Com Gaear por perto, seria uma surpresa se ainda estivesse viva. Ela foi motivo de problemas para a dupla desde o começo, e não houve indício de que estavam se tornando gentis com ela. Jean é uma figura relativamente menor na história, e já estamos adiantados no filme, portanto não precisamos de uma morte elaborada para ela.

Carl chega, ainda sangrando. Quer pegar o carro e ir embora, mas Gaear não concorda. Carl diz: "Porra, de jeito nenhum! Você tá vendo essa porra? Me acertaram na porra do meu rosto! Eu fui e peguei a porcaria do dinheiro! Me acertaram quando eu tava pegando! Estou acordado há 36 desgraçadas horas! Eu vou levar aquela porcaria de carro! Aquela porra é minha!"

Algumas palavras aqui sobre linguagem e violência. Primeiro, a linguagem. Ao prestar atenção em *Fargo*, você perceberá que são Carl e Gaear, principalmente, que usam palavras de baixo calão, e mesmo assim não usam o tempo todo. Um conselho dado aos atores é que, se você está fazendo o papel de um bêbado, deixe isto claro logo no começo e depois não fique repisando o fato. O mesmo conselho vale para os palavrões: um pouco vale por muito. Sei muito bem, e ouvi cem milhões de vezes de meus alunos de roteiro: "Mas é assim que as pessoas falam!" Bom, algumas pessoas. Carl, Gaear e Shep falam, mas outros personagens não (o bartender menciona Carl como o tendo chamado de "um babaca", mas acrescenta: "Só que ele não usa a palavra 'babaca'"). E mesmo quando as pessoas usam, essa linguagem pode se tornar muito cansativa num filme, que é uma experiência mais concentrada do que a vida. Bom, isso pode se tornar muito cansativo na vida também. Acho que os irmãos Coen conseguiram um bom equilíbrio, ao contrário do roteiro de Oliver Stone para *Scarface*. Tony Montana e os outros falam tanto palavrão que, quando Elvira lhe pede, mais para o final do filme, que ele pare de dizer "*fuck*" (foda-se), a plateia com a qual assisti ao filme aplaudiu.

Com o sistema de classificação por idade da Motion Picture Association of America instituído no final da década de 1960, a violência nos filmes tornou-se mais explícita, como em *Bonnie e Clyde: Uma rajada de balas* (1967), *Meu ódio será sua herança* (1969) e *O poderoso chefão* (1972). A questão, como também no caso da linguagem, é: quando a violência se torna excessiva? Mais uma vez, acho que os irmãos Coen conseguem equilibrá-la muito bem neste filme. Temos o tiro no guarda, os destroços do carro, o duelo entre Wade e Carl, e Carl sangrando depois de ser baleado. Os Coen mostram que a violência tem consequências, o que muitos filmes "de ação" não mostram. *Fargo* não é um filme sobre violência, mas sobre indivíduos violentos. Nós acreditamos que *esses* indivíduos, pelo que é mostrado nas cenas "normais", se comportariam como se comportam nas cenas de violência.

O que nos leva ao triturador de madeira. Marge chega primeiro à cabana e encontra Gaear usando a máquina, que está cuspindo "madeira" vermelha. Marge, sempre no controle da situação, diz a Gaear: "E acho que é o seu cúmplice ali dentro do triturador." A máquina é brutal, mas a violência não é explícita. Os Coen nos deixam usar a imaginação, que pode ser pior do que qualquer coisa que eles nos mostrassem. O triturador é engraçado, mas de um modo ameaçador. O triturador é o que você encontra em uma cabana em Minesota, à beira do lago, no meio do inverno. O que tem tudo a ver com o fato de ser tão inesquecível no filme. Pegue os detalhes certos e as pessoas se lembrarão deles para sempre.

Marge prende Gaear e o mete em seu carro de polícia. Ela diz: "Há mais coisas na vida do que um pouco de dinheiro, sabe? Você não sacou isso? E agora está aí. E o dia está bonito." Uma pequena fala simpática. Resume sua visão de mundo. A maioria dos roteiristas ficaria contente em parar por aí. Os Coen não. Então ela acrescenta: "Bom, não consigo compreender isto." A frase torna o roteiro e o filme notáveis. Por quê?

Marge é uma policial. Todos os dias ela vê crime e violência entrarem em sua vida. Ela até sabe, embora não diga em voz alta, que não é imune à tentação, e é disso que trata a cena com Mike e o motivo de existência daquela cena – para dar apoio a essa única frase. Mas o que Gaear e Carl fizeram vai tão além daquilo que nem mesmo ela, com toda a sua experiência, pode compreender, que tudo o que pode dizer é que não compreende como eles se comportaram daquela maneira. Essa frase completa o filme.

Mas espere, há mais ainda. Dois pormenores. Um se refere à trama, o outro é temático. O pormenor da trama é a rápida prisão de Jerry num motel. Não temos mais uma cena Marge-Jerry; como seria possível superar a última? Precisamos apenas saber, e provavelmente precisamos ver, que Jerry foi capturado. Fiel à sua natureza, ele tenta escapulir pela janela de trás quando os policiais chegam, mas estes, assim como todos no filme, são mais espertos do que Jerry.

A cena temática acontece quando Marge se deita ao lado de Norm na cama. A ordem doméstica foi restaurada, como em geral vemos na maioria das histórias de crime: os criminosos são apanhados e tudo volta ao normal. Os espectadores ficam aliviados, o que precisam depois da violência. Marge está de novo com Norm, que tem boas notícias do mundo verdadeiro (que contrasta com o mundo grotesco de trituradores e sangue): suas pinturas de um pato-real (lembra-se daquelas pinturas de pássaros vistas na primeira cena? Elas apareceram em outras cenas de Marge também) foram escolhidas para ilustrar um selo de três centavos. Ele está um pouco desconcertado por se tratar de um selo de apenas três centavos, mas Marge observa que as pessoas às vezes precisam deles para completar a postagem. Marge resume tudo ao dizer: "Estamos nos saindo muito bem."

Os irmãos Coen não só ganharam o Oscar por seu roteiro, como Frances McDormand, que apareceu na tela não mais do que sessenta dos 96 minutos do filme, conquistou o prêmio de Melhor Atriz. Vamos esperar que astros e estrelas aprendam a ler conscientemente os roteiros que recebem. E que os irmãos Coen escrevam outro personagem simpático. O que, é claro, fizeram com o xerife Ed Tom Bell (Tommy Lee Jones) e Llewelyn Moss (Josh Brolin) em *Onde os fracos não têm vez* (2007). Foi o maior sucesso da dupla desde *Fargo*.

5. *Kinsey: Vamos falar de sexo*

Kinsey: Vamos falar de sexo
(*Kinsey*, 2004. Roteiro de
Bill Condon. 118 minutos)

Alfred Kinsey começou a ser conhecido no mundo científico como um entomologista que estudava a vespa de galha. Ficou famoso por suas pesquisas sobre a sexualidade humana nas décadas de 1940 e 1950. Mas apenas em 2004 foi realizado um filme sobre ele. Sempre foi difícil nos Estados Unidos fazer filmes que abordassem seriamente o sexo.

Na pesquisa para o filme *Quiz Show: A verdade dos bastidores* (1994), a produtora Gail Mutrux incluiu o livro de David Halberstam, *The Fifties*. A obra tem um capítulo sobre Kinsey, e a produtora imaginou que um filme sobre ele poderia ser interessante. Em 1999 convocou para o projeto Bill Condon, que acabara de conquistar o Oscar pelo roteiro de *Deuses e monstros* (1998). Gail contou mais tarde ao jornal *Los Angeles Times*: "Nós dois víamos o filme da mesma maneira – 'Sexo em nome da Ciência'. A pesquisa de Kinsey serviu também para explorarmos sua própria sexualidade. Só muito depois tomei consciência da bissexualidade, da troca de parceiras, da automutilação voluntária, o que tornou a coisa muito mais dramática e complicada. Kinsey era mais do que um *workaholic* que morreu porque exigiu demais de si. Ele foi um herói trágico."

As atividades sexuais do próprio Kinsey foram trazidas à luz pela primeira vez numa biografia de 1997, muito crítica e bastante homofóbica, mas no ano seguinte a visão mais equilibrada e sutil de Jonathan Gathorne-Hardy foi publicada. Chama-se *Kinsey: Sex the Measure of All Things*, e seus direitos foram comprados por Gail Mutrux em 1999. O roteiro não foi uma adaptação do livro, porém Condon o usou como fonte de pesquisa.

Condon passou por vários rascunhos até chegar ao roteiro, como pode ser esperado de um material tão complexo e controverso. Para os objetivos deste capítulo, analisaremos o segundo, o sexto e os últimos rascunhos, a fim de que você possa ver como Condon desenvolveu o material.

O segundo rascunho. (125 páginas)

O roteiro abre em 1955, um ano antes da morte de Kinsey, com Grafton Noone levando Kinsey e sua esposa Clara a um passeio pelos "inferninhos" sexuais de Roma. Os Kinsey são descritos (p.2; os números entre parênteses correspondem ao número da página) como "uma versão mais idosa e mais desalinhada de Ozzie e Harriet" (*The adventures of Ozzie and Harriet*, seriado da TV americana no ar entre 1952 e 1966). Se você procurar Grafton Noone na biografia de Gathorne-Hardy, não encontrará. Ele é um personagem totalmente fictício. Condon disse em entrevista à *Creative Screenwriting* que Noone ("*no one*", ou seja, "ninguém") foi inspirado num ajudante ocasional de Kinsey, Clarence Tripp, mas há pelo menos três outras pessoas com quem Kinsey lidou envolvidas nas várias atividades combinadas em Noone.

Vimos em *Lawrence da Arábia* como os personagens compostos podem ser úteis ao condensar personagens similares em um só. O problema é que Noone é um personagem que ocupa um lugar grande demais no roteiro. Depois da sequência em Roma, temos Noone sendo entrevistado por alguém que não é visto, uma narração que lhe faz perguntas. Não raro, esse material parece uma aula, e cortar de Kinsey para voltar à entrevista interrompe a história.

Numa cena inicial (7-8), temos o jovem Kinsey, nove anos, e outras crianças um pouco mais velhas no porão de uma casa, encorajando uma menina "bem-desenvolvida" de doze anos a tirar a roupa. A cena é interrompida pelo pai de Kinsey, que repreende severamente o filho. Como a cena é muita explícita visualmente quanto à nudez da menina, surpreende-me que ela tenha ficado no roteiro até pelo menos o sexto rascunho, pois não haveria possibilidade de filmá-la assim.

Temos depois (8-9) Kinsey aos dezenove anos, como escoteiro num acampamento com Kenneth Hand, por quem Kinsey sentia-se atraído romanticamente, embora isto não seja claro no rascunho. Após mais material de entrevistas com Noone, vemos Kinsey aos 27 anos, fazendo uma conferência sobre a vespa de galha na Universidade de Indiana. Permanece igual ao longo de todos os rascunhos a observação de Kinsey, de que o que aprendeu com essas vespas é que elas todas são completamente diferentes umas das outras, atitude que mais tarde aplicou à sua pesquisa sobre sexo.

Clara, com quem se casaria, estava no auditório, e depois (14) se aproxima dele quando o vê comendo no jardim. Neste rascunho isto acontece num piquenique do Departamento de Zoologia, e ela troca algumas palavras com outro professor antes de se dirigir a Kinsey. A noite de núpcias do casal (19-20) é insatisfatória e dolorosa para ela. Os dois procuram o dr. Reed, que diz tratar-se de um problema simples (o hímen de Clara mostra "uma espessura pouco habitual"), e que pode corrigi-lo imediatamente (21). Condon então faz um corte de volta para o entrevistador e Noone num jantar no ano 2000. Noone explica que parte do problema era o grande tamanho do pênis de Kinsey. Noone pega um guardanapo de papel e desenha uma imagem do órgão. A garçonete pergunta se ela pode ficar com o guardanapo. É uma cena engraçada, porém preenche uma página inteira. Você verá depois como Condon chega à mesma informação, mas de uma maneira muito mais rápida e engraçada, com personagens mais centrais da história.

Agora pulamos (22-23) à frente, para 1938, com uma cena de Kinsey cuidando do jardim praticamente nu. Um casal mais jovem e outro casal mais velho chegam e parecem chocados. Kinsey fala com o casal mais jovem sobre folhetos que tem recomendando o uso do diafragma. A cena deixa claro que Kinsey é alguém que aconselha os estudantes sobre sexo, mas a jardinagem e a presença do casal mais velho atenuam esse ponto.

A cena seguinte reafirma essa característica com um grupo de estudantes mais velhos.

Na página 26 somos apresentados ao novo reitor da Universidade de Indiana, Herman B. Wells, que oferece uma recepção para Kinsey em homenagem a seu novo livro. Wells, ao contrário de outros colegas reitores, parece saber do que trata o livro, embora Kinsey observe: "Pensei que você tinha lido o livro, até ver essas anotações infantis na sua mão." Agora pense: se você estivesse escrevendo a parte de Wells, que vai apoiar Kinsey até o final do filme, como o faria reagir ao comentário de Kinsey? Condon escreve: "Wells dá uma boa risada."

Então não causará surpresa a cena que Wells menciona para o dr. Thurman Rice, diretor da Faculdade de Medicina, que "alguns alunos liberais da graduação... estão fazendo campanha para um curso sobre sexo". Rice insiste que já ensina isso no curso de higiene, mas Kinsey, ouvindo por acaso a conversa, declara que "esse é o curso mais inútil da universidade". Kinsey afirma que os alunos aprendem anatomia feminina "infiltrando-se no necrotério da sua preciosa faculdade de medicina". É uma frase chocante e não de todo desprovida de alguma verdade histórica, embora em grande parte isso deva ser uma lenda urbana da Universidade de Indiana. Se é chocante ao ser lida, ouvi-la deve chocar ainda mais. Julgue você mesmo. Ela se mantém no sexto rascunho, é descartada no rascunho final, mas foi filmada e aparece nas cenas cortadas da edição especial em DVD, com outros materiais dos primeiros rascunhos. Nunca jogue nada fora.

Wells vai à aula de Rice (29-31), assiste ao filme sobre educação sexual (este rascunho indicava que o filme seria feito especialmente para a cena) e escuta Rice. Ele diz à turma que, na hora de dormir, quando está "tenso", relaxa fechando os olhos e "pensando em todos os Johns que conheço". Isto de fato fora dito em sala de aula anos antes pelo eminente e na época vice-reitor da universidade, William Lowe Bryan. A frase provocou risadas quando Bryan falou e no filme provoca risadas quando Rice fala, e Condon elabora a situação fazendo Rice completar, confuso: "Bom, não só nos Johns. Às vezes também nos Peters." Mais risadas, e um estudante pergunta: "E nos Dicks?" As falas sobreviveram no filme. A cena nos mostra exatamente como Rice está por fora, e Wells apenas "sai da sala disfarçadamente".

O primeiro dia de Kinsey à frente da turma de educação sexual (33) proporciona uma excelente ária para o ator que desempenha Kinsey. Como na frase sobre os "Johns" da cena anterior, Condon usa uma frase de Kinsey em uma aula bem posterior. Kinsey pergunta à turma: "Quem pode me dizer qual é a parte do corpo humano que pode aumentar de tamanho cem vezes?" Quando uma jovem fica aborrecida de ele fazer a pergunta "numa classe mista [masculina e feminina]", ele responde: "Estou me referindo à pupila do seu olho, minha jovem. E, devo lhe dizer, você vai ficar bastante desapontada." Nas instruções de cena podemos ler: "Uma ruidosa explosão de risos corta a tensão. A moça recebe a vaia com um sorriso bem-humorado." As reações nos indicam que a turma estava tensa, que isso corta a tensão, e que a aluna não ficou transtornada com o que ele falou. Nada mau para apenas duas frases.

Kinsey encontra (34) com Clyde Martin, um aluno, e o chama para trabalhar com ele. Kinsey está começando a falar aos estudantes e a responder a suas perguntas sobre sexo. Temos uma montagem de cabeças de estudantes fazendo perguntas que naquela época (final da década de 1930) os estudantes faziam: "Masturbar demais causa ejaculação precoce?" e "Fazer sexo quando grávida causa pólio?" A última das entrevistas (36) é com uma jovem aluna que faz uma pergunta sobre sexo oral e indaga: "Isso é errado?", e Kinsey responde: "Se for, então todos nós estamos com problemas." O que a montagem nos mostra é como os estudantes daquele tempo eram ignorantes a respeito de sexo, o que estimula Kinsey em sua pesquisa, com a preocupação de ajudar as pessoas a compreenderem a sexualidade. Isto o leva a fazer com que os alunos preencham um questionário, o que, por sua vez, o faz apresentar o questionário a uma comunidade de homossexuais em Chicago, indicada por um dos estudantes. A primeira tentativa em um bar não é bem-sucedida. Ele conversa com Jake, um jovem gay, que lhe sugere (42), em vez de usar um questionário escrito, falar diretamente com as pessoas. Então, põe-se em movimento o método de entrevistas de Kinsey para conversar com as pessoas sobre suas histórias sexuais. Em outra visita a Chicago (43-44), Kinsey encontra Jake na rua e "a excitação se mistura com o temor e a expectativa quando os dois se aproximam", uma maneira discreta de sugerir um encontro homossexual.

Kinsey conta a Clara sobre o sexo com Jake quando volta para casa. Clara lhe diz que não está exatamente surpresa, e indica alguns sinais que a fizeram suspeitar de suas tendências homossexuais. Ele pergunta se ela já imaginou como seria dormir com outro homem. Ela diz que sim, mas que não seguiu sua imaginação "porque somos casados e temos filhos". Kinsey insiste que isso é uma restrição social e passa a doutriná-la. Finalmente ela diz: "Não quero mais falar sobre isso." A cena, como está neste rascunho, é boa, embora algo convencional, enriquecida por detalhes dos personagens: o desejo de Kinsey de se mostrar absolutamente aberto, a mágoa de Clara e sua disposição em apoiá-lo.

Ah, sim, os filhos. Os Kinsey tiveram vários filhos, alguns dos quais aparecem rapidamente em cenas anteriores, mas um deles não. Em 1926, o filho de quatro anos, Daniel, morreu, e, como escreveu Gathorne-Hardy, "o terrível golpe continuou a se refletir sobre eles por muitos anos". Talvez você pense que a morte de Daniel seria um ponto de virada importante em um roteiro sobre Kinsey. No mínimo o tornaria mais simpático quando ele realiza algumas de suas ações mais drásticas. Quantos manuais de roteiro dizem que você deve fazer tudo o que for possível para tornar seus personagens "simpáticos"? O problema aqui é que a morte de um filho talvez seja um acontecimento muito forte e emocional para ser usado de um modo limitado como seria num filme de duas horas de duração. O filme deve centrar-se necessariamente na vida profissional de Kinsey e como ela afetou sua vida pessoal, e não como essa prematura tragédia pessoal afetou sua vida profissional. Às vezes você precisa abrir mão de um bom material. E até mesmo de um material *muito* bom.

Depois de outra cena com Noone, na qual somos *informados* de que Kinsey começou a dormir com Clyde Martin, vemos Kinsey em seu escritório com Clara e Martin – que não sabemos muito bem quem é. Clara diz que decidiu tirar o melhor da situação. Martin diz que sente falta de dormir com mulheres e pergunta a Kinsey se vai se importar se pedir a Clara para dormir com ele. Kinsey, "pela primeira vez, não tem nada a dizer". Clara diz: "Bom... acho que gostaria disso. Gostaria muito (48)." Mas não os vemos juntos na cama.

Thurman Rice assiste a uma das aulas de Kinsey, fica horrorizado e vai protestar com Wells. Rice ameaça fazer um escândalo, vemos um pastor protestante pregar contra Kinsey, e então Wells ouvindo as reclamações do conselho universitário. Wells defende a pesquisa de Kinsey, mas concorda em fazer alguma coisa. Ele envia uma carta a Kinsey dizendo que ele pode continuar a pesquisa ou o curso, mas não ambos. Kinsey fica indignado, mas Clara observa que Wells está sendo inteligente, pois a escolha significa uma pequena concessão a Rice e aos outros, e ao mesmo tempo garante o apoio da universidade à pesquisa de Kinsey. Vemos nessas cenas a personalidade de cada uma dessas quatro pessoas, que se expande sobre o que já sabemos e movimenta a história para a frente. Também sabemos mais sobre o personagem Wells do que costuma acontecer num filme: indiretamente, através do que os outros, neste caso Clara, dizem. Versões dessas cenas sobrevivem no sexto rascunho, mas não no último, embora variações dele tenham sido filmadas e apareçam nas cenas cortadas. Provavelmente tais cenas ocupavam um bocado de tempo, mas é uma pena terem sido cortadas.

Da página 54 à 59, vemos Kinsey reunir sua equipe de entrevistadores, destacando-se Wardell Pomeroy e Paul Gebhard. Pomeroy é definido como alguém com uma intensa vida sexual, e Gebhard como dono de um currículo mais acadêmico que os outros. Da página 60 à 64, Kinsey os treina para as técnicas de entrevista: deixar os entrevistados à vontade, fazer-lhes perguntas em sequência etc. Após uma montagem em que os vemos entrevistando estudantes, professores e outras pessoas, chegamos a uma discussão (68) das diferenças de comportamento sexual entre as classes sociais, uma cena que parece um pouco didática demais para sobreviver no roteiro final e no filme.

Voltamos ao jardim de Kinsey para o casamento de Clyde e Kay Martin (69-71). Kay está perplexa com a conversa explícita sobre sexo entre as esposas, sobretudo com a sugestão de Martha Pomeroy de que todas as esposas precisam de uma "ajudante da mamãe": alguém que "cuide do papai antes de ele voltar para casa". A discussão sobre a "ajudante da mamãe" foi abandonada na versão final da cena.

O dr. Robert Yerkes, que estuda os primatas e é ligado à Fundação Rockefeller, visita o laboratório de Kinsey e sua coleção de objetos exóticos. Com ele está o dr. Alan Gregg, também da Fundação, que cogita conceder uma bolsa para Kinsey levar adiante sua pesquisa. Mais tarde, os dois cientistas jantam na casa de Kinsey, onde Clara se preocupa com a comida e os dois vão verificar que a pesquisa é de alta qualidade. Os cientistas advertem Kinsey – e preveem para nós – a potencial crítica pública quanto aos resultados do estudo. Clara e Kinsey conversam depois sobre o jantar e ele se mostra preocupado em não poder fazer seu trabalho como deseja. Ele diz: "Não tenho tempo para sempre", uma referência a seus problemas cardíacos, o que infelizmente não ficou determinado antes no roteiro. No jardim de casa (76-78), Kinsey anuncia à sua equipe que eles receberam uma bolsa da Fundação Rockefeller, mas também vemos Gebhard flertando com Kay Martin, a esposa de Clyde.

Uma montagem (79 em diante) mostra uma grande variedade de pessoas por todo o país contando para a câmera suas ocupações, mas sem detalhes sobre suas histórias sexuais. A ideia é que Kinsey estava coletando material de uma ampla variedade de pessoas, assim como havia capturado uma ampla variedade de vespas de galha. Não ouvimos o que eles estão falando nas entrevistas, e assim não sabemos as diferenças entre suas experiências sexuais. A montagem será modificada no rascunho final.

A sequência também leva Condon a escrever textos muito generalizados: "A equipe caiu nas graças de várias comunidades... Eles foram a bazares de igrejas e a bailes nas comunidades, a jogos de bingo, casamentos e batismos, bilhares e tavernas." Além de muito geral, filmar isso também seria muito dispendioso, e o texto caiu no sexto rascunho. Mas a sequência inclui uma bela cena (80-81), na qual a equipe está jantando em um restaurante na estrada e fala tão alto sobre sexo que outros clientes reclamam. Pomeroy passa então a falar usando o código que utilizam para as entrevistas, e uma legenda traduz o que ele está dizendo. A sequência sobreviveu ao sexto rascunho, mas acabou dispensada, embora apareça nas cenas cortadas. Condon observa em seu comentário sobre as cenas descartadas que ela se parecia demais com um "número musical", querendo dizer que chamava mais atenção para si como cena e parava o espetáculo, no sentido errado da proposta. Ele está certo, mas a cena é engraçada. Condon também eliminou a quantidade de conversas sobre sexo entre os membros da equipe, possivelmente para torná-los mais simpáticos, ou, no mínimo, menos grosseiros. Novamente, as frases que podem ser aceitáveis no papel podem também ser excessivas quando ouvidas em voz alta. Se você tiver dúvidas se seu diálogo é excessivo, leia-o em voz alta para sua mãe. Ela dirá.

O escritório de Kinsey se expandiu (82-83), e ficamos sabendo que a Segunda Guerra Mundial terminou quando uma secretária dá a notícia a Kinsey. Ele obviamente não estava prestando atenção, detalhe interessante sobre sua obsessão pelo trabalho. A secretária também menciona que o pai dele telefonou. Em casa, depois do funeral da mãe, Kinsey convence o pai a ser entrevistado para seu estudo (84-86). O Kinsey real pouco viu o pai depois de ir para a universidade, e o pai foi para Nevada, onde logo conseguiu um divórcio ao se apaixonar por outra mulher. O divórcio poderia ser abordado com uma ou duas frases do diálogo, mas a entrevista dá uma cena melhor. Primeiro, porque ali termina a relação com o pai. Segundo, por ser uma cena muito tenebrosa, e digo isto no melhor sentido. Sabemos que o pai de Kinsey era repressivo em relação a sexo, mas aqui descobrimos o que fizeram com ele quando criança e que contribuiu para isso. No final da cena, o pai diz: "Me parece que você está perdendo seu tempo. Ninguém quer saber dessas coisas." Em suma, é uma grande cena, ideal para ser filmada, e oferece múltiplos subtextos para a atuação dos atores. A cena foi mantida no filme quase textualmente como aparece neste rascunho.

O primeiro livro de Kinsey, *Sexual Behavior in the Human Male* (1948), é publicado (87). Wells fala aos membros do Conselho, prevenindo-os do que vem pela frente e explicando-lhes o conteúdo. Pede uma demonstração formal de apoio ao autor e a consegue, embora uma viúva manifeste a esperança de que o assunto não tenha muita notoriedade. Wells diz: "Com sorte, o público nem vai notar." Ouvimos o som de uma bomba explodindo e um corte para uma charge que compara o livro à explosão da bomba atômica. Há uma montagem do impacto da obra, incluindo uma charge da revista *New Yorker*, uma piada de Bob Hope no rádio, uma cena do seriado de TV *I Love Lucy* e uma mulher que prefere ler uma versão resumida do relatório publicada na revista *Good Housekeeping* a ler o livro. No rascunho final, os clips de Hope e *Lucy* desapareceram, talvez porque os direitos de reprodução fossem muito caros, mas a cena com a revista permanece. Vemos Kinsey discursando para uma multidão na Universidade da Califórnia em Berkeley e falando com repórteres após a palestra. Um dos repórteres pergunta a Clara como sua vida mudou, e ela responde: "Mal o vejo desde que ele passou a se dedicar ao sexo."

Noone agora aparece na história (92) e trabalha no laboratório de Kinsey, fotografando mulheres tendo orgasmos. Uma delas, Alice, com mais de sessenta anos, alcança rapidamente orgasmos múltiplos. Vemos o filme de Alice com Kinsey, enquanto a turma o discute. Os alunos veem outros filmes e Kinsey diz a Noone que terá que interferir no caso de Kay com Gebhard porque Martin está sofrendo.

A Alfândega apreende uma caixa de material erótico destinada a Kinsey. Kinsey está no escritório de Wells, que fala ao telefone, escutando o governador reclamar (99). Depois de ouvir por um minuto, Wells diz: "Governador, o senhor está tão furioso que não posso argumentar. Quando se acalmar, conversamos", e desliga o telefone. Como seria possível o reitor de uma universidade mantida pelo estado bater o telefone na cara do governador, do qual depende a manutenção da universidade? Sim, foi assim mesmo. Nas memórias de Wells lê-se isso, e também nas de Gathorne-Hardy. E Condon não descarta esse incidente, não só por ser muito bom, mas também porque nos diz muito a respeito de Wells e de seu caráter. Wells então adverte Kinsey sobre o problema que seu trabalho pode causar com a Fundação Rockefeller e com o estado.

A publicação do segundo livro de Kinsey, *Sexual Behavior in the Human Female* (1953), é mostrada em outra montagem de reações (101), que inclui uma pregação do pastor Billy Graham contra a obra. A montagem acabou eliminada, provavelmente por motivos de custo e tempo, e também porque ia parecer muito com a montagem sobre o primeiro livro. E o roteiro e o filme vão tratar em cenas muito mais substanciais os *motivos* da reação à obra sobre as mulheres. O filme corta para a cena seguinte (102), Kinsey lendo uma crítica e queixando-se a Clara de que não compreende por que as pessoas odeiam o livro. Clara dá a resposta definitiva: "Disse no livro que avós e filhas se masturbam, fazem sexo fora do casamento, e umas com as outras. O que você esperava?"

Então Condon nos dá uma grande cena, que foi abandonada no sexto rascunho. J. Edgar Hoover, chefe do FBI, telefona para Kinsey (103-105). Hoover menciona que o senador Joseph McCarthy, que Hoover odeia ("mas ele é ouvido pelo país inteiro"), está reclamado que há homossexuais no Departamento de Estado. O que Hoover quer de Kinsey é ajuda para identificar os verdadeiros homossexuais do Departamento de Estado, "para que possamos fazer um bom trabalho protegendo as vítimas de acusações falsas". Kinsey lhe vira as costas. Diante da fama de homossexual de Hoover, a cena poderia simplesmente parecer muito estranha e muito cômica para o cinema. Como a cena do restaurante, ela quebraria o andamento do filme. Ela não parece ter sido filmada, pois não está incluída nas cenas cortadas. Às vezes, você precisa abrir mão de um bom material.

Kinsey encontra Martin e Gebhard brigando no escritório (105-107) por causa do caso de Gebhard com Kay. Kinsey ordena a Gebhard que ponha um ponto final no caso, pois Gebhard admite que nunca vai deixar a mulher e os filhos. Então descobrimos (108-109) que Noone também está apaixonado por Kay. Depois de desmaiar durante uma palestra e ser levado ao hospital, Kinsey recebe a visita do FBI, e descobrimos que Kay denunciou as atividades sexuais do grupo de Kinsey. Mais tarde descobriremos que Noone casou-se com Kay e que ela e Martin divorciaram-se. Tudo isso passa depressa demais para ter o impacto que deveria ter. As ligações essenciais para a história de Kinsey são Gebhard tendo um caso com Kay e envolvendo-se na briga com Martin, para mostrar como era impossível, a despeito do que Kinsey pensava, manter as emoções, especialmente o amor, afastadas do sexo. O relacionamento de Noone com Kay parece malcosturado, sobretudo ao ser colocado no final do roteiro. Ele não fazia parte do grupo até a história estar bem adiantada, e não temos o envolvimento emocional e intelectual tão grande com ele quanto com os outros membros, e com Kinsey e seu trabalho.

O Congresso questiona o dr. Gregg, da Fundação Rockefeller, sobre o apoio a Kinsey. Depois de afirmar que o trabalho de Kinsey ajudará os comunistas a enfraquecer o país, um congressista pergunta se a fundação deveria investir na área da pesquisa sexual. Gregg responde: "Acho que provavelmente é uma coisa com a qual a fundação não devia se envolver (114)." Kinsey vê a cena pela TV.

Wells pede aos conselheiros que apoiem a pesquisa, assinalando que a universidade está com um saldo positivo no orçamento graças aos alunos atraídos para o campus pelo trabalho de Kinsey. Os conselheiros votam contra a pesquisa, Wells diz: "Muito bem, então." Nós o tínhamos visto exercer suas consideráveis habilidades políticas, mas há limites para ele, e ele reconhece.

Kinsey encontra-se com Huntington Hartford, o milionário herdeiro dos supermercados A&P, e com seu círculo social de amigos ricos. Como tinha sido casado quatro vezes, Hartford se sente em posição de apoiar a polêmica pesquisa. Ninguém mais oferece qualquer ajuda (115-118). Noone calcula a contribuição para Kinsey (121-122).

Kinsey está em San Francisco no apartamento de uma mulher de cinquenta e tantos anos. Ele ouve sua história sexual, que envolve ter sido casada e perceber sua inclinação lésbica por uma amiga. Esteve à beira do suicídio, o que leva Kinsey a dizer: "É mais um indício de que as coisas mudaram muito pouco na nossa sociedade." Ela retruca que as coisas melhoraram muito. Ele diz: "Verdade? O que aconteceu?" E ela: "Ora, foi o senhor, é claro." A mulher conta que teve a coragem, depois de ler os livros de Kinsey, de procurar a amiga e que têm vivido felizes desde então. Ela aperta a mão dele e diz: "O senhor salvou minha vida." O encontro com a mulher não é mencionado na biografia de Gathorne-Hardy, mas é representativo dos milhares de cartas que Kinsey recebia à medida que seu trabalho se tornava público, e resume, melhor do que os discursos de Noone na cena anterior, sua contribuição para a abertura da sociedade americana. Quando li as resenhas e vi o filme, imaginei que essa devia ser a cena final, por ser tão poderosa e emocionante. Mas não é, nem mesmo no segundo rascunho.

A cena final no segundo rascunho mostra Kinsey e Clara em Muir Woods, norte de San Francisco, onde eles parecem anões diante das imensas sequoias. Observam dois porcos-espinhos preparando-se para acasalar e Clara diz: "Talvez devamos alertar o Congresso." Ela diz que eles dois estejam apaixonados, e Kinsey diz que espera a mesma coisa. Ele começa a se afastar e, quando ela pergunta: "Por que tanta pressa?", ele responde: "Há muito trabalho a fazer", o que passa a ser a frase final do filme e uma responsabilidade que assume perante o público para continuar seu trabalho. O rascunho termina com os porcos-espinhos acasalando.

O segundo rascunho é razoável, mas, principalmente com a inclusão de Grafton Noone, é ao mesmo tempo muito literal (em sua narração dos fatos) e sem foco (Noone tem mais tempo do que merece na história). No making-of do filme na edição especial, Condon diz que o personagem de Noone e sua narração teriam feito do filme algo menos direto e mais dispersivo. Condon encontrará meios de contar a história melhor.

O sexto rascunho. **(123 páginas)**

A primeira coisa que você percebe é que Grafton Noone desapareceu. Completamente.

Da mesma forma que Roma, que sempre seria uma locação muito dispendiosa.

Agora começamos com a tela escura, apenas a voz de Kinsey ensinando Clyde Martin a extrair uma história sexual. A primeira frase de Kinsey é "tente não franzir a testa". Continuamos para a sala do laboratório e vemos Martin, com Kinsey como uma voz em off, nas primeiras duas páginas. Ele está instruindo Martin para extrair sua (dele Kinsey) história sexual, um método de treinamento que Kinsey usava. A conversa entre os dois aborda o modo como a entrevista funciona, assim como a informação biográfica que obtemos de Kinsey (data de nascimento, estado civil, relacionamento com a mãe). A cena nos fornece diversas coisas. A mais óbvia é a informação sobre Kinsey. Uma vez que Martin vai ser um personagem mais importante neste rascunho do que foi no segundo, somos logo apresentados visualmente a ele, assim como o olhamos atuar. Vemos que Kinsey é o mestre e Martin o aluno. E, ao protelar a "aparição" de Kinsey até o início da página três, paira uma sensação de mistério em relação a ele.

Há algo mais, e até de maior importante, nessa nova abertura. Ela nos conta do que o filme trata, mostra que vamos olhar para a sexualidade por fora e por dentro. As constantes interrupções de Kinsey não só definem sua personalidade, como nos preparam para sair da ação e observá-la, enquanto Kinsey e sua equipe fazem o mesmo. Isso ajuda Condon, quando ele mais tarde lidar com as histórias sexuais e com os filmes feitos por Kinsey. Ao contrário da maioria dos filmes, que se esforçam muito para seduzir-nos pela história, este filme vai nos deixar ficar pelo menos um pouco afastados de quaisquer elementos que também poderíamos querer manter a distância.

Por fim vemos Kinsey por um breve momento, quando Martin pergunta sobre a relação dele com o pai. Vamos então para um flashback em que o pai está pregando no porão de uma igreja metodista sobre os perigos do sexo. O pai é assustador, mas um pouco engraçado, enquanto prega contra "a invenção mais escandalosa de todas, conhecida como zíper, que permite a qualquer homem e garoto acesso rápido ao descuido moral". Condon dá ao pai mais relevo do que ele tinha no segundo rascunho, e também o prepara para as duas cenas seguintes.

Agora vemos Pomeroy aprendendo a entrevistar Kinsey. A cena usa algum material da página 56 do segundo rascunho. Vamos ver e conhecer os membros da equipe muito mais cedo do que no segundo rascunho, portanto Condon não vai perder tempo apresentando-os quando eles entrarem na história. Na página seis, novamente o flashback da menina se despindo e do pai chegando, mas sem a repreensão. Sabemos pela cena do "zíper" como vai ser a repreensão e não precisamos ouvi-la. Então, na página sete, temos Gebhard entrevistando Kinsey, usando material das páginas 56-57 do segundo rascunho. A cena com Kenneth Hand agora inclui o fato de que Kinsey estava estudando no Stevens Institute of Technology (onde o pai era professor, o que não sabemos pelo roteiro) por insistência do pai, que acha que ele devia ser engenheiro. Ainda não temos muita noção da atração entre Kinsey e Hand. Voltamos a Martin, Pomeroy e Gebhard disparando perguntas curtas para Kinsey, mas sem as respostas dele, o que sugere o fim daquela montagem. As entrevistas prosseguirão como um contraponto através desse rascunho e do filme, embora Condon – como assinala no making-of do filme – reduza o uso do material das entrevistas à medida que o filme avança, porque iria nos afastar demais da história. Equilíbrio e fluidez são essenciais.

Em seguida (10-13) temos uma nova cena. O pai manda Kinsey, então com vinte anos, entrar numa loja e comprar cigarros. Quando o balconista os entrega, o pai entra e o chama de criminoso por vender cigarros a um menor. O balconista, em vez de ficar ofendido, pega uma vassoura e expulsa o homem para fora do estabelecimento. É quase uma cena de comédia e envolve a ideia de que o pai é risível, além de assustador. Por que uma cena que nada tem a ver com sexo? Porque ela conecta as atitudes repressivas do pai de Kinsey ao mundo mais amplo. Contudo, não funcionaria se não fosse uma cena engraçada e interessante por si própria. Condon precisa dos dois elementos para que ela funcione. Kinsey fica envergonhado com o comportamento do pai e lhe diz que vai sair do Stevens e estudar biologia no Bowdoin College, no Maine.

Pulamos para a conferência sobre a vespa de galha (13) e o encontro com Clara (15-17), mas temos também uma nova cena de Kinsey tocando Beethoven ao piano e mostrando a Clara sua coleção de música clássica, depois Martin entrevistando Kinsey e perguntando se ele era virgem quando os dois se casaram. As cenas de músicas acrescentam textura ao relacionamento, e Condon usa as entrevistas para transmitir informação de modo a complementar o que estamos vendo e ouvindo, e não apenas para explicar, como no material de Noone no segundo rascunho.

As cenas do pedido de casamento e da primeira noite de Clara e Kinsey são na maior parte as mesmas, mas temos uma cena adicional de Kinsey levando Clara para conhecer os pais. O irmão de Kinsey é a menina dos olhos do pai, que não se impressiona quando Clara conta que Kinsey publicou um livro didático (22). O pai diz ao casal: "Imagino que vocês vão querer uma família logo", o que provavelmente é responsável pela frase de Clara mais tarde, na cama: "Ele é muito pior do que eu imaginava." O médico agora é o dr. Reynolds, que diagnostica a excessiva espessura do hímen, mas também pergunta a Kinsey o tamanho de seu pênis quando em ereção. O médico segura uma régua de trinta centímetros. "Deste tamanho? Ou deste?", pergunta. As instruções para a cena dizem: "Clara aponta para o tamanho maior, depois acrescenta mais um centímetro." Então, esta não é uma maneira melhor de saber o tamanho do que uma cena de página inteira com Noone e a garçonete? Além de proporcionar à atriz que interpreta Clara essa brincadeira sem palavras e uma maravilhosa tomada de reação. E o médico tem também uma ótima frase de retorno: "Me espanta que você não tenha desmaiado (26)." Kinsey e Clara consumam o casamento e Condon acrescentou uma frase à cena do segundo rascunho: "Eles se desenlaçam, satisfeitos e extasiados." Tomadas de reações, rapazes.

Agora temos Pomeroy, Gebhard e Martin anotando as histórias sexuais de Kinsey e de Clara. A cena (26-28) mostra como Kinsey e Clara estão em sincronia (respostas similares) e nos faz lembrar dos três membros da equipe. Segue-se uma montagem da família Kinsey, com fotos em cartões de Natal de todos, incluindo as crianças à medida que crescem. Isso leva a outra montagem, de viagens da família em acampamentos no Canadá, que acabou sendo descartada, principalmente por causa da despesa. O que sobrevive no filme é uma série de fotografias.

Em seguida (29-31) uma nova cena. Ben e Emily, jovem casal de alunos, procuram Kinsey para falar de seus problemas. Ben diz: "Soubemos que o senhor dá bons conselhos a alguns estudantes de biologia...", o que mostra que Kinsey esteve conversando com outros estudantes. Kinsey responde com um sorriso classificado por Condon de "caloroso", dizendo: "Dificuldades sexuais entre recém-casados são mais comuns do que você pensa. Nada do que se envergonhar." Kinsey faz sugestões, entre as quais o sexo oral-genital. A cena é uma combinação da cena "do jardim" eliminada com a última parte da montagem dos estudantes fazendo perguntas, no final do segundo rascunho, porém vai mais longe. Quando Kinsey sugere sexo oral, Ben diz que o irmão contou que isso podia causar problemas "mais tarde, para ter filhos". Kinsey não acha que seja verdade, mas Ben pergunta como ele sabe, e se existem pesquisas a respeito. Quando Kinsey admite não saber, Ben insiste: "Então como pode ter certeza?" Isso estabelece que Kinsey quer ajudar as pessoas e que não há pesquisa, assim como lhe dá a motivação para fazê-la. Kinsey lê para Clara trechos dos manuais existentes sobre sexo, evidenciando aquilo com que não concorda. Ambas as cenas deixam claro a ignorância predominante na época, e fazem por um caminho dramático.

Temos depois a recepção na casa de Wells, a discussão com Rice, e Wells na sala de Rice, que agora usa cenas reais de um filme da época sobre doenças venéreas, intitulado *The Innocent Party*. Wells continua escapulindo da aula de Rice no final da cena. Vemos os preparativos para o novo curso de Kinsey, o que não tínhamos no rascunho anterior. A secretária está dizendo aos estudantes que o curso é apenas para membros da faculdade e suas esposas, alunos de graduação, alunos formados e graduandos casados. Martin entra para o curso porque convence uma moça a fingir que é sua noiva.

A montagem de perguntas dos alunos é mais curta do que antes e leva diretamente a Kinsey em aula, lendo algumas delas, o que por sua vez leva, como no segundo rascunho, a Kinsey distribuindo os questionários. No jardim de Kinsey, Martin agora está presente para ajudá-lo. Os dois discutem os resultados com Clara. Kinsey diz que precisa de mais e Martin sugere que ele faça a pesquisa com entrevistas, no lugar dos questionários. A cena ajuda a colocar em foco Martin e Clara e o relacionamento de ambos com Kinsey. As cenas com Clara e Martin neste rascunho em geral aumentam a importância dos dois na história e desenvolvem suas personalidades, comparado com o segundo rascunho. É útil por causa do relacionamento que vai se desenvolver entre ambos mais tarde. Aqui, é o roteirista percebendo aquilo que precisa para desenvolver o material básico da forma mais proveitosa.

Condon também desenvolveu o que é uma cena rápida no segundo rascunho, na qual Kinsey explica seu trabalho aos filhos adolescentes e é muito aberto a respeito do assunto. Ele se mostra mais aberto aqui, embora seu filho Bruce não esteja particularmente interessado, e na segunda das duas cenas de família seguidas Bruce pergunta se podem falar de outro assunto.

Nas cenas de Chicago (48-54), não é mais a primeira vez de Kinsey na cidade, e ele está acompanhado por Martin. No hotel, Martin e Kinsey falam sobre sua escala, na qual zero é totalmente heterossexual e 6 totalmente gay. Eles comparam os números que cada um pensa que é o seu (Martin é 3, Kinsey 1 ou 2), e então Martin pergunta se ele já fez algo a respeito. Martin beija Kinsey, se afasta, então Kinsey o puxa de volta. É uma cena mais explícita que a cena Kinsey-Jake do segundo rascunho, e há mais em jogo, pois Martin vem sendo um personagem importante desde o início deste rascunho. Portanto, a cena seguinte no segundo rascunho, quando Kinsey confessa a Clara, tem maior peso emocional. Condon desenvolveu-a e acrescentou uma interessante frase para Clara. Kinsey lhe pergunta: "Quando colhi a sua história, você não admitiu que tinha atração por outros homens?", e ela responde: "Não... não se atreva a usar isto contra mim (55)." Clara também dá a entender que, se soubessem das relações homossexuais de Kinsey, as pessoas pensariam que sua pesquisa era tendenciosa.

Depois da cena entre Rice e Wells, Clara e Martin conversam (59-62). Ela diz que no começo não havia gostado dele, mas que, se tivesse de acontecer, preferia que fosse com ele. Ele acha que Clara soube lidar com o caso muito bem. Kinsey aparece e a cena continua como no segundo rascunho. A frase final de Clara passa a ser: "Bom... acho que eu gostaria disso. Prok [o apelido que todos dão a Kinsey], o que você acha?", que é uma reação mais complicada do que sua frase no segundo rascunho. A isto se segue Gebhard levantando a história de Clara sobre seus casos extraconjugais. Vemos Clara na cama com Martin, mas ela tem que levantar quando Kinsey a chama do andar de baixo porque o representante da Fundação Rockefeller vai chegar. Enquanto pega a blusa, ela diz para Martin: "Vai ser um dia muito cheio." É uma grande fala de *personagem* para Clara. É calorosa, delicada, espantosamente casual diante das circunstâncias e, apesar disso, mostra quais são as prioridades dela.

Nesse rascunho, a Fundação Rockefeller se resume ao dr. Gregg. O dr. Yerkes desapareceu por completo, seja porque Condon sentiu que um homem era o bastante, ou porque não conseguiu os direitos para retratar Yerkes. A solução de Condon foi acrescentar Herman Wells às cenas, inclusive na visita à coleção de Kinsey e no jantar na casa dele. Isso dá um novo sabor à fala de Kinsey no final da cena da coleção, que ainda fica como no segundo rascunho: "Tenho bastante tempo para entrevistá-los antes do jantar. Quem vai ser o primeiro?" Com Gregg e Yerkes era engraçado, mas com Gregg e Wells é ainda mais, porque agora já conhecemos Wells. A cena do jantar foi esticada, com um grande contraste entre Kinsey, falando sobre seu trabalho, e Clara, discorrendo sobre a comida. No final da cena, Wells traz o assunto da escolha entre pesquisa e ensino, e então temos a cena de Clara dizendo que Wells é inteligente. Um corte para outro "treinamento de entrevista", que começa com Clara, depois Pomeroy falando sobre as prostitutas, e que usa material das páginas 62-64 do segundo rascunho. Então vamos para outra montagem de entrevistas que tinha quatro páginas no segundo rascunho e agora diminuiu para três. Os alunos da faculdade sumiram e agora só há adultos. A isto ainda se segue a discussão sobre classes sociais (74), a montagem na estrada e a cena do restaurante. O casamento de Clyde Martin é a cena seguinte, com a discussão entre as esposas.

Neste rascunho, Kinsey é informado, por um telefonema de Kenneth Braun, de que a guerra acabou. Quem é ele? Não o vemos no segundo rascunho, no entanto é a mais infame de todas as pessoas ligadas a Kinsey. Ele mandou material para Kinsey durante anos, mas Kinsey ainda não o encontrou. As poucas linhas aqui destinadas a Braun o preparam para uma cena posterior de Kinsey e Pomeroy, que colhem sua história sexual. Depois do funeral da mãe de Kinsey, da história sexual do pai dele, e de Wells advertindo os conselheiros sobre o primeiro livro, temos Bruce, o filho de Kinsey, num campus universitário, dizendo não ser parente *daquele* Kinsey. A montagem da reação ao livro foi resumida do segundo rascunho. O discurso em Berkeley agora é apenas uma foto do evento (muito menos dispendiosa). A cena com os repórteres se passa na Grand Central Station (possivelmente porque, para manter o orçamento baixo, a decisão talvez já tivesse sido tomada para filmar na Costa Leste, em vez de buscar uma locação maior em Indiana). Condon nesse ponto faz a mesma descrição "Ozzie e Harriet" que usou na abertura do segundo rascunho. Kinsey termina a cena com os repórteres fazendo um discurso retórico contra as leis para crimes sexuais, que se traduz numa manchete de jornal onde se lê: "Kinsey afirma que estupradores são vítimas." Gregg, da Fundação Rockefeller, fica preocupado com a manchete e desaprova que Kinsey divulgue sua conexão com a fundação, o que significa uma mudança de seu apoio anterior, e é um mau presságio para o que acontecerá depois. Gregg fala sobre os boatos de que Kinsey está fotografando mulheres em estado de excitação. Kinsey afirma que os filmes são "apenas alguns estudos fotográficos do comportamento dos mamíferos", o que Gregg aceita (93).

Temos cenas do segundo rascunho com Alice, agora rebatizada de Barbara, e a equipe assistindo aos filmes. A cena da festa da página 77 do segundo rascunho é colocada aqui, sem qualquer referência à obtenção da bolsa da fundação, e vemos Gebhard flertando com Alice Martin (a Kay do segundo rascunho mudou para Alice aqui e nos rascunhos posteriores, assim como Alice, objeto de estudo do filme de Kinsey, virou Barbara). Voltamos aos filmes que a equipe fez, com Kinsey no comando, incluindo um comentário sobre como algumas mulheres acham "impossível dividir uma relação íntima com mais de um parceiro", o que se torna uma narração enquanto Clara datilografa o que está sendo dito. Os filmes de Kinsey também incluem uma tomada de Gebhard e Alice Martin fazendo sexo, "e alguma coisa mais, uma visível conexão emocional (97)." Ao deslocar a cena da festa para este ponto, cria-se uma linha mais distinta, a partir dela, para os problemas causados pelo relacionamento Gebhard-Alice.

Agora encontramos Kenneth Braun. Kinsey e Pomeroy colhem sua história sexual, que é prodigiosa. E Braun fez registros. Como assinala no começo da cena para Kinsey, "na verdade, somos muito parecidos". É um momento arrepiante, e a cena fica ainda mais arrepiante quando Braun entra em detalhes de sua biografia sexual, o que é feito numa montagem verbal. Pomeroy, que como vimos é o mais ativo sexualmente na equipe de Kinsey, fica tão perturbado que precisa sair, embora o treinamento de Kinsey advirta que os entrevistadores devem ser imparciais. Até mesmo Kinsey é desafiado por Braun, direta e indiretamente, a abandonar sua isenção.

Kinsey admite isso ao falar com Clara na cena seguinte, na qual os dois conversam sobre Braun. Clara sugere que o material não seja usado, mas ele diz que tem que usá-lo, pois Braun forneceu dados que ninguém mais deu. Clara, prevendo o que será uma das principais reclamações dos futuros críticos de Kinsey, diz: "Você está jogando com sua reputação, Prok. Se as pessoas soubessem de onde vieram essas informações... (102)." Então chegamos à cena da Alfândega e à de Wells batendo o telefone para encerrar a conversa com o governador. Wells faz uma referência a Hoover ainda estar zangado porque Kinsey não o ajudou, embora a cena de Hoover não esteja mais no roteiro. A reação ao segundo livro, sobre as mulheres, é condensada, sem os clips do pastor Billy Graham, mas com um humorista contando piadas. Em seguida vem a explicação de Clara sobre o motivo pelo qual as pessoas odeiam o livro, depois a briga entre Gebhard e Martin. Kinsey desmaia durante uma palestra, está no hospital mas sem agentes do FBI, depois em casa vê Gregg no Congresso pela TV. A reunião de Wells com os conselheiros é agora entrecortada com a chegada de Clara em casa e encontrando Kinsey na banheira, sangrando por ter rompido seu prepúcio. Ele explica por quê: "Como posso interrogar as pessoas sobre as atividades delas sem saber do que estão falando?" Kinsey acha que foi longe demais em sua pesquisa, que as pessoas não estavam preparadas para isso, e que "destruiu tudo para todo mundo (114)." Uma parte do diálogo é semelhante a uma cena da página 118 do segundo rascunho, mas é posta numa situação muito mais dramática. Seguem-se as cenas de Huntington Hartford e uma nova cena com Gebhard, Martin e Pomeroy conversando após a morte de Kinsey sobre como continuar o trabalho, o que fizeram na realidade. A cena foi filmada e aparece nas cenas cortadas. Condon diz que tinha um excesso de cenas finais. Em seguida vem a cena com a mulher, a mesma cena do segundo rascunho. A cena final agora é ambientada não em Muir Woods, mas num bosque de Nova Jersey, ainda com pássaros, porcos-espinhos e conversas sobre amor. A mudança de local também foi uma questão de orçamento, uma vez que a filmagem seria na Costa Leste. A última frase de Kinsey é: "Vamos. Há muito trabalho a fazer."

O sexto rascunho ajudou a colocar a história em foco, especialmente com a eliminação de Grafton Noone, e também a desenvolver os personagens de Clara e Martin. Algumas das discussões mais cruas sobre sexo entre os pesquisadores também foram abolidas, e sairão mais ainda antes do filme final.

O rascunho final. (108 **páginas**)

O rascunho final, em essência o roteiro de filmagem, segue o sexto rascunho, porém o reduz (talvez para reduzir despesas) e dá maior foco às cenas. Como mencionei acima, às vezes Condon conseguiu condensar cenas de rascunhos anteriores. Você deve observar, contudo, que nenhuma delas aparece no filme, somente nas cenas cortadas, o que indica que ele estava certo ao cortá-las, por mais penoso que possa ter sido.

Começamos com a tela escura, mas com voz em off. A primeira frase é de Kinsey: "Não sente tão longe. Tudo que cria distância deve ser evitado." É uma frase que aparece um pouco mais tarde no sexto rascunho. A frase é naturalmente irônica, porque Condon está usando as entrevistas como um artifício de distanciamento.

A fala do pai de Kinsey sobre o "zíper" ainda está presente, mas os detalhes da vida sexual de Pomeroy foram eliminados na cena seguinte de entrevista, embora uma parte dela tenha sido filmada e apareça nas cenas cortadas. Muitas das cenas eliminadas foram tiradas do material da entrevista, o que, de acordo com o making-of, foi rodado em dois dias de correria no final da filmagem. As referências da entrevista à puberdade de Kinsey foram modificadas para enfatizar o interesse precoce em biologia. Aqui temos um exemplo de como Condon imaginou tornar o material mais sutil e dar mais textura à trama ao reescrevê-la. A cena com a menina mais velha foi abandonada. Na cena com Kenneth Hand, "um silêncio desconfortável, enquanto Kenneth continua a olhar através do binóculo" (página 8 no sexto rascunho, 7 aqui) foi modificado para "um silêncio desconfortável enquanto Kenneth retribui o olhar de Al", mostrando os hesitantes sentimentos homossexuais de Kinsey. A cena da loja tem uma tomada importante de Kinsey e o pai chegando, mas toda ela se passa dentro da loja (12). No sexto rascunho, a segunda metade se passa do lado de fora, com os garotos da vizinhança olhando. Agora não há extras, e a primeira tomada dos dois pode ser feita sem som, e assim será mais fácil prepará-la e rodá-la. Num filme de baixo orçamento, tudo conta.

As entrevistas agora são usadas para nos contar que Kinsey foi a Bowdoin, a Harvard, e então à Universidade de Indiana. O encontro de Clara com Kinsey não acontece num piquenique (menor número de extras e de equipamento). A palestra científica antes de ele pedi-la em casamento do sexto rascunho foi cortada e agora, ao entrar no laboratório para dizer que aceita, ela diz: "Se você me aceitar..." No sexto rascunho ela apenas aparecia, mas, como ainda não se decidira a aceitar, precisamos de uma frase para ficar sabendo que vão se casar. A entrevista após o casamento (25-26) foi reduzida de duas para uma página, e uma nova cena da entrevista mostra que Kinsey conta o tempo pelo número de vespas de galha que coletou, da mesma forma que mais tarde ficará obcecado pelo número de histórias sexuais, enquanto Clara conta o tempo pelo nascimento das crianças. Ouvimos os modos pelos quais eles se conectam e os modos pelos quais não se conectam. Quando examina alguns manuais de sexo contemporâneos para Clara, depois de conversar com Ben e Emily, Kinsey lê uma frase sobre os perigos do sexo oral, e ela responde: "Estou correndo perigo então (30)", uma variação de uma frase do segundo rascunho. O filme na aula de Rice agora é de um material que já existia, mas diferente do que foi mencionado no sexto rascunho. Sem dúvida, Condon e seus assistentes procuraram os melhores trechos para usar. O último é uma cena sombria sobre doenças venéreas. Não aparece mais Wells escapulindo da aula de Rice.

A pergunta sobre pólio foi eliminada da montagem com os alunos, talvez porque a geração mais jovem de espectadores não recorde a epidemia de poliomielite das décadas de 1930 e 40. É um problema ao fazer um filme histórico para um público que não tem um sólido conhecimento de história, problema para o qual examinamos algumas soluções em *Lawrence*, e ao qual voltaremos mais tarde ao tratar de outros filmes históricos. A questão da pólio foi contornada com algo quase surreal: "Fico preocupada com meu gato. Muito." Quando Kinsey confessa a Clara seu caso com Martin em Chicago, cortou-se a frase em que ela imagina como as pessoas o repudiariam se soubessem, mantida apenas nas cenas cortadas. A fala poderia dar apoio e ânimo aos inimigos de Kinsey, que estavam prontos para atacar o filme e atacaram. Pode ser que Condon, cineasta abertamente gay, tenha pensado que a frase também poderia ser usada contra si próprio. Ou talvez sentisse que já havia homofobia demais no país sem publicidade.

Rice reclamando do curso de Kinsey e a decisão de Wells de dar-lhe a opção do curso ou da pesquisa também foram cortadas, mas aparecem nas cenas cortadas. O corte acelera o filme, embora os trechos eliminados tenham belas cenas de personagem e enfatizem as obsessões de Kinsey, mas talvez se tenha sentido que isso estava claro o suficiente. Nas entrevistas com os adultos, uma professora de meia-idade é perguntada sobre masturbação. Nos rascunhos anteriores ela respondia: "Eu a inventei, filho, se a tivesse patenteado teria ganhado 1 milhão de dólares." Agora fica apenas: "Eu a inventei (65)", mas a versão mais longa está nas cenas cortadas e, francamente, é mais engraçada.

A montagem com pessoas de todo o país deixou de fora a fala sobre profissões (menor número de atores reduz o orçamento, e o filme teria obrigatoriamente muitas partes faladas), e agora é um grupo menor, que apenas narra suas histórias sexuais (67-69). A montagem começa com uma linha vermelha conectando os rostos em um mapa dos Estados Unidos e termina com uma casa em Bloomington (cidade da Universidade de Indiana) no mapa. O casamento de Clyde Martin com Alice foi condensado, e as frases sobre a "ajudante da mamãe" foram suprimidas. Braun não telefona e não ficamos sabendo que a guerra terminou, mas isso está nas cenas cortadas. Condon menciona em seu comentário que pensou ser necessário introduzir Braun antes de sua cena mais importante, mas agiu certo ao cortar o que era dispensável. O funeral da mãe de Kinsey e o relato da história do pai continuam, assim como a fala de Wells aos conselheiros, mas sua frase sobre a possibilidade de o público não tomar conhecimento agora inclui não só o som de uma bomba, como também uma tomada da explosão de uma bomba atômica (77). A cena da Grand Central Station ainda continua, seguida pela manchete sobre estupradores, depois a cena com Barbara, Gebhard flertando com Alice Martin, e Kinsey ditando material sobre mulheres e infidelidade. A cena de Braun permanece, e infelizmente, depois dela, a discussão Kinsey-Clara foi cortada, e assim não temos a defesa de Kinsey quanto ao uso do material de Braun. A montagem das reações ao livro sobre sexualidade feminina foi cortada, embora algumas dessas reações tenham permanecido no filme. Tudo o que temos é Kinsey lendo uma reação, e a fala de Clara sobre o que ele contou sobre as mulheres em suas vidas.

Kinsey assiste pela TV ao depoimento de Gregg no Congresso, e a cena de Wells com os conselheiros é entrecortada pela cena da banheira (99). A discussão pós-morte com a equipe foi eliminada. A cena da mulher agora é seguida por uma de Martin entrevistando Kinsey em 1942, quando este admite que não há um meio de medir o amor, e que "sem medidas não pode haver ciência". Kinsey reconhece que tem pensado nesse problema nos últimos tempos e confessa: "Quando se trata de amor, estamos todos no escuro."

Voltamos então (107) a... surpresa, Muir Woods. Condon batalhou pelo dinheiro extra para filmar a cena no local, e, depois de ter rodado a sexta versão do rascunho, ele e o estúdio perceberam que ela não era forte o bastante para terminar o filme. Uma ironia é que esta cena em Muir Woods não é igual às equivalentes no segundo e no sexto rascunho.

Kinsey e Clara estão falando sobre as sequoias e Kinsey menciona uma tribo na África que "acredita que as árvores são homens imperfeitos, eternamente se lamentando em sua prisão – as raízes que as mantêm fincadas no lugar". E acrescenta: "Mas nunca vi uma árvore descontente. Veja esta, como se agarra ao solo – acredito que realmente ela ama isto." Pense na sutileza com que isso se relaciona ao que vimos e sabemos sobre Kinsey. Sua última fala vem em seguida: "Há muito trabalho a fazer."

O filme

Quando vi pela primeira vez o filme *Kinsey*, em novembro de 2004, estava um pouco ansioso. O que ainda não disse é que nasci e fui criado em Bloomington, Indiana, nos anos em que Kinsey estava na ativa. Conhecia ligeiramente duas pessoas retratadas no filme. Wardell Pomeroy era pai de um colega meu de escola, e Herman B. Wells era meu primo distante. O que meus amigos de Bloomington me diziam – aqueles que viram o filme antes do lançamento – é que muita gente ficou aborrecida, sobretudo pela maneira como Wells foi retratado. Eles achavam que ele parecia um palhaço.

A abertura funciona como indiquei antes: mostra que vamos falar de sexo de um modo distanciado, mas também nos leva imediatamente aos personagens e ao processo de entrevistas. Faço restrições a Chris O'Donnell como Pomeroy, simplesmente porque ele é tão jovem e parece muito despreocupado, enquanto o Pomeroy que conheci transparecia uma seriedade que o ator não tem. Quando mais tarde li o livro de Gathorne-Hardy, compreendi que Condon tinha escalado O'Donnell por causa das descrições de Pomeroy quando ele se juntou ao grupo: jovem e belo como um artista de cinema. Quando conheci Pomeroy – e o conheci apenas superficialmente – ele estava mais velho e mais sério. O'Donnell captou isso na cena com Braun, quando ele vai embora, embora eu pense que Condon o estava usando ali de um modo diferente. Através dos rascunhos do roteiro, a intensa sexualidade de Pomeroy foi valorizada, e sua saída da entrevista de Braun deveria mostrar como até mesmo alguém tão ativo sexualmente quanto ele poderia sentir-se abalado pelos extremos de Braun. Uma vez que no filme a sexualidade de Pomeroy não é tão valorizada, sua partida não funciona como o filme pretendia. Muitas das cenas de entrevistas nas cenas cortadas são de O'Donnell. Condon diz em seu comentário que ficou chateado por ter que cortar tantas cenas do ator, e observando-as você pode entender por quê. Ele de fato captou a visão que Condon tinha de Pomeroy. Ter suas melhores cenas cortadas irrita os atores, mas, quando um cineasta corta cenas, sua primeira responsabilidade é para com o filme.

Não conheci Paul Gebhard, portanto não tinha uma expectativa especial quanto a Timothy Hutton no papel. Em fevereiro de 2005, o canal de TV PBS exibiu o documentário *Kinsey* no programa *American Experience*, que incluiu entrevistas com Gebhard, e ele aparece como uma personalidade jovial, qualidade que Hutton não apresenta.

A cena com Kenneth Hand funciona porque Condon como diretor valoriza os olhares – e não apenas aquele do último rascunho – entre Hand e Al, o que é um choque para os espectadores, mesmo que estes conheçam a história de Kinsey. A cena da loja apresenta o pai de Kinsey como alguém diferente, de um modo engraçado, o que é um pouco desconcertante. Quem faz o papel é John Lithgow, e a atuação exagerada de Lithgow no seriado de TV *Uma família de outro mundo* (1996-2001) me fez pensar se ele não teria perdido o talento dramático. A cena da loja me fez pensar novamente nessa questão, porém a cena da entrevista, mais adiante, me tranquilizou. Ele extrai tudo o que um ator poderia daquela cena.

Liam Neeson é mais alto e corpulento do que Kinsey, mas capta a obsessão do personagem sem torná-lo chato, o que poderia acontecer com um ator menos competente. Condon deu a Neeson uma ampla paleta de cores para pintar Kinsey, e o ator mistura todos os detalhes com brilho. Ele também capta o lado caloroso de Kinsey que o roteiro não destaca, mas que as pessoas que o conheceram comentam. Podemos ver isso nas cenas em que ele conversa com os alunos Ben e Emily, e também ao longo das entrevistas. Neeson e Condon não temem torná-lo mais difícil do que ele era na vida real, em parte porque acreditam nele e no que estava fazendo. É um belo exemplo de como você pode se aprofundar ao expor os lados sombrios de seus personagens e ainda fazê-los aceitáveis ao espectador.

Por motivos orçamentários, o filme foi rodado na Costa Leste e não teve cenas na Universidade de Indiana. Como nasci em Bloomington, devo dizer que foram escolhidas locações tão apropriadas que eu sabia os lugares que tentavam reproduzir, ainda que não tenha sido filmado lá. O encontro de Clara com Kinsey podia facilmente ser próximo ao rio Jordão, no campus da Universidade de Indiana.

Clara é interpretada por Laura Linney, que transmite todo o calor e a sutileza no papel que Condon escreveu para ela. Sua interpretação das falas "Bom... acho que eu gostaria disso. Prok, o que você acha?" e "Vai ser um dia muito cheio" não poderia ser melhor, da mesma forma que a expressão de seu rosto quando ela indica na régua do médico a medida de Kinsey.

Herman B. Wells. Há três importantes aspectos na personalidade de Herman. O primeiro é que ele era extremamente simpático. Oliver Platt, que o representa no filme, dá ao espectador o charme que Wells tinha, como rir do comentário de Kinsey sobre suas anotações infantis. O segundo aspecto é a habilidade política de Wells, que você vê nas cenas com os conselheiros e sobretudo quando ele desliga o telefone na cara do governador. Wells foi um dos poucos reitores da Universidade de Indiana capazes de agir dessa maneira. Ele sabia quais as batalhas a travar, quando e como travá-las. Platt também capta essa característica. O terceiro aspecto, que não é tratado no roteiro, era sua crença na ideia de liberdade acadêmica. Houve muita pressão para ele se livrar de Kinsey, o que é um pouco sugerido no filme, e muita gente pensava que uma universidade mantida pelo estado não podia se dar o luxo do tipo de liberdade acadêmica que as universidades da Ivy League tinham. Herman pensava de outra maneira e isto estava no centro de sua defesa de Kinsey. Nada disso aparece no roteiro, e Platt não pode transmiti-lo por conta própria. Se você quiser ver um exemplo da defesa que Herman faz de Kinsey nesse assunto, procure o documentário da PBS mencionado anteriormente, que apresenta trechos de um cinejornal a respeito. Por outro lado, Platt acrescenta algo que não está no roteiro. Quando está assistindo à aula de Rice, seu rosto mostra uma maravilhosa expressão de desdém. O verdadeiro Herman B. Wells não teria sido tão óbvio na sala de Rice, mas é exatamente essa a expressão que teria diante de idiotas, incluindo os de sua própria universidade.

Peter Sarsgaard dá um leve toque de humor a Clyde Martin e, mais importante, uma sedução quase indolente. Ficamos convictos de que conseguiria levar Kinsey e Clara para a cama com seu encanto amável.

A primeira aula de sexo de Kinsey é, como mencionado antes, uma ária para Neeson, e ele faz justiça. Assim como Condon está sempre avaliando e reavaliando quão longe pode ir no diálogo, sem dúvida também teve que decidir quão longe poderia ir visualmente, em termos de slides, filmes etc. que Kinsey exibia nas aulas e que mais tarde ele próprio filmou. Na verdade, isso é mais um detalhe de produção do que um detalhe de roteiro, mas ao escrever você deve prestar atenção. Poderemos mostrar as coisas, sexuais neste caso, que você nos pede para mostrar? Que tipo de classificação seu filme terá? Surpreende-me que Condon tenha conseguido obter uma classificação R para o filme, diante dos detalhes verbais e visuais sobre sexo, que é tradicionalmente classificado com mais rigor nos Estados Unidos em comparação à violência.* O roteiro pede detalhes bem específicos, alguns dos quais sobrevivem no filme, outros não. Condon diz no documentário que acha que o filme recebeu classificação R porque obviamente não se destinava a atrair um público lascivo. Espero que isto encoraje você.

Se a visão dos slides é chocante, também é o episódio homossexual entre Martin e Kinsey. Tudo se passa muito rapidamente no roteiro e no filme, mas há um beijo entre dois astros bem conhecidos, o que em geral não se vê nos filmes americanos. O poder de chocar vem também do fato de que Condon não fica nisso, seja no roteiro, seja no filme. Ao contrário: logo vemos as reações, nas cenas seguintes, com Clara e Martin.

---

*Nos Estados Unidos, filmes classificados como "R" têm acesso restrito a menores de 17 anos, que só podem assistir a eles quando acompanhados pelos pais ou responsáveis. (N.T.)

A montagem feita com pessoas de todo o país funciona melhor em sua forma final do que nos rascunhos por duas razões. A primeira porque é mais simples, e às vezes o mais simples é o melhor. A segunda é que mantém o foco nas histórias sexuais, mais do que na variedade de pessoas com quem Kinsey conversa. *Vemos* a variedade, não temos de *ouvi-la* quando elas declaram suas profissões.

A cena do casamento de Martin é condensada, mas continua transmitindo uma sensação da vida da equipe, o que é essencial para o posterior relacionamento entre Alice e Gebhard ter o impacto que tem. A entrevista com o pai de Kinsey é um exemplo de dois grandes atores tirando o máximo possível de uma cena aparentemente simples. A cena parece ser mais de Lithgow do que de Neeson, mas isto se deve em parte à surpresa de ver Lithgow em sua plena força dramática, após as cenas anteriores que tendem mais para a comédia. Também se deve ao fato de que Condon, como diretor, deixa o ator à vontade, sabendo que Neeson tem muitas outras cenas para brilhar.

A cena de Kenneth Braun é outra grande cena para os atores. No papel de Braun está William Sadler, um ator que desde 1978 tem desempenhado com frequência papéis de vilão. Ele evita as escolhas óbvias, como ter ares de demente ou mostrando-se abertamente ameaçador. Representa seu papel – perdoe-me a palavra – com honestidade. É calmo, direto e às vezes astuto em suas ameaças a Kinsey. Sadler e, presumivelmente, Condon percebem que o que Braun diz é tão chocante que qualquer *atuação* chocante seria uma redundância. Algumas vezes a contenção é o melhor caminho. Para o equivalente disso na comédia, veja o que dizemos sobre Eugene Levy em *American Pie*.

A cena do "rompimento do prepúcio" é uma das mais chocantes do filme, em parte porque acontece inesperadamente e parece tão extrema, mesmo diante do que vemos e ouvimos no resto do filme. Uma coisa que Condon compreendeu é que haveria momentos que chocariam ou causariam repugnância a pessoas na plateia. Fiquei chocado com a cena da banheira, mas é que não tenho queda pelo masoquismo. Alguém que tenha talvez adore a cena e pergunte por que o filme não apresenta outras semelhantes. Pessoas que se sentem pouco à vontade com o homossexualismo masculino não apreciarão a cena de Martin e Kinsey no hotel, enquanto o público gay pode muito bem se desinteressar pelas cenas heterossexuais. Condon deixa que o filme seja perturbador, mas da maneira que deveria ser (desafiando o que pensamos e sentimos sobre sexo), pois isso faz parte do seu tema.

Lynn Redgrave interpreta a mulher, e Condon escreveu um grande pequeno papel para ela. Ele sabe disto e concentra a primeira metade em uma tomada sobre Redgrave, com a câmera recuando para mostrar Kinsey. A cena, quando a lemos, parece ser basicamente explicativa, porém mais uma vez vem o subtexto "foi assim que aconteceu", que então contextualiza a discussão através dos comentários, como "O que aconteceu?", "Ora, você fez, é claro". E Redgrave sabe dar peso emocional à frase "O senhor salvou minha vida". A cena capta a influência de Kinsey em termos imediatos, diretos e pessoais.

Mesmo ignorando a característica fálica das sequoias na sequência de Muir Woods, pode-se ver por que Condon insistiu para que a cena final fosse lá, mesmo sem ter ainda definido seu conteúdo. Kinsey era um cientista interessado na natureza, portanto é apropriado que terminemos entre uma das maravilhas da natureza. Como sugerido anteriormente, as falas sobre as árvores constituem um resumo sutil e a última frase é uma provocação para o público.

Infelizmente, o descarte da cena após a morte de Kinsey, que constava do sexto rascunho, deixa um buraco no final do filme. A impressão que o filme dá é que, quando Kinsey morre, sua pesquisa morre com ele, embora eu suponha que você pode interpretar a última frase como insinuação de que ela prosseguirá. De fato, o Instituto de Pesquisa Sexual, da Universidade de Indiana, foi assumido por Paul Gebhard, que conseguiu novos financiamentos de várias fontes, como Hugh Hefner e o National Institute for Mental Health. Outros pesquisadores verificaram que a grande quantidade de estudos realizados por Kinsey tornou-se a base para vários outros feitos posteriormente.

O orçamento do filme foi de cerca de 11 milhões de dólares. No final de março de 2005, a bilheteria tinha rendido pouco mais de 10 milhões nos Estados Unidos e menos de 3 milhões no exterior. Depois que o DVD foi lançado e o filme chegou à TV a cabo e a outros meios, o retorno deve ter aumentado. Certamente não foi um grande sucesso comercial, porém não pode ser chamado de fracasso. Por que não teve melhor desempenho?

Um motivo plausível foi o ataque do grupo anti-Kinsey, liderado por Judith Reisman, que a *New Yorker* identifica como "fundadora desse movimento". Condon declarou no ano seguinte: "Houve muito dinheiro por trás da campanha para difamar o filme antes que alguém tivesse assistido. Não esperava que eles fossem tão bem-organizados." Os anti-Kinsey modernos responsabilizam Alfred Kinsey pela revolução sexual dos últimos cinquenta anos. Como a cena com a mulher no final do filme sugere, isso pode fazer certo sentido, mas a revolução liberou tantas pessoas de seus demônios (embora, em alguns casos, dando-lhes novos demônios) que se tornou parte da cultura. O ataque a Kinsey foi recebido sem muita repercussão entre os americanos, a maioria dos quais assume como seu direito um grau de liberdade sexual, que muitos talvez nem percebam que se deve a Kinsey e a seu trabalho. Nos ataques ao filme, Judith Reisman estava perdendo tempo: a maioria daqueles aos quais se dirigia talvez não veria o filme de qualquer maneira. Um exemplo do zelo excessivo de Reisman foi a insistência em afirmar que Kinsey era pedófilo, quando ele se limitava apenas a colher histórias sobre pessoas como Kenneth Braun, que de fato era. Nenhum dos biógrafos de Kinsey encontrou qualquer prova de que ele era, mas isto não calou Reisman. A revista *New Yorker* reproduz uma de suas declarações: "Não há qualquer razão para acreditar que o próprio Kinsey não se envolveu no abuso a essas crianças." Isto não combina com a grande tradição de jurisprudência dos Estados Unidos, de que se é "inocente até que seja provada a culpa, além de uma margem razoável de dúvida perante um tribunal".

Uma resposta mais simples e honesta, sugerida no início deste capítulo, é que fica difícil para um filme sério sobre sexo ter sucesso nos Estados Unidos. Nossa herança puritana torna complicado para nós lidar com sexo de uma forma que não seja humorística, a exemplo de *Sorte no amor*, ou como parte de um gênero, especialmente um thriller como *Ligadas pelo desejo*. Um artigo na revista *Hollywood Reporter*, no início de 2005, discutia a questão, ao apresentar uma lista de filmes sérios sobre sexo que não fizeram sucesso, como *Showgirls* (1995), *Striptease* (1996), *De olhos bem fechados* (1999) e *Brown Bunny* (2003). O problema nessa lista é que todos eram filmes *horríveis*. *O povo contra Larry Flint* (1996) é um filme melhor, mais inteligente, mas também não teve sucesso. Bill Condon foi citado no artigo como tendo dito: "Há muitas piadas sobre sexo, mas, sem dúvida, a ideia de falar sobre sexo faz muita gente ficar nervosa." Ele deve saber muito bem disto. Ou, quem sabe, como o artigo sugere, nós preferimos não ser vistos num cinema assistindo a um filme sobre sexo, principalmente se nossos pais ou filhos estiverem na sala de cinema ao lado. Ou, ainda, talvez nos sintamos mais confortáveis tendo nosso sexo em casa, isto é, pela televisão, através de seriados da TV a cabo como *The L Word* (desde 2004), ou mesmo pelo canal aberto, numa série como *Desperate Housewives* (desde 2004).

Também pode ser que *Kinsey* fosse inteligente demais para a plateia. Não raro há filmes, e não só sobre sexo, que são tão inteligentes com seus personagens, suas tramas e seus assuntos que simplesmente intimidam o público em geral e até mesmo os frequentadores de cinemas de arte. A riqueza e a complexidade dos personagens em *Kinsey* podem ter sido demais. Ou talvez a complexidade das visões do filme sobre sexo e comportamento sexual tenha ido mais fundo do que a plateia pretendia ir. Ou quem sabe as pessoas estivessem esperando que ele saísse em DVD para ver em casa.

Portanto, o desafio que você pode colocar para si próprio como roteirista é escrever um grande roteiro que trate de sexo com seriedade e tenha bom retorno por parte do público. Boa sorte.

FONTES

Os detalhes sobre a jornada de Gail Mutrux para fazer o filme são de Elaine Dutka em "Sex and the Single Film", no *Los Angeles Times* de 12 de janeiro de 2005. O livro de David Halberstam chama-se *The Fifties* (Villard, 1993). O livro de Jonathan Gathorne-Hardy é *Kinsey: Sex the Measure of All Things* (Indiana University Press, 1998). A biografia menos simpática de Kinsey é assinada por James Jones, com o título *Alfred C. Kinsey: A Public/Private Life* (Norton, 1997). As memórias de Herman B. Wells, *Being Lucky: Reminiscences and Reflections* (Indiana University Press, 1980), têm uma parte fascinante sobre seu relacionamento com Kinsey. A edição publicada do roteiro de *Kinsey* (Newmarket Press, 2004) inclui comentários de Gathorne-Hardy, uma breve biografia de Kinsey assinada por Linda Wolfe e o roteiro da filmagem, que é o equivalente do rascunho final discutido neste capítulo.

Os três rascunhos do roteiro de *Kinsey* foram fornecidos pelo sócio de Bill Condon, Jack Morrisey, e enviados por meio de Den Shewman, editor-chefe da *Creative Screenwriting*, que também fez a entrevista com Condon publicada na edição de janeiro/fevereiro de 2005 da revista. A reportagem da *New Yorker* é "The Culture Wars: Why Know?", na seção "Talk of the Town" de 6 de dezembro de 2004. A reportagem da *Hollywood Reporter* é "Actually, Sex Doesn't Sell", de 21 de março de 2005. O comentário de Condon sobre a campanha contra o filme saiu na coluna "Industry" da revista *Sight & Sound*, em janeiro de 2006.

O documentário *Kinsey* produzido pela PBS está disponível em DVD.

A edição especial em DVD de *Kinsey* inclui as cenas cortadas, os erros de gravação (bem divertidos) e um bom documentário sobre o making-of do filme, *The Kinsey Report: Sex on Film*.

6. *E sua mãe também*

E sua mãe também
(*Y Tu Mamá También*, 2001. Roteiro de Alfonso Cuarón e Carlos Cuarón. 105 minutos)

Alfonso Cuarón ganhou sua primeira câmera de cinema com doze anos no México, seu país natal. Embora quisesse estudar cinema na faculdade, sua mãe insistiu que escolhesse filosofia. Ele acabou estudando filosofia de manhã e frequentando o Centro Universitario de Estudios Cinematográficos à tarde. Sua primeira produção, *Sólo Con Tu Pareja* (1991), chamou a atenção de Hollywood. O primeiro filme nos Estados Unidos como diretor foi *A princesinha* (1995), aclamado pela crítica, mas sem grande sucesso comercial. Em seguida, dirigiu *Grandes esperanças* (1998), fracasso de crítica e público. Muito bem, então seu roteiro ou filme chama a atenção de Hollywood e eles jogam você no lixo. O que fazer depois disso?

Voltar para suas raízes, no México ou seja lá onde for, sentar com seu irmão e escrever um roteiro maravilhoso. O roteiro de *E sua mãe também* tem muitas coisas que Hollywood gostaria de fazer, mas parece incapaz de fazer bem-feito. E tem várias coisas em que Hollywood nem ousa tocar. Vamos ver aonde isso levou Cuarón depois de discutirmos o filme em si.

Ken Dancyger sugere, no livro *Global Scriptwriting*, de 2001, que os estilos de roteiro em todo o mundo estão gradualmente se transformando em um único modelo internacional, mas não estou convencido disso. Ele aponta que tópicos similares, como a vida em família, vêm sendo abordados em vários filmes ao redor do mundo, mas o que me parece é que o tom e as técnicas narrativas empregadas tendem a ser distintas de acordo com o país de origem da obra. Acho que isto é bem característico em *E sua mãe também*. Embora seja superficialmente similar aos filmes americanos de "adolescentes excitados" (ver o capítulo posterior sobre os filmes da série *American Pie* para outros exemplos do gênero), ele é tipicamente mexicano.

Logo após o título do filme vemos Tenoch e sua namorada Ana trepando. Não, eles não estão "fazendo amor", nem "transando". Eles estão trepando, e o filme é incrivelmente direto quanto a isso. Tenoch e Ana estão no auge da adolescência, e trepam como jovens de sua idade fazem: soltos, desengonçados, barulhentos, ansiosos e sem muita habilidade. Quando terminam, Tenoch pede a Ana que não transe com nenhum europeu, um jeito indireto de nos contar que ela está indo para a Europa no verão. O sexo e a nudez são relaxados, mostrados de forma divertida, de uma maneira pouco vista em filmes americanos. Sabemos quase nada sobre esses dois.

É então que os irmãos Cuarón começam uma narração em off. A maioria dos livros atuais sobre criação de roteiros diz para evitar a narração em off, uma vez que você pode ficar tentado a *contar* para os espectadores o que eles deveriam estar *vendo*. Quando usada nos filmes americanos, a narração em off costuma demonstrar nostalgia, a exemplo de *Como era verde meu vale* (1941). Ou num filme *noir*, como *Pacto de sangue* (1944). Ou para dar um tom de documentário ao filme, como em *O grande golpe* (1956), de Stanley Kubrick, embora o diretor também a tenha usado para deixar os saltos no tempo claros para a plateia. Na maioria dos filmes americanos a narração é feita por um dos personagens (como em *Menina de ouro*, de 2004) para não afastar os espectadores da história.

Mas os Cuarón não se preocupam com nada disso. Eles usam a narração no estilo da literatura latino-americana. O narrador não é um dos personagens da história, como logo percebemos quando se dirige aos personagens principais na terceira pessoa. Os roteiristas não se preocupam em inserir a plateia na história, e de fato nos convidam a observar os personagens a certa distância. Um filme americano sobre dois adolescentes excitados tentaria fazer com que nos identificássemos com eles, para atrair o público jovem do sexo masculino, mas a dupla de roteirista quer que vejamos mais do que isso. Sim, este é um filme sobre a premência do sexo, mas também sobre muitas outras coisas, o que o torna diferente de um filme americano. Ouça a variedade de recursos que utilizam para o narrador.

O narrador começa nos contando que a mãe de Ana não fez objeção a Ana e Tenoch dormirem juntos. Surpresa: a mãe nunca apareceu, e nunca vai aparecer. Mas o narrador prossegue: "Com Júlio, foi diferente." Meu espanhol não é bom o suficiente para citar o texto original, então dependo das legendas em inglês; a "tradução", como é creditada na versão americana, é de Timothy J. Sexton. Encontramos Julio no que logo sabemos ser o apartamento da namorada, Cecilia. Não sabemos ainda se Cecilia vai com Ana para a Europa. O narrador nos conta que o pai de Cecilia, um médico, pensava que o relacionamento entre ela e Julio tinha ido longe demais, embora a mãe achasse que o relacionamento era inocente. Julio parece sem graça ao esperar por Cecilia com o pai da menina. Ela o chama de fora da cena, pedindo que venha ajudá-la a encontrar seu passaporte. Quando Julio entra no quarto, eles dão uma rapidinha. São tão desajeitados quanto Tenoch e Ana, sem contar que quase são interrompidos pela mãe da menina. Estamos com apenas minutos de filme.

O pai de Ana aparece no aeroporto, o que a surpreende. A narração conta que ele é um repórter que se tornou um político recentemente, e que se refere a Tenoch como um "mauricinho", embora nunca na frente da filha. *Vemos* que ele é gentil, mas *ouvimos* sobre suas verdadeiras atitudes. A narração nos conecta com o mundo exterior, e especialmente com a política.

Tenoch e Julio estão voltando de carro do aeroporto. Julio peida. Se fosse um filme americano, a cena inteira seria sobre peidos, mas aqui um peido é só um peido. Tenoch reage ao cheiro, e eles conversam sobre Tenoch querer trocar de curso, de economia para literatura, pois gostaria de se tornar um escritor. Seria a desculpa perfeita para o narrador ser Tenoch já adulto. Em uma versão americana seria o caso, mas os Cuarón não estão usando a narração para demonstrar nostalgia. Julio menciona que a irmã está em uma passeata, o que leva Tenoch a dizer que "Cara, garotas de esquerda são muito gostosas", e Julio responde "Com certeza". Tenoch peida e a cena de dois minutos se encerra. Compare esta com a primeira cena entre Jim e Oz em *American Pie: A primeira vez é inesquecível*.

Mas a cena entre Tenoch e Julio não acaba ali. Seguimos o carro até um engarrafamento, quando a narração nos informa que o acidente pelo qual passam não tinha nada a ver com a passeata política daquele dia, e sim com um ônibus que atropelou um pedreiro, cujo corpo só será reconhecido dali a quatro dias. O que a cena está fazendo em um filme que aparenta ser de adolescentes tarados? Por um lado, como o filme tende a fazer, coloca a história dos rapazes em um contexto social, político e cultural. E, por outro, leva a morte para dentro da história. Afinal de contas, essa é uma cultura que celebra o Dia dos Mortos.

O narrador conta que Tenoch é um dos três filhos de um economista formado em Harvard, que agora é secretário de Estado, cuja esposa estuda espiritualidade. Tenoch recebeu o nome de um herói asteca, já que nasceu em uma época de ascensão do nacionalismo mexicano. A narração ocorre enquanto vemos tomadas da luxuosa casa dos pais de Tenoch, onde ele e Julio estão fumando maconha com Saba, amigo e fornecedor. Eles vão até a sacada, onde são vistos pela mãe de Tenoch. Ela parece não perceber que estão fumando, mas nota que estão tristes. "Suas auras transcendem o plano físico", ela fala para confortá-los, demonstrando o que o narrador havia nos contado sobre ela e estabelecendo que o narrador é confiável. Ela pergunta a Julio se ele vai ao casamento de Jessica. Nesse momento não temos a menor ideia de quem é Jessica.

Então vemos Tenoch e Julio em uma festa com outros jovens da sua idade. O narrador nos conta que eles não conseguiram ficar com ninguém, e temiam que seria assim durante todo o verão. Também nos conta que Tenoch quebrou um farol do carro a caminho de casa. Por que contar em vez de mostrar? Porque os Cuarón não *precisam* nos mostrar tudo. A cena serve para preparar os personagens para acontecimentos futuros. O narrador também conta, durante uma curta cena em que vemos de relance Saba com duas garotas, que ele fez sexo grupal pela primeira vez. Por que não mostrar mais? Este não é um filme pornográfico, diferente do que os puritanos pensam, e, com discrição, os roteiristas reservam o impacto para outras cenas de sexo.

Aos dez minutos de filme o narrador nos conta que se passaram duas semanas, os rapazes estão entediados, e que o pai de Tenoch é sócio de um country clube e eles podem usar a piscina às segundas-feiras, quando está fechada para outros sócios. Você percebeu que Tenoch vem de uma família muito privilegiada? Observamos enquanto os garotos nadam, principalmente embaixo da água, o que talvez seja uma referência a Benjamin em *A primeira noite de um homem* (1967). Vão para os chuveiros, estapeiam-se com toalhas, fazem piada dos pintos um do outro e chamam um ao outro de "veado". Não parecem levar o que dizem a sério.

Achamos que a cena seguinte é o casamento de Jessica (por quê?), mas é a recepção, depois do casamento, na casa de Tenoch. É ao ar livre, com uma exibição hípica. Tenoch e Julio estão contando o número de seguranças, e Julio vai para o bar, onde nota uma atraente mulher mais velha, Luisa. Ela passa por ele, que vai atrás dela. Estamos com treze minutos de filme. Mas assim como tivemos várias cenas entre a mãe de Tenoch mencionando o casamento e a cena da recepção, só voltaremos para Luisa após alguns minutos. A cena corta para Tenoch, que está conversando com Jano, seu primo mais velho, que lhe pergunta se ainda pretende escrever. Uma combinação de narração e diálogo nos conta que Jano esteve fora do país e que é escritor. Ele diz para Tenoch que escrever "historinhas fofas" é uma coisa, mas "criar literatura" é algo bem diferente. Não tenho nenhuma prova, mas acredito que a frase seja o jeito dos Cuarón dizerem à plateia e a Hollywood que esta pode parecer uma historinha fofa, mas é muito mais do que isso. Em geral, não se deve manipular a plateia dessa forma, mas os roteiristas se saem bem, fazendo de um modo sutil que isso pareça um traço da personalidade de Jano. O pai de Tenoch pega o microfone e dá as boas-vindas a todos que participam de sua "humilde celebração", sobretudo ao presidente. Seguranças, cavaleiros e uma lista de centenas de convidados que inclui até o presidente? Não é nada "humilde".

Julio e Tenoch abordam Luisa e jogam conversa fora. Ela é de Madri, uns dez anos mais velha que eles, e da família da noiva. Luisa e Tenoch percebem que são primos por extensão, e ela fica surpresa em ver que o "Tenochzinho" cresceu. Ela consegue se lembrar – ao contrário do marido, Jano, que se recorda apenas do acontecimento, mas não dos detalhes – do brinquedo que Tenoch havia perdido quando se encontraram pela última vez. Tenoch pergunta se ela vai viajar, e Luisa responde que Jano em breve irá para um simpósio, e que ela quer ir para praia. Ela menciona uma praia à qual deseja ir, mas os rapazes falam que lá é cheio de "yuppies mochileiros". Tenoch revela a existência de uma praia que só ele conhece. É óbvio que ele está inventando, e ele e Julio criam o nome Boca do Paraíso. Tenoch pergunta se ela quer ir lá com eles, e Luisa responde que sim, e que vai contar para Jano, o que desaponta os rapazes. É mais uma armação que não vai funcionar. Estamos com dezenove minutos de filme.

Cortamos para uma cena de Luisa em um consultório médico. O narrador explica que, enquanto Jano está no simpósio, Luisa teve que fazer alguns exames e está esperando pelos resultados. Ele não nos diz para quê servem os exames, mas parecem uma preparação para a cena em que Luisa, na sala de espera, apanha uma revista e responde as perguntas de um questionário – e esta é uma das muitas partes que você vai querer rever ao terminar de assistir ao filme. Os roteiristas estão roubando um pouco de Woody Allen nesta cena. Você provavelmente se lembra da cena de *Noivo neurótico, noiva nervosa* (1977) em que o espirro de Alvy espalha cocaína pela mesa. O que você talvez não saiba é que a cena surgiu quando Allen estava editando o filme. No roteiro original havia uma longa cena de festa em Nova York que, entre outras coisas, mostrava que Alvy e Annie estavam indo para a Califórnia. Depois que chegam la, acontece a cena da festa em Hollywood. Durante a edição do filme, Allen achou que as duas cenas de festa, uma logo depois da outra, ficavam repetitivas. Ele queria manter a cena em Hollywood e, portanto, cortou a de Nova York e acrescentou a cena da cocaína, cujo único propósito *estrutural* é nos informar que os dois personagens estavam indo para a Califórnia. Em outras palavras, a cena é mais do que parece, e os Cuarón, assim como em todas as outras partes, cobriram bem seus rastros. Assista ao filme e aprenda como foi que fizeram isso. Garanto que você vai precisar fazer a mesma coisa em algum momento na sua carreira de roteirista.

O teste da revista é "Você é uma mulher realizada?". O narrador lê algumas das perguntas e das respostas de Luisa e nos informa, quando ela entra no consultório, que suas respostas indicam, segundo a revista, que ela tem medo de aceitar sua liberdade. O narrador diz que Luisa discorda. Você pode ver o primeiro propósito da cena: o resultado do teste faz com que ela aceite sair com os rapazes.

Eles estão no country clube, e agora compreendemos por que os dois roteiristas determinaram que eles vão à piscina nos dias em que ela está fechada. Cada um está em um trampolim, se masturbando e falando sobre as garotas e as mulheres nas quais estão pensando. Começam falando de garotas que dizem conhecer, passam para Salma Hayek e finalmente para "a prima espanhola", como diz Julio, pois nos espasmos da paixão não consegue lembrar o nome.

Luisa recebe uma ligação de Jano, que está bêbado e admite ter dormido com outra mulher. Ela não consegue falar uma palavra sem ser atropelada por Jano (atchim). Logo depois, Luisa liga para Tenoch e diz que quer ir com eles para Boca do Paraíso. Ele, animado, concorda, e liga para Julio. Sem que digam nada, sabemos que esperam levá-la a algum lugar onde possam transar com ela. É tão óbvio que não é preciso que nenhum dos dois diga isso. O pai de Tenoch proibiu-o de usar o carro depois que ele quebrou o farol, então os dois amigos vão pedir o carro da irmã de Julio emprestado. Mas ela está usando o veículo (o narrador nos dá algumas informações sobre Julio e sua família; ele não vem de um berço privilegiado como Tenoch), e os rapazes têm que ir até a manifestação onde ela está. Vemos várias tomadas dos rapazes na manifestação, mas é o narrador quem nos conta a conclusão da cena: ela vai deixá-los usar o carro por cinco dias se puder usá-lo por três semanas. Por que não mostrar esta cena? A irmã de Julio não é um personagem que veremos no filme, e o narrador não apenas pode nos contar o resultado da cena mais depressa, como também nos informar de que ela usará o carro para levar comida e roupas para os necessitados. Os Cuarón estão dispostos a apresentar seus dois personagens principais como egoístas, sem qualquer interesse pelo mundo ao redor. Ao mostrá-los assim, asseguram-se de que o resultado final de seu relacionamento com Luisa terá ainda mais impacto.

Julio e Tenoch vão às compras em um mercado enorme. O que dois rapazes como eles vão comprar antes de uma viagem como essa? A resposta é fácil: salgadinhos, cerveja e camisinhas, claro. Eles falam com Saba, que lhes conta sobre uma praia que confere com a descrição que criaram na cabeça de Luisa.

Aos 28 minutos de filme eles pegam Luisa e caem na estrada. Julio e Tenoch finalmente perguntam sobre a vida dela. Note a diferença entre o que ela diz (fatos e opiniões expostos nas conversas) e o que o narrador diz (a atitude anterior de Luisa com Jano e seus amigos). Ele também nos revela o que ela queria fazer. Como você mostra o que alguém gostaria de fazer? Aqui, eles fazem com que ela fale uma parte, e o narrador diz o resto. A narração é incluída entre as muitas tomadas do carro seguindo pela rodovia. Saímos da área urbana dos primeiros trinta minutos de filme e entramos no México rural.

Tenoch e Julio contam sobre seus amigos para Luisa, incluindo Daniel, que assumiu sua homossexualidade. Luisa pergunta se isto os perturba e eles respondem que não. Lembra como eles se mostravam tão descontraídos no chuveiro, chamando um ao outro de "veado"? Eles contam que Daniel ainda faz parte do grupo, que tem seu próprio manifesto. Insistem que não podem falar sobre o manifesto, mas imediatamente o fazem. O manifesto inclui, entre outras coisas, a proibição de dormir com a namorada dos outros amigos. O narrador nos diz que, embora contem histórias verdadeiras, eles as enfeitam com suas próprias mitologias. Também informa que as histórias ajudaram a criar um vínculo entre eles, como vemos claramente nesta cena. Mais uma vez, um belo equilíbrio entre a narração e o visual.

Com 34 minutos de filme, eles param para descansar e comer num pequeno restaurante informal, bem diferente do cenário opulento da recepção de casamento. Luisa pergunta sobre as namoradas dos rapazes, e eles respondem que elas estão na Europa e insistem que as meninas nunca os trairiam. Mais tarde, ao olhar pela janela do quarto dela no hotel, veem que ela está chorando, mas não a incomodam.

Na estrada, no dia seguinte, o narrador conta que estamos passando pelo vilarejo onde a babá de Tenoch nasceu e foi criada, mas que ele nunca havia visitado. A cena poderia ser filmada com diálogos? Sim, Luisa poderia ter visto que Tenoch estava triste e perguntado por quê, e ele contaria que sua babá tinha nascido naquele vilarejo. Mas será que, diante de tudo o que sabemos sobre Tenoch, ele diria que nunca havia estado ali? Talvez, mas iria parecer artificial. Além disso, o filme mostrou que o narrador nos contará esses tipos de detalhes, portanto a narrativa se encaixa no ritmo do filme. Julio comenta que eles a viram em seu quarto na noite anterior. Ela pergunta se eles queriam vê-la nua. Como suspeitávamos, ela está mais ciente das intenções deles do que parece. O carro para rapidamente para os jovens "prestarem homenagem" à "Rainha", uma jovem vestida de branco, provavelmente uma noiva, carregada em uma cadeira pelos habitantes do vilarejo. É também uma visão muito diferente do casamento de Jessica. Vemos várias tomadas do carro na estrada enquanto Luisa nos conta sobre seu primeiro namorado. Ele costumava levá-la a locais lindos de motocicleta. Os rapazes começam a rir até Luisa contar que o namorado morreu em um acidente. Estamos com 44 minutos de filme.

Vemos mais tomadas da zona rural mexicana, com casebres, trailers, lojinhas e uma blitz policial. Por que os policiais estão vasculhando os carros? Ninguém no carro menciona o fato, exceto para dizer que precisam esconder a erva. Enquanto isso, Luisa, que percebeu que Tenoch acordou com uma ereção, pergunta como eles fazem sexo com as namoradas. Os dois descrevem de forma tão desajeitada quanto nas primeiras cenas do filme. Luisa sugere que tentem meter o dedinho no traseiro das namoradas. O carro superaquece e quebra. No pequeno vilarejo onde param, Luisa encontra um altar para uma jovem com o mesmo nome que ela. Telefona para Jano e deixa uma mensagem na secretária eletrônica, diz que errou ao viajar sem deixar recado. Deixa instruções para ele pagar as contas e pegar a roupa suja, sugerindo que procure outra lavanderia. O que faz sentido se ela está para se divorciar (atchim). Estamos com cinquenta minutos de filme.

Tenoch vê que está sem xampu enquanto toma banho no hotel de beira de estrada. Ele enrola a toalha na cintura e vai até o quarto de Luisa para ver se ela tem xampu. Ela está chorando, mas lhe pede para tirar a toalha, e então faz sexo oral com ele, e faz com que deite sobre ela. Tenoch goza rapidamente.

Julio observa tudo, parado na porta. Ele sai e o narrador conta o que ele está pensando: não tem raiva, mas sente-se como na vez que viu a mãe nos braços de seu padrinho. Tenoch vai até a piscina, onde encontra Julio. Esta *definitivamente* não é a piscina do country clube: a água está coberta de folhas. Julio conta que transou com Ana, a namorada de Tenoch. Repare nos detalhes das associações feitas pelos rapazes. Repare também como o narrador é usado aqui, não para nos contar como os dois se sentem, mas como se sentem em relação a outros acontecimentos de suas vidas. Durante o jantar, Luisa se pergunta se é por causa dela que os dois estão tensos.

Aos 62 minutos de filme, eles estão novamente com o pé na estrada. No altar, uma velha entrega a Luisa uma boneca com seu nome, o mesmo nome da menina que morreu. O narrador conta que Luisa está pensando em como as pessoas vivem na memória dos outros depois da morte e se pergunta por quanto tempo vão se lembrar dela, mas que "prefere não pensar sobre a morte". Muito bem. O altar trouxe esses pensamentos à mente de Luisa, e estamos lidando com uma cultura que tem um relacionamento estreito com a morte, mas, já que ela está na estrada com dois rapazes, podemos ver por que não quer pensar na morte. Um grande atchim.

Luisa passa para o banco de trás com Julio. Tenoch fica nervoso, para o carro, sai correndo e observa de longe os outros dois transarem. Luisa pergunta se esse não era o plano deles, levá-la para longe e transar com ela. Ela diz que não deveria ter transado com nenhum dos dois. No carro, Tenoch diz que transou com Cecilia, a namorada de Julio. Julio quer brigar, mas Tenoch o chama de camponês, uma das poucas referências explícitas à diferença de classe entre eles. Chateada com os rapazes, Luisa vai embora, dizendo que eles na verdade querem é transar um com outro, e que "quando a gente brinca com bebês acaba lavando fraldas". Você consegue imaginar a mãe de Stifler falando algo assim nos filmes da série *American Pie*? Repare que os rapazes não respondem à afirmação de que querem transar um com outro. Afinal de contas, vimos como faziam piada da homossexualidade, e como a aceitavam no amigo Daniel.

Eles convencem Luisa a continuar com eles, mas ela escreve seu próprio manifesto – que inclui não transar mais com nenhum dos dois e que, quando estiver tomando sol nua na praia, não vai querer que eles fiquem rodeando "como cachorros". Quando a noite cai, os rapazes estão perdidos. Eles veem uma estrada de terra que pode ser a que procuram, então entram direto nela e acabam atolados na areia. Eles dormem no carro.

Na manhã seguinte, aos 74 minutos de filme, Luisa acorda cedo e descobre que estão em uma linda praia. Ela caminha até a água. Não há diálogo na cena, um alívio depois de tantas discussões. Vemos que ela está fazendo topless, e os garotos não a cercam como cachorros. Jesús, um pescador da reserva natural do lugar, a esposa Mabel e os filhos se oferecem para levar o trio de barco para outras praias. Eles chegam a uma que o pescador chama – surpresa! – Boca do Paraíso. Se fosse um filme americano, Julio e Tenoch teriam uma reação muito exagerada, enquanto aqui vemos os dois sorrindo, surpresos, um para o outro. O fato de eu lhe dizer para escrever reações não significa que você deva escrever reações EXAGERADAS. Reações mais simples e sutis podem ser melhores. A praia é um paraíso momentâneo para todos eles. Enquanto o barco os leva de volta para a primeira praia, o narrador conta o que vai acontecer com Jesús e Mabel dali a um ano. Observe como a informação está em harmonia com o uso que os dois roteiristas têm feito da narração ao longo do filme.

Ao retornar para suas barracas, eles as encontram cheias de porcos. O narrador, é claro, conta-nos o que vai acontecer com os porcos. Jesús convida o trio para ficar em sua casa, onde há várias cabanas. Luisa está novamente ao telefone com Jano. Desta vez fala com ele, não com a secretária eletrônica, e os Cuarón escreveram uma cena maravilhosa para Maribel Verdú, a atriz que interpreta Luisa.

Estamos com 84 minutos de filme e os roteiristas nos dão uma cena de sete minutos que Alfonso dirigiu e filmou em uma tomada só. Aqui cabe um conselho sobre planos-sequência. Eles estão espalhados pela história do cinema: Diz, bêbado, pedindo Clarissa em casamento em *A mulher faz o homem* (1939), Woodland falando ao telefone em *Todos os homens do presidente* (1976), Sammy conversando com Lillian sobre lesbianismo em *Júlia* (1977) e assim por diante. Para funcionarem da forma adequada, você precisa de três coisas: uma cena escrita de forma brilhante e bem-amarrada, grandes atores capazes de interpretá-la e um diretor com nervos de aço (e a habilidade de se sobrepor aos produtores e editores que sempre vão querer cortá-la). Tudo isso está presente nesta cena. Os três personagens estão em uma mesa perto da cabana de Jesús, provavelmente bêbados. Luisa conta aos rapazes que Jano lhe ensinou todos os truques que as prostitutas ensinaram a ele, e que está tentando lhes transmitir. Diz que os dois devem começar a pensar no clitóris como "seu melhor amigo", o que leva Tenoch a perguntar: "Que tipo de amigo fica sempre se escondendo?" E você pensava que clichês esportivos eram seus amigos. Eles tinham conversado sobre sexo antes, então o que esta cena traz de diferente? Depois de todas as experiências que viveram juntos, os três agora estão mais relaxados um com o outro. Luisa passou de amiga a amante e finalmente a uma adulta, ensinando-os a serem adultos. A cena não poderia de maneira nenhuma acontecer antes. Luisa se levanta, caminha meio bamba até uma jukebox, escolhe uma música e chama os rapazes para dançar.

Na direção desta cena Alfonso Cuarón presta uma homenagem, deliberadamente ou não, a dois outros grandes diretores. A encenação (sentados na mesa, afastando-se da mesa e da câmera antes de voltar para a mesa) traz à mente a primeira tomada longa da cena entre Thatcher e a sra. Kane em *Cidadão Kane* (1941), enquanto o olhar direto de Luisa para a câmera faz lembrar o momento em que Thorwald olha para a câmera, na direção de Jeff, em *Janela indiscreta*. Assim como Hitchcock nos torna voyeurs, Cuarón nos inclui no triângulo amoroso. Ele pode nos ter mantido um pouco fora da história, com o uso do narrador, mas agora ele e Luisa/Verdú nos envolvem diretamente no momento.

Na cabana, Tenoch começa a beijar Luisa, e Julio vem por trás dela. Luisa se ajoelha e começa a fazer sexo oral com ambos. Eles estão tão excitados, um ao lado do outro, que começam a se beijar. A cena acaba aí.

Pela manhã, Luisa recebe informações de Mabel sobre as praias locais, enquanto Julio e Tenoch ainda estão acordando no quarto. Eles se olham e se lembram do que aconteceu. É um olhar de surpresa e inquietação, sem nenhuma reação cômica. Tenoch sai do quarto e começa a vomitar. Antes eles brincavam sobre a homossexualidade, mas agora é algo que aconteceu com eles. Não era o que esperavam da viagem. Encontram-se com Luisa para tomar café da manhã na varanda da cabana de Jesús. Ela vai continuar a explorar sozinha as praias. Julio tem que devolver o carro. O narrador diz que os garotos fizeram as malas e voltaram para casa. Diz que foi uma viagem sem grandes acontecimentos, o que significa que nada do que aconteceu foi discutido entre eles. Conta também que Luisa resolveu ficar, enquanto vemos tomadas dela caindo na água para nadar.

Com 96 minutos de filme, voltamos para a cidade grande. O narrador nos atualiza em relação a Tenoch, a Julio e à política mexicana. Conta que Julio esbarrou com Tenoch a caminho do dentista e que "irem juntos tomar um café era mais fácil do que inventar uma desculpa". Tenoch e Julio parecem ter amadurecido, depois de lidar com o mundo real do México, de Luisa e da sexualidade. Tenoch conta que Luisa morreu de câncer um mês depois de Tenoch e Julio irem embora da praia.

Muito bem. Agora volte e procure os pontos que marquei com um "atchim". Cada um faz sentido no contexto da história, mas você vai ver que podem ser interpretados como indicações de que Luisa sabia que ia morrer. É um final "surpresa" mais bem-preparado do que o de M. Night Shyamalan para *O sexto sentido*, pois os Cuarón fazem com que todas as ações de Luisa sejam convincentes por si mesmas ao longo do filme, assim como convincentes à luz dessa última revelação. Shyamalan deixou alguns momentos estranhos que só fazem sentido depois de conhecermos o final do filme. Ele pode ter feito isso deliberadamente, para aumentar a atmosfera de inquietação que buscava criar, mas prefiro a abordagem mais suave dos Cuarón.

O narrador retorna para nos contar que Luisa passou os últimos quatro dias em um hospital. Tenoch vai embora e o narrador diz que os dois rapazes nunca mais vão se encontrar. Estamos com 99 minutos de filme, e os créditos começam a rolar.

Os roteiristas fizeram o que muitos filmes americanos não conseguiram, e jamais vão conseguir: relacionar suas histórias com o mundo real. Temos a sensação de que, assim como no roteiro de Cesare Zavattini para o filme italiano *Ladrões de bicicletas* (1948), os irmãos Cuarón usaram uma história simples para nos contar muito sobre o clima social, cultural e político de seu país. O que pode não ocorrer a você até que tenha visto o filme várias vezes é como deixaram de lado um elemento importantíssimo da cultura mexicana, com o qual suspeitávamos que a história iria lidar. Mas ele não está presente nos personagens, no diálogo ou no visual. Vou deixar que descubra qual é. Por outro lado, considere que, embora os roteiristas estrangeiros ainda estejam aprendendo sobre velocidade, ritmo e sequência narrativa com os colegas americanos, estes podem aprender muito sobre o mundo real com seus pares de outros países.

E sua mãe também foi um grande sucesso internacional no circuito alternativo, sobretudo nos Estados Unidos, onde estamos acostumados a assistir a histórias de conteúdo sexual mais ousado em filmes estrangeiros. Nós presumimos que veremos filmes assim de países sem nossa tradição puritana. Será que poderíamos fazer um filme com a sexualidade tão explícita? Não em um grande estúdio, que teria que lançar o filme com uma classificação para maiores de dezessete anos. *E sua mãe também* foi lançado sem uma classificação, algo que só companhias independentes estão dispostas a fazer. Você pode fazer algo parecido se produzir seu filme de forma independente. Muito, mas muito independente.

E o que aconteceu com Alfonso Cuarón pode acontecer com você. Com base no sucesso – mas imagino que não no conteúdo – deste filme, e nas críticas positivas para *A princesinha*, ele foi contratado pela Warner Brothers para dirigir *Harry Potter e o prisioneiro de Azkaban* (2004).

FONTES

A curta biografia de Alfonso Cuarón é sua ficha no IMDb, escrita por um usuário de nome "huckf".

Os detalhes sobre a cena do espirro em *Noivo neurótico, noiva nervosa* podem ser encontrados no livro *When the Shooting Stops* (Viking, 1979), de Ralph Rosenblum e Robert Karen.

O livro de Ken Dancyger se chama *Global scriptwriting* (Focal Press, 2001).

7. Tomadas curtas de bons roteiros

Os filmes estão em ordem cronológica de lançamento.

O show deve continuar
(*All That Jazz*, 1979. Roteiro de Robert Alan Aurthur e Bob Fosse. 123 minutos)

Não tenho certeza se produzir um filme autobiográfico baseado em outro filme autobiográfico é apropriado ou correto. Mas sou a favor da teoria que diz que, se você vai roubar, roube do melhor. Bob Fosse produziu *O show deve continuar* sob uma influência muita clara de *8 ½* (1963), de Fellini, e você deveria dar uma olhada no filme de Fellini antes de assistir a *O show deve continuar* para ver o que Aurthur e Fosse decidiram manter e o que decidiram modificar.

O filme abre com um dos melhores exemplos que conheço de uma cena sobre "levantar cedo de manhã". Todos ficam tentados a escrever uma para introduzir seu personagem, mas preste atenção aos detalhes específicos que os roteiristas nos dão aqui. A grande cena do ensaio que segue é mais detalhada no roteiro do que no filme. Ela foi se tornando mais precisa à medida que os rascunhos do roteiro progrediam. A conversa entre as duas dançarinas que não foram escolhidas ("Transe com ele", "Transei, e ainda assim ele não me escolheu") foi acrescentada no esboço de junho de 1978. O monólogo de Davis Newman é apresentado no roteiro de forma completa, para que o ator possa aprender imediatamente todo o seu conteúdo. No processo de edição do "filme dentro do filme", ouvimos vários trechos desse monólogo em diferentes momentos, mas eles em geral não estão indicados no roteiro.

Dar a Joe Gideon uma filha é uma das mudanças mais interessantes feitas a partir do filme de Fellini. No manuscrito ela tem apenas dez anos, o que torna algumas de suas cenas um pouco preocupantes, como quando, perto do final do roteiro, ela se veste e se maquila como uma de menina de dezesseis anos para conseguir entrar no hospital e ver o pai. A cena acabou cortada do filme, e a atriz escolhida para a menina tinha treze anos na época. A personagem tem uma visão quase inocente para a atividade sexual ao seu redor. Mas no filme ela é madura o suficiente para poder dizer "Eu acho que cenas lésbicas são uma chatice" de forma convincente, cortando a explicação de Joe sobre o lesbianismo. Já que a atriz Erzsebet Foldi também tem experiência no balé, ela recebe três números de dança no filme, entre eles na encantadora cena de ensaio com Joe, um contraponto perfeito ao número de dança "Airotica".

O diálogo é inteligente, malicioso de forma perfeitamente apropriada ao showbiz nova-iorquino. E não causa surpresa que Andrew Sarris, o crítico *autorístico* – que presta mais atenção à direção que ao roteiro – baseado em Nova York, não tenha captado o espírito da coisa. Em sua crítica do filme, ele escreveu que "o diálogo nunca se destaca. No máximo se mantém no fundo, sem se afastar das técnicas visuais e coreográficas." Preste atenção ao diálogo e veja se concorda.

FONTES

Os dois esboços do roteiro são datados de 11 de abril de 1978 (na Biblioteca Herrick) e 27 de junho de 1978 (Biblioteca Louis B. Mayer, localizada no Centro de Estudos Avançados do American Film Institute). A crítica de Andrew Sarris foi publicada no jornal *The Village Voice*, em 7 de janeiro de 1980.

E.T.: o extraterrestre
(*E.T.: The Extra-Terrestrial*, 1982.
Roteiro de Melissa Mathison. 115 minutos)

Em meu livro *Screenwriting*, publicado em 1982, critiquei o roteiro de *Contatos imediatos do terceiro grau* (1977) de Steven Spielberg, alegando que "todos os produtores de filmes B sabiam, nos anos 1950, que o interessante em uma história sobre discos voadores ocorre *depois* da aterrissagem". *Contatos imediatos* tem quase duas horas de pura exposição de fatos e uma das maiores falhas encontradas na obra de Spielberg daquela época: falta de interesse em caracterizar personagens.

Os problemas foram resolvidos cinco anos depois, quando ele contratou Melissa Mathison para escrever o roteiro de *E.T.* A história começa com o E.T. sendo abandonado. Muito pouca explicação óbvia, a maior parte mostrada visualmente, e logo de saída somos fisgados pela história. O que vai acontecer com o pequenino ser? Ele poderia dar de cara com alguns caçadores na floresta, ser morto e comido. Mas seria um filme muito curto. Certo, já sei, ele pode ser encontrado por uma família! Bom, não é a família de Eugene O'Neill em *Longa jornada noite adentro* (1962), mas quem gostaria de ver o E.T. lidando com a família Tyrone? Em vez disso, ele encontra um garoto fofo, Elliott; uma mãe estressada e divorciada, Mary; um irmão mais velho espertinho, Michael; e uma irmãzinha *muito* fofa, Gertie. O que Mathison cria são os personagens mais interessantes possíveis em suas interações com o E.T. Escolha os personagens certos para a situação certa.

Por favor, observe que evitei mencionar o óbvio: a estrutura do filme segue a estrutura narrativa da história de Jesus. Como um dos espectadores que entrevistei em meu livro sobre plateias comentou: "Jesus disse que iria voltar, mas não disse com que rosto." Em outras palavras, os detalhes que você usa para contar sua história, neste caso os personagens, são tão importantes quanto a estrutura.

FONTES

Meu livro *Screenwriting* (A.S. Barnes, 1982). O livro de Joseph McBride, *Steven Spielberg: A Biography* (Simon & Schuster, 1997) tem uma parte excelente sobre a produção de *E.T.* É interessante o quão *pouco* Spielberg entregou para Mathison desenvolver. Mais ou menos o mesmo que Hitchcock fez com Hayes em *Janela indiscreta* (pensem nisso, diretores!).

Meu livro sobre plateias é *American Audiences on Movies and Moviegoing* (University Press of Kentucky, 2001). É um bom livro para roteiristas que queiram pensar em como os espectadores vão reagir a suas ideias.

Os imperdoáveis
(*Unforgiven*, 1992. Roteiro de David Webb Peoples. 131 minutos)

David Webb Peoples escreveu o roteiro do que viria a ser *Os imperdoáveis* em 1976, antes de tornar-se roteirista profissional. O texto foi prometido a Francis Ford Coppola. Mas, embora a ideia de um filme de faroeste feito pelo diretor de *O poderoso chefão* seja interessante, provavelmente foi melhor a Warner Brothers ter decidido entregar o filme a Clint Eastwood. Ele sempre reconheceu por instinto os roteiros que combinavam com seu estilo e, quando encontra um, trata de filmá-lo logo, sem perder muito tempo "desenvolvendo-o". Frances Fisher, que atuou como a cafetina no filme, disse que foi o único filme em que atuou no qual as páginas do roteiro eram brancas, isto é, tratava-se do texto original, sem as páginas coloridas usadas nas revisões.

Os imperdoáveis é um filme rico em elementos, tão cheio de detalhes quanto um romance. O personagem English Bob é realmente necessário? Talvez não, mas ele dá textura ao filme. E a cena em que os ajudantes de Little Bill Dagget, não tendo o que fazer no escritório, começam a falar sobre o quanto ele é um péssimo carpinteiro? Também não, mas nos fala muito sobre Little Bill. Sim, sei que já disse (e continuarei a dizer) que você precisa incluir apenas o *necessário* para se entender a história, mas às vezes algumas cenas extras, como a cena entre Marge e Mike em *Fargo*, podem fazer de um filme uma obra mais completa. Quais cenas manter e quais tirar? É difícil saber. Mas se *todos* dizem para tirar uma cena, é melhor ouvi-los.

Outro ponto forte do roteiro é a caracterização dos personagens. Isto pode ser visto em dois exemplos. Um: quando o caubói que cortou o rosto de Delilah oferece alguns cavalos como um pedido de desculpas, podemos ver pela reação dela que ficaria feliz com isso, mesmo se a madame não ficasse. Dois: quem é o herói do filme? Já que Eastwood o interpreta, tem que ser Bill Munny, certo? Mas e se Eastwood estivesse interpretando Little Bill e Gene Hackman, Bill Munny? Se fosse assim,

Munny iria se tornar um intruso, e Little Bill seria visto como justiceiro violento mantendo a paz numa cidade violenta. São excelentes textos de personagem, e você deve pensar sobre o que os atores podem trazer para seu roteiro.

As patricinhas de Beverly Hills
(_Clueless_, 1995. Inspirado não oficialmente no romance _Emma_, de Jane Austen. Roteiro de Amy Heckerling. 97 minutos)

Eu me apaixonei por Jane Austen ao assistir aos filmes da década de 1990 produzidos a partir de seus romances. A sagacidade de seus personagens e as ricas caracterizações eram a característica dos grandes escritores, tanto de Austen como dos roteiristas. Amy Heckerling, em vez de manter a história da escritora na Inglaterra do início do século XIX, recontou-a no cenário contemporâneo de Beverly Hills. O que faz sentido. Beverly Hills e suas escolas secundárias são sociedades tão restritivas quanto aquelas sobre as quais Austen escreveu. Não surpreende que a história de uma menina popular tentando mandar nas vidas de todo mundo e sempre as atrapalhando funcione muito bem no novo contexto. Sob alguns aspectos funciona até melhor, pois há menos em jogo aqui do que havia para Emma, e seus fracassos são menos devastadores que os de Emma, fato que Austen parece tocar superficialmente. Para um exemplo perfeito de como ambientar uma história em outra época, preste atenção aos objetos que Harriet queima por lembrarem-na do sr. Elton em *Emma*, e compare-os com os objetos queimados por Tai por lembrarem-na de Elton em *As patricinhas de Beverly Hills*.

Ou talvez você não deva fazer isso. Depois de todos os filmes maravilhosos baseados nos romances de Austen, finalmente li um deles, *Emma*. Ler o romance me curou para sempre da experiência de ser um de seus fãs. Ela é uma das escritoras mais prolixas da língua inglesa, nunca usando cinco palavras quando pode usar quinhentas, ou mesmo mil. Você tem que atravessar tamanha selva de verborragia para chegar à sagacidade e aos personagens que dificilmente vale o esforço. Ler o livro apenas me fez admirar ainda mais a habilidade de Heckerling e de outros que escreveram roteiros a partir da obra de Austen.

O poder do amor
(*Something to Talk About*, 1995.
Escrito por Callie Khouri. 106 minutos)

Sim, Callie Khouri é mais conhecida pelo roteiro vencedor do Oscar para *Thelma & Louise* (1991), que deveria ser estudado como um bom exemplo de como "alterar o gênero dos personagens em um filme de gênero". Mas *O poder do amor* é ainda mais complexo. Como Khouri disse a Jodie Burke, ela teve muito mais dificuldade com a estrutura do filme: "É por ser tão simples e tão linear que *Thelma & Louise* é tão bem-estruturado. Você pode colocar conversas profundas na boca de pessoas a duzentos quilômetros por hora em uma rodovia." Em *O poder do amor*, ela teve que inventar um novo tipo de estrutura para ilustrar a vida de uma mulher americana moderna, algo que não combina com o modelo de jornada de herói de Joseph Campbell. A personagem principal, Grace, trabalha no haras do pai enquanto tenta criar a filha e lidar com a infidelidade do marido. Cada uma dessas tramas se expande, às vezes se cruzando com as outras, às vezes não. Khouri encontra um equilíbrio entre os elementos. Preste atenção em como ela alcança esse equilíbrio, e lembre-se de que você *não precisa* seguir a mitologia de Campbell. Apesar do que *a maioria* dos gurus de roteiros vai lhe dizer.

FONTES

A entrevista com Jodie Burke foi publicada no livro com os roteiros *Thelma & Louise and Something to Talk About* (Grove Press, 1996). Faço uma análise mais detalhada sobre como Khouri estrutura o filme no artigo "Grace Under Pressure: The New Feminine Structure", na *Creative Screenwriting*, março/abril de 2001.

O livro de Joseph Campbell é *The Hero With a Thousand Faces* (Bollingen, 1972), publicado no Brasil com o título *O herói de mil faces* (Pensamento, 2005). O livro de Christopher Vogler, *The Writer's Journey: Mythic Structure for Writers*, 2ª ed. (Michael Wiese Productions, 1998) aplica as teorias de Campbell à escrita, especialmente de roteiros. A edição brasileira se chama *A jornada do escritor: Estruturas míticas para escritores* (Nova Fronteira, 2006).

Ligadas pelo desejo
(*Bound*, 1996. Roteiro de Andy e Larry Wachowski. 108 minutos)

O único roteiro escrito pelos irmãos Wachowski antes de *Ligadas pelo desejo* foi *Assassinos* (1995). Não era, infelizmente, uma adaptação do grande musical homônimo de Stephen Sondheim, mas um filme de ação sobre um assassino de aluguel que quer sair do negócio, e acaba visado por um assassino de aluguel mais jovem que quer matá-lo... zzzz. Baseados nesse roteiro, eles receberam a proposta de escrever e dirigir *Ligadas pelo desejo*. Se *Assassinos* foi o preço que tivemos que pagar para ter *Ligadas pelo desejo*, então valeu a pena.

A princípio, soa como um típico filme *noir*: Corky, que saiu há pouco tempo da prisão, envolve-se com uma *femme fatale*, Violet, que convence Corky a ajudá-la a roubar de seu namorado, Caesar, dinheiro da máfia... zzzz. Ao ser um filme *noir*, todos eles estão obviamente fadados à tragédia... zzzz. Mas os Wachowski fizeram uma mudança crucial com a qual transformaram *Ligadas pelo desejo* em um filme mais inovador e inventivo do que outros exemplos de filme *noir* contemporâneos: Corky é uma mulher. Perceba como isto é usado e, entre outras coisas, como e por que faz diferença no filme.

Durante os créditos iniciais de *Ligadas pelo desejo*, ouvimos frases que serão repetidas durante o filme. Preste atenção a como essas poucas frases nos dizem que existe um plano, que há dinheiro envolvido e que algumas pessoas não estão satisfeitas com isso. Em um flashback, não é Caesar quem está encarando Corky no elevador, e sim Violet. Não há diálogo entre elas, mas podemos perceber que existe uma atração, pelo menos por parte de Violet. Os três saem do elevador no mesmo andar, e percebemos, junto com Corky, que seu apartamento é ao lado do de Caesar e Violet.

Violet visita Corky, oferecendo café. Ouça o diálogo, que quase não é sugestivo. O que o diálogo, aqui e em outros momentos do filme, proporciona aos atores é um subtexto para sua atuação. Violet está flertando com Corky, que a observa, nervosa, e tudo o que dizem parece ter uma conotação sexual. Cenas assim têm uma longa tradição no filme *noir*. Ouça bem o diálogo "Estou indo muito rápido?" entre Walter e Phyllis em *Pacto de sangue* (1944), ou o diálogo sobre cavalos de corrida entre Vivian e Marlowe na versão de 1946 de *À beira do abismo*, que havia sido interpretado de forma "séria" em *Straight, Place and Show*, de 1938. Como você pode escrever um diálogo que pareça inócuo, mas que, ao ser interpretado de forma correta, soa sugestivo?

Em seguida, vemos Corky em um bar de lésbicas. Que detalhes nos mostram que ela provavelmente é lésbica e uma ex-presidiária? Perceba como os Wachowski constroem lentamente os detalhes sobre seu passado. O grande diretor John Ford disse que você não deveria mostrar nada à plateia até que seja *absolutamente* necessário.

O flerte entre Corky e Violet é interrompido com a chegada de Caesar. Se Corky fosse um homem, Caesar estaria enciumado, mas ela não é, portanto ele não está. Sabemos que Violet é bissexual, mas Caesar parece não saber ou se importar com isso, o que é um modo conveniente de sugerir que ele não é muito esperto. Por todo o roteiro, os irmãos Wachowski usam a ignorância dos personagens masculinos sobre a sexualidade de Violet para demonstrar que, não importa quão espertos e durões eles se considerem, na verdade estão errados.

Corky e Violet têm uma longa cena de sexo. É uma cena de sexo mais genérica do que as de *Sorte no amor*, mas também mais explícita, e de fato tão explícita quanto pode ser para ainda conseguir a classificação R. Cenas de sexo explícito são difíceis para a escolha do elenco, para dirigir e interpretar. Não coloque uma cena de sexo explícito em seu filme a não ser que *realmente* precise dela. Nesse caso, acho que os Wachowski precisavam. O filme estava carregado de sensualidade até esse momento, e com essa cena o relacionamento entre Corky e Violet fica selado. Isto, por sua vez, cria uma tensão ainda maior, em vista do que sabemos sobre o gênero *noir* – que a traição da *femme fatale* é parte da trama. Será que o relacionamento é tão intenso que vai se esgotar (o que é típico num *noir*)? Os Wachowski deixam que a cena tenha a função de várias, pois é a única cena longa de sexo no filme. Sua intensa sexualidade é necessária para sustentar o relacionamento entre Corky e Violet através da violência, mais adiante no filme. E, quando a trama do dinheiro assumir a dianteira, não teremos tempo para cenas de amor.

Violet explica a Corky que Shelly, um mafioso com quem ela já transou, roubou dinheiro da máfia. Violet quer sair daquele mundo, mas sabe que não vai conseguir sozinha. Ela quer que Corky a ajude. Violet explica que Caesar vai encontrar o dinheiro e trazê-lo para seu apartamento. Corky diz que não gosta da ideia de roubar dinheiro da máfia, e compara roubo a sexo, ligando os dois temas do filme.

Então o que esperamos é que Caesar apareça com uma pequena pasta de metal cheia de dinheiro. Que clichê. O dinheiro está literalmente coberto de sangue. O chefão está chegando para pegar o dinheiro no dia seguinte, e é preciso limpá-lo. Eles lavam e põem as notas para secar, depois as passam a ferro, um visual muito mais interessante do que apenas uma pasta cheia de dinheiro. O que também coloca a pressão em Caesar, porque ele tem que limpar o dinheiro, e em Violet, que precisa pensar em um plano.

Corky e Violet discutem seu plano, e os Wachowski conduzem a discussão de uma forma muito criativa. Um problema de filmes de roubo é que muito tempo é gasto com discussões e explicações sobre o funcionamento do plano, para entendermos exatamente quando ele começa a dar errado. O que os roteiristas fazem neste filme é sobrepor a conversa entre Violet e Corky sobre o que vão fazer ao visual do plano em execução. Ficamos sem saber, até bem adiante na sequência, se estamos vendo o que deveria acontecer ou o que está acontecendo. O que os roteiristas fazem é mostrar como o plano funciona até o ponto em que ele começa a dar errado, e é então que se passa para o que está acontecendo. É bastante eficiente, porque não precisamos lembrar detalhes do plano, uma vez que estamos no meio dele.

Como era de esperar, o plano dá errado, com tiroteio e indícios de traição. Finalmente, Caesar descobre a ligação entre Violet e Corky. Será que Violet vai trair Corky? Caesar concorda em deixar Violet viver se ela cuidar do chefão, que está vindo pegar o dinheiro. Violet faz o trato, mas depois atira em Caesar. Ela consegue retardar a chegada de Micky, o chefão, e depois o convence de que Caesar pegou o dinheiro e fugiu. Micky acredita nela. Se Violet fosse uma verdadeira *femme fatale*, deixaria Corky e seduziria Micky, fazendo com que o chefão cuidasse dela pelo resto da vida. No entanto, o filme termina com Corky e Violet saindo da cidade com o dinheiro, na nova caminhonete de Corky. Filme *noir* não costuma ter final feliz, mas os Wachowski mostraram, desde o início, que o filme é uma nova visão do velho gênero. Às vezes até um final feliz pode ser transgressor.

Devido ao sucesso de crítica e ao (moderado) sucesso comercial de *Ligadas pelo desejo*, os irmãos Wachowski tiveram a oportunidade de escrever e dirigir os filmes da trilogia *Matrix* (1999 em diante). Os três filmes têm cenários muito mais elaborados (*Ligadas pelo desejo* se passa em dois apartamentos, um corredor, um elevador, um bar e uma caminhonete em um estacionamento), mais cenas de ação, efeitos especiais e atores mais famosos. Porém, os filmes de *Matrix* não possuem o frescor, a inventividade e os personagens interessantes de *Ligadas pelo desejo*. Assim, a lição que você deve aprender é que, se quiser ter a oportunidade de produzir aquela ficção científica tola que imaginou aos doze anos, primeiro tem que produzir um *bom* filme. Se o preço que temos que pagar por *Ligadas* são os filmes de *Matrix*...

Procurando Nemo
(*Finding Nemo*, 2003. História de Andrew Stanton. Roteiro de Andrew Stanton, Bob Peterson e David Reynolds. 100 minutos)

Estava apreensivo quando fui ver *Procurando Nemo*. Duas coisas que sabia sobre o filme me preocupavam. A primeira é que os personagens eram peixes, e como é possível transformar peixes em personagens interessantes? Eles são feios e nadam. Os Gênios da Pixar descobriram como.

A outra coisa é que, sendo uma história sobre peixes, o filme todo se passa embaixo da água. E embaixo da água você tem água, areia e talvez um pouco de algas. Como tornar um cenário assim interessante durante cem minutos? Os Gênios da Pixar fizeram cenas submarinas absolutamente deslumbrantes.

Está vendo o padrão? Se você vai escrever um filme de animação, ajuda ter os Gênios da Pixar (daqui para frente os GdPs) trabalhando ao seu lado. Mas você também pode aprender com o que eles fizeram e com o que deixaram de fazer no filme. Em primeiro lugar, os GdPs trabalham com histórias originais, quase nunca com adaptações. O que significa que podem desenvolvê-las da forma que quiserem, e são mestres na arte de rever, corrigir e reescrever. Uma das razões para o falecido Walt Disney ter sido o único animador de sua época a se tornar um bem-sucedido animador cinematográfico foi sua grande percepção da história. No início da produção de *Nemo*, o ataque da barracuda que mata a mãe de Nemo era mostrado em flashback, mas ficou decidido começar com a cena, o que deu ao filme uma abertura mais dramática e ao pai de Nemo, Marlin, uma motivação mais clara para proteger o filho. Os GdPs também acreditam em pesquisa, o que torna seu oceano tão encantador visualmente. Vários dos membros da equipe aprenderam técnicas de mergulho. Mas os GdPs tinham consciência de que estavam fazendo um filme de animação. Seria impossível produzir *Procurando Nemo* com atores reais, assim como seria muito difícil produzir uma versão dos filmes da série *Toy Story* (1995 em diante) com atores reais. Se vai fazer um filme animado, *use* a animação.

Mais adiante vamos ver um exemplo de filme de animação que deveria ter sido produzido com atores reais.

Dory, o peixe com perda de memória recente, é um exemplo da identificação dos GdPs com Walt Disney: Disney era muito bom com personagens. Dory evoluiu da pesquisa feita pelos GdPs, que descobriram um tipo de peixe que tem problemas com a memória recente. Quando Andrew Stanton começou a desenvolver o personagem, o peixe era homem. Então, uma noite, ele viu Ellen DeGeneres em um de seus improvisos e resolveu recriar a personagem com ela em mente. De início, Stanton não falou com a atriz, mas depois lhe telefonou, dizendo que seria problemático caso ela não fizesse a personagem. A reação dela não foi "meu pessoal vai ligar para seu pessoal", e sim: "Bem, então é melhor eu fazer a voz dela." Viu como você consegue grandes atores quando escreve personagens interessantes, mesmo em filmes de animação? Não é preciso dizer que ela traz tanta vida para o personagem que mesmo um simples "Hã?" no final do filme provoca uma risada, pois o roteiro e a atuação já nos fizeram *conhecer* a personagem. Observe como os outros personagens são criados e ouça como os atores, com suas vozes, os fazem ganhar vida.

FONTES

Os detalhes da produção foram retirados da matéria "Big Fish", de Steve Daly, para a revista *Entertainment Weekly*, de 18 de julho de 2003. Para conhecer o modo como os GdPs trabalham, ler "Process Makes Perfect," matéria de Ben Rock para a *Creative Screenwriting* de janeiro/fevereiro de 2007.

Anti-herói americano
(*American Splendor*, 2003. Baseado nos quadrinhos *American Splendor*, de Harvey Pekar, e *Our Cancer Year*, de Harvey Pekar e Joyce Brabner. Roteiro de Shari Springer Berman e Robert Pulcini. 101 minutos)

Mas vamos presumir que você não tenha acesso aos GdPs. Você ainda pode fazer um filme parcialmente animado. E, se insistir em fazer um filme de uma revista em quadrinhos (ou "graphic novel", se quiser ser pretensioso), *Anti-herói americano* é o filme a que você deve assistir. Berman e Pulcini conseguem equilibrar três elementos em seu roteiro.

Primeiro, a história do verdadeiro Harvey Pekar, um balconista na Administração de Veteranos de Cleveland que cria a própria revista de quadrinhos. O filme acompanha sua trajetória ao se tornar uma pequena celebridade, ao encontrar e se casar com Joyce, e sobreviver à ameaça de câncer. Já falei muito sobre quão rápido alguns roteiros começam. Este é um exemplo de um roteiro que começa lentamente e nos vai deixando conhecer o personagem. Observe quanto tempo leva até suas primeiras revistas serem publicadas. Depois, quanto tempo leva até ele encontrar Joyce. E, finalmente, quanto tempo leva até a ameaça de câncer surgir em sua vida. É bem tarde, no filme, para que tal trama apareça, mas estamos vivendo no mundo de Harvey, no ritmo de Harvey. O filme, ao ser um grande estudo de personagem, também proporciona grandes papéis a Paul Giamatti, como Harvey, e a Hope Davis, como Joyce.

Além disso, vemos a história contada através de variações nos quadrinhos de Harvey, e variações é a palavra certa, já que as histórias de Harvey foram ilustradas nos quadrinhos por vários artistas diferentes, então nós as vemos animadas em estilos diferentes.

Já que temos várias perspectivas de Harvey nos quadrinhos, Berman e Pulcini ainda adicionam um terceiro elemento: o verdadeiro Harvey. Vemos Harvey e seu amigo Toby caminhando através do filme e comentando o que veem. O problema é que isso poderia nos tirar da história – se ela não tivesse sido escrita por roteiristas tão hábeis quanto Berman e Pulcini. Repare como eles conseguem equilibrar os três lados. O verdadeiro Harvey é um personagem fascinante, porém não mais do que a versão de Giamatti. Aliás, as cenas de entrevista do verdadeiro Harvey foram improvisadas, embora Berman e Pulcini tenham colocado no diálogo fictício o que pensavam que o verdadeiro Harvey falaria. Às vezes, eles pensaram certo, às vezes, não. Assim como acontece com Woody Allen, o processo de "escrita" do filme prosseguiu até a edição. Pulcini foi o editor do filme, um modo muito conveniente de manter o roteirista presente ao longo do processo de edição.

FONTES

Existe uma versão publicada do roteiro de filmagem (Carhil Ventures, 2003) aparentemente preparada para envio aos membros do WGAW (Writers Guild of America, West) na época das premiações, e não para venda. A obra apresenta uma introdução feita pelos roteiristas, explicando como adaptaram os quadrinhos. Eles tendem a ver as revistas em quadrinhos como se nos contassem uma longa história épica, e por isso usaram quaisquer incidentes e detalhes que se adaptassem à estrutura que desenvolveram.

Viagem do coração
(*Bon Voyage*, 2003. Adaptação de Jérôme Tonnerre, Jean-Paul Rappeneau, Gilles Marchand e Julien Rappeneau. Enredo de Jean-Paul Rappeneau e Patrick Modiano. 114 minutos)

Ri tanto do início ao fim deste filme que as outras pessoas da plateia ficaram me olhando, imaginando do que eu estava rindo.

O filme é um melodrama sobre um grupo de franceses que fogem de Paris para Bordeaux durante a invasão nazista de 1940. É lindo de ver, muitíssimo bem-interpretado, e por vezes espirituoso. Então por que eu estava rindo?

É óbvio que *nenhum* dos cinco escritores creditados (os créditos oficiais estão relacionados acima; não faço ideia do que os quatro creditados na adaptação fizeram, já que nenhuma outra fonte é mencionada) ouviu falar de Syd Field. Syd Field é um dos professores de roteiro mais bem-sucedidos da era moderna, e seu importantíssimo livro *Manual do roteiro* foi lido por milhões de pessoas. Field dá grande ênfase à estrutura de um roteiro, o que é muito bom (e digo isso com toda a sinceridade), mas muitos seguem essa estrutura de uma forma mecânica. Isto vale tanto para roteiristas quanto para os "executivos de criação" dos estúdios. É por isso que você percebe muito bem quando um roteiro foi escrito e/ou reescrito para se adequar ao modelo de Field, que determina quando os pontos de virada devem ocorrer. Isto dá aos filmes um ritmo muito peculiar, como veremos mais adiante. Então eu estava rindo porque em *Viagem do coração* o ritmo *não é* o de Field. E o filme foi ainda mais agradável por causa disso: as coisas não acontecem quando *deveriam* acontecer... mas simplesmente quando... bem, quando acontecem.

Escrever um roteiro não é um processo mecânico, mas orgânico.

E o próprio Field recentemente descobriu seus erros, como veremos depois.

FONTES

Screenplay, de Syd Field (Delta, 1979). Edição brasileira: *Manual do roteiro.* Rio de Janeiro, Objetiva, 1995.

Simplesmente amor
(*Love Actually*, 2003. Escrito por Richard Curtis. 135 minutos)

Richard Curtis (*Quatro casamentos e um funeral* [1994], *Um lugar chamado Notting Hill* [1999]) é o roteirista mais bem-sucedido em comédias românticas. Embora os críticos ingleses, que por serem ingleses são ambivalentes em relação ao sucesso, costumem rebaixar Curtis ao rotulá-lo de sem profundidade e artificial, ele mereceu o sucesso. Sim, ele faz com que escrever um filme pareça fácil – assim como Fred Astaire fazia sua dança parecer fácil. Tente para ver o que acontece. Você encontrará nas próximas partes deste livro exemplos que deram errado.

Em *Simplesmente amor,* Curtis usou um truque interessante: seguir nove histórias em um só filme. E ele consegue. Pensa que é fácil? Griffith falhou com quatro em *Intolerância* (1916). Curtis estava de férias em Bali, e toda vez que saía para caminhar na praia voltava com uma nova história. Uma coisa que você tem que aprender como roteirista é a ser prolífico com suas ideias; conheço muitos cineastas que fariam o mesmo filme de novo e de novo (e vários que fizeram). Curtis criou muito mais histórias do que usou, e o processo de criação consistiu em eliminá-las até ficar com aquelas de que precisaria para o filme. Preste atenção às que ele escolheu. Por que essas?

Ele também encontrou formas de conectá-las. O filme é ambientado na Londres dos cartões-postais na época do Natal, portanto há sempre enfeites natalinos aparecendo nas cenas. Personagens que achamos que nunca iriam se relacionar acabam surgindo como amigos, ou até parentes. O tema é o amor, mas não apenas o amor romântico, e assim as histórias são diferentes. David, o primeiro-ministro, tem uma história romântica, mas a história de Sarah fala de seu amor pelo irmão deficiente mental. A história do astro do rock Billy Mack é sobre seu relacionamento com o agente. Daniel está aprendendo a ser um pai para o enteado, Sam. A história de Karen e Harry é sobre os problemas no casamento.

Já que Curtis está cobrindo tantas histórias, ele não busca muita profundidade nos personagens, o que é uma das vantagens e desvantagens de um filme com muitas histórias. Com humor e habilidade, o diretor é afiado na composição dos personagens, fazendo com que cada um tenha uma personalidade distinta. Repare nos detalhes específicos que lhes dá. Por exemplo, teria sido fácil fazer do presidente americano uma simples caricatura de Bush, mas Curtis mistura elementos de Bush, Clinton e Lyndon Johnson.

No roteiro, Curtis expõe como as cenas devem se conectar no filme, um trabalho surpreendente de equilíbrio. Observe como e quando os cortes nos levam para a frente e para trás, sobretudo nos vários momentos de clímax. Quase todos os saltos estão no roteiro.

FONTES

A versão publicada do roteiro (St. Martin's Griffin, 2003) inclui uma entrevista com Curtis sobre a escrita do filme, assim como as cenas cortadas, e ele comenta por que as cortou.

Brilho eterno de uma mente sem lembranças
(*Eternal Sunshine of the Spotless Mind*, 2004. História de Charlie Kaufman, Michael Gondry e Pierre Bismuth. Roteiro de Charlie Kaufman. 108 minutos)

Tratar da complexidade estrutural deste roteiro numa tomada rápida? Bom, não vou nem tentar. Fique à vontade para sozinho tentar decifrar o brilho de Kaufman em uma tacada. Mas faça uma tentativa. Você vai aprender muito.

Depois de fazê-lo, e depois de sentar com seus amigos para discutir o quanto a narrativa de Kaufman é nova e inventiva (e é), olhe de novo para os personagens que ele criou. Não vou ser chato e dizer que o filme é apenas uma refilmagem de *Descalços no parque* (1967), de Neil Simon, só porque ambos lidam com o relacionamento entre uma garota peculiar (Jane Fonda antes, e agora Kate Winslet) e um cara sem graça (Robert Redford e Jim Carrey). Mas fique de olho nos detalhes que Kaufman nos mostra sobre os personagens. O que eles fazem? O que eles querem? Como se relacionam uns com os outros? Como se relacionam com as situações em que se encontram? *Descalços no parque* foi, originalmente, escrito como uma peça de teatro, e isso fica claro. Você quase podia ver quando a cortina se fechava no final de cada ato. Kaufman nos dá esses personagens em termos cinematográficos, e são os personagens que nos carregam ao longo da complexa estrutura e nos fazem *sentir*. Kaufman pode ser *cool*, mas também é humano.

Maria cheia de graça
(*Maria Full of Grace*, 2004. Escrito por Joshua Marston. 101 minutos)

Você vai ficar deprimido: Joshua Marston escreveu o primeiro esboço do filme em 48 horas. E é melhor que fique impressionado, porque ele disse depois: "Acho que nem uma única frase chegou ao último esboço." As revisões demoraram três anos.

Marston viajou e reuniu material sobre o tráfico de drogas durante anos, conversando com colombianos que conhecia. Tudo isso entrou no primeiro esboço, e a pesquisa aparece no resultado final. Mas no primeiro esboço havia muita explicação e muitos detalhes da pesquisa. Ele percebeu que precisava desenvolver os personagens. Foi então que viajou para a América do Sul, primeiro para o Equador e depois para a Colômbia. Aprendeu sobre a indústria colombiana de rosas, que deu a Maria um emprego. Conversou com adolescentes grávidas no Equador e presidiários que haviam sido "mulas" da droga. Mais tarde, Marston escreveu: "A pergunta principal por trás de cada revisão era: 'O que Maria está passando? O que é relevante para sua experiência subjetiva?'" De que você *precisa*? Ele disse que "tudo acabou se desenvolvendo como um processo orgânico". O que eu disse sobre a escrita de roteiros como um processo orgânico e não mecânico?

Se você quiser dividir a história em atos, o primeiro ato seria Maria, na Colômbia, decidindo por várias razões muito complicadas tornar-se uma "mula" do tráfico de drogas (note que Marston fez disso uma simples questão de pobreza). O segundo ato é a viagem com outras três mulas, que Marston poderia facilmente ter transformado numa história de suspense, com a qual conseguiria trabalhos em Hollywood durante anos, escrevendo apenas filmes de ação. Mas ele não faz isso, porque sabe que sufocaria o terceiro ato, que é o que acontece com Maria quando chega a Nova York. Preste atenção aos detalhes da viagem e das consequências usados por Marston.

Marston queria que o filme fosse político, mas o problema com os primeiros esboços é que eles eram *obviamente* políticos, com longos discursos. Filmes americanos em geral funcionam melhor ao tratar de questões políticas se o fazem em termos de enredo e personagens, o que *Maria* faz brilhantemente.

FONTES

As citações de Marston são de uma entrevista com José Martinez na *Creative Screenwriting* de julho/agosto de 2004. O material que Marston escreveu e a maioria dos detalhes sobre sua pesquisa estão no artigo "Full of Grace, Politically", em *Scr(i)pt*, julho/agosto de 2004.

Antes do pôr do sol
(*Before Sunset*, 2004. Baseado em personagens criados por Richard Linklater e Kim Krizan. História de Richard Linklater e Kim Krizan. Roteiro de Richard Linklater, Julie Delpy e Ethan Hawke. 80 minutos)

O filme é uma continuação de *Antes do amanhecer*, escrito pelo mesmo grupo em 1995. Naquele filme, um jovem americano chamado Jesse conhece a jovem francesa Celine no trem e a convence a desembarcar com ele para passar um dia em Viena. Eles vivem algumas aventuras, fazem amor e no fim combinam encontrar-se de novo dali a seis meses – sem, infelizmente, trocarem seus números de telefone ou endereços.

A sequência tem início dez anos depois. Jesse está em Paris, numa turnê literária. Ele faz uma palestra em uma pequena livraria e explica que seu romance, sobre o caso entre um jovem americano e uma jovem francesa em Viena, não é autobiográfico. Quando termina a palestra... vê Celine na livraria. Ele tem que pegar o avião de volta para os Estados Unidos em 75 minutos. Estamos com cinco minutos de um filme que tem oitenta. Ao contrário do primeiro filme, temos uma verdadeira atmosfera de suspense.

O encontro em Viena foi importante para ele, mas e para ela? Será que um deles voltou lá para o encontro, seis meses depois? Os dois saem para tomar café. É então que os roteiristas introduzem uma das falas mais importantes do filme. Jesse diz que vai passar um longo tempo sentado no avião, então por que não caminham um pouco? Desta forma, não ficaremos na cafeteria 75 minutos. Preste bastante atenção aos lugares pelos quais eles passam. O que torna este filme melhor do que o anterior é que Jesse e Celine estão dez anos mais velhos e tiveram mais experiências. Preste atenção às cenas que resultam das experiências dos personagens, como a cena no carro. Linklater, Hawke e Delpy vinham pensando na continuação desde que fizeram o primeiro filme, e os três escreveram material um para o outro. A colaboração perfeita: os atores acabam conhecendo seus personagens muito melhor do que os roteiristas. Observe como detalhes de cada personagem são revelados durante o filme. Como descobrimos o que a noite em Viena significou para Celine?

Na cena final, que um crítico chamou de o fim mais sublime para um filme em anos, Celine diz algo para Jesse que já a ouvimos dizer várias vezes durante o filme. Ele responde, com um gesto maravilhoso de Hawke: "Eu sei." Então ela... não faz... ou diz... absolutamente nada. Às vezes, não falar, ou nada fazer, pode ser muito mais dramático.

E vamos nos unir para obrigar Linklater, Hawke e Delpy a escreverem mais um daqui a dez anos.

Livrando a cara
(*Saving Face*, 2004. Roteiro de Alice Wu.
91 minutos)

Assim como Grace em *O poder do amor*, Wil tenta pôr em ordem os elementos de sua vida. Ela é uma jovem cirurgiã, envolvida em um novo relacionamento com uma dançarina, e sua mãe viúva de 48 anos... está grávida... e não quer contar para ninguém quem é o pai. Ah, sim, e além de tudo Wil é uma sino-americana, e lésbica.

A exemplo de Khouri em *O poder do amor*, Wu consegue organizar muito bem as mecânicas de sua comédia romântica. Você nunca vai adivinhar quem é o pai da criança da mãe de Wil porque Wu colocou-o em um papel muito diferente na história. A amante de Wil vai embora para Paris sem a cena obrigatória no aeroporto em que Wil a convenceria a ficar. Mas Wu a traz de volta de forma satisfatória, a partir de um comentário aparentemente sem importância do início do filme. A história da mãe poderia ter tomado conta do filme, já que a personagem é uma das poucas mulheres asiático-americanas de meia-idade com uma personalidade tridimensional na história dos filmes americanos, mas Wu equilibra muito bem as duas personagens.

O filme é também, claramente, sobre a cultura sino-americana, o que podemos ver no uso da dança da sexta-feira ou quando a mãe encontra apenas *O último imperador*, *O clube da felicidade e da sorte* e pornografia na seção de filmes asiáticos da locadora. Se no fim personagens que poderiam não aceitar Wil e sua amante as aceitam (o pai da amante, um médico, diz: "Bom, pelo menos está se casando com uma médica"), Wu ainda nos deixa algumas preocupações, bem semelhantes à cena final de *A primeira noite de um homem*.

Lembre-se: se for roubar, roube dos melhores.

PARTE II

Os não tão bons

8. *Colateral*

Colateral
(*Collateral*, 2004. Roteiro de Stuart Beattie.
133 minutos)

O roteiro de Stuart Beattie para *Colateral* foi inspirado numa viagem de táxi. Ele percebeu que tanto o motorista quanto o passageiro se supõem idôneos e não, digamos, um matador de aluguel. Mas e se o passageiro fosse um matador profissional? O que poderia acontecer? É uma boa ideia para um filme B: taxista tem que negociar com passageiro assassino. Por que só para um filme B? Porque, apesar de todos os esforços de Beattie, há limites para o que ele faz com o personagem de um assassino profissional. (Para uma concepção mais inventiva de um assassino profissional, veja *Matador em conflito* [1997], no qual um matador de aluguel vai a uma reunião do colégio onde estudou, ou *Um matador em apuros* [2007], no qual o personagem busca ajuda nos Alcoólicos Anônimos.) E Beattie esbarra num problema ao desenvolver a ideia, sobretudo na última meia hora do filme. Ao escrever um artigo para a *Creative Screenwriting*, David Goldsmith analisou um dos primeiros rascunhos do roteiro e, ao examinar o filme, vou apontar as diferenças entre o filme e aquele rascunho.

O rascunho de Beattie começa em uma garagem de táxis na cidade de Nova York. O filme abre com Vincent caminhando no meio da multidão no aeroporto de Los Angeles. O roteiro de Beattie se passava originalmente em Nova York, mas o diretor Michael Mann mudou a locação para Los Angeles. Mann conhece melhor Los Angeles e outra vantagem é que ninguém vai pensar que se trata de uma cria de *Taxi Driver* (1976). Muito bem, mas por que começar no aeroporto de Los Angeles? Porque Tom

Cruise (Vincent) é um ASTRO e, se você não o apresenta logo, a plateia vai pensar que entrou na sala errada. Então o filme precisava justificar a aparição dele logo no início. O resto da história é construído de modo a que ele não entre no táxi no aeroporto de Los Angeles. Repare na ação que Beattie e Mann criam. Vincent e o homem com quem ele esbarra trocam de pasta? A cena nunca é explicada, mas prende nossa atenção e nos garante que estamos vendo um filme de Tom Cruise.

Na garagem, Max (em dado momento Beattie pensou em De Niro para o papel, mas reforçaria as conexões com *Taxi Driver*) pega o carro do taxista anterior. Entra no veículo e pendura a foto de uma ilha deserta, que mais tarde será mencionada. No roteiro de Beattie, nós o vemos levar diferentes passageiros com diferentes conversas. No filme, ele apanha apenas um casal, um jovem homem de negócios com uma mulher, antes de apanhar Annie, aos cinco minutos de filme. Repare na cena: o modo como Max reage a Annie, como Annie reage a Max, como o relacionamento se desenvolve. É uma cena muito bem-escrita, dirigida e interpretada. No papel de Annie está Jada Pinkett Smith, e seu desempenho resulta nos melhores oito minutos de atuação que ela já teve. A gente deseja ver Annie de novo. Veremos, mas não realmente.

Max dá a ela a foto da ilha, ela *retorna* ao táxi *após* ter desembarcado (agora o detalhe interessante) e dá a Max seu cartão de visita. Vincent entra no táxi aos treze minutos de filme. No começo, os dois parecem se irritar um com o outro, principalmente depois da cena Max-Annie. Ouça como Beattie usa alguns detalhes da cena com Annie nas primeiras cenas com Vincent. Vincent conta que ouviu uma história sobre um homem que morreu no metrô de Los Angeles e cujo corpo viajou durante seis horas antes de ser descoberto. Uma bela história, porém é uma lenda urbana da cidade de Nova York. O metrô de Los Angeles ainda não estava rodando tempo suficiente para colecionar esses mitos. Antes de pararem, Vincent oferece seiscentos dólares a Max para levá-lo a cinco lugares antes de ir para o aeroporto a tempo de pegar seu avião pela manhã. Max aceita relutante. Vincent entra num prédio residencial. Max come um sanduíche dentro do táxi enquanto olha fotos de automóveis de luxo para a empresa de limusines que pretende ter e, BUUM, com dezenove minutos de filme, um corpo cai sobre o carro de Max.

Choque! Horror! *Dezenove* minutos de filme!!!! Não pode. É cedo demais. O *Manual de roteiro*, de Syd Field, diz que o primeiro ponto de virada não pode *nunca* vir antes da página 25 ou 27 do roteiro, o que, contando-se um minuto por página, significa aos 26 minutos de filme. A queda do corpo é PREMATURA. O que pode ser uma das explicações para ela chocar tanto os espectadores, embora eles talvez nunca tenham ouvido falar de Field. Como mencionei no capítulo anterior, o paradigma de Field é tão popular em Hollywood, e seguido tão religiosamente, que uma plateia pode dizer se o ritmo de um filme foi concebido segundo a cartilha do autor.

Então temos o corpo sobre o táxi. Veja a pressão que isso coloca sobre Max e Vincent. Max está descontrolado. Vincent permanece frio. Vincent ordena que Max o ajude a botar o corpo na mala do carro. Pense em todas as coisas que podiam dar errado.

Fanning, um personagem de aparência soturna que não aparecera antes, chega ao apartamento, e da janela observa a confusão lá embaixo. Telefona para a polícia e, *só então*, sabemos que ele é um detetive.

No táxi, Vincent diz a Max para ficar calmo, o que é um pouco difícil quando eles são parados pela polícia em função do para-brisa quebrado. Os guardas mandam Max abrir a mala. Como é que *você* tiraria nossos rapazes dessa encrenca? Se os guardas os prendessem agora, o filme terminaria aos trinta minutos. Se houvesse um tiroteio, todos os policiais da cidade estariam atrás deles e a estrutura do filme estaria perdida. A solução de Beattie, usada no filme, é que os guardas recebem uma chamada urgente pelo rádio e vão embora antes de abrirem a mala. Você pode ser mais inventivo do que isso.

A segunda vítima: vemos o táxi parar e Vincent prende as mãos de Max ao volante com algemas de plástico. Nós não vemos o segundo assassino, como não vimos o tiro contra a primeira vítima. Beattie e Mann são cuidadosos em não transformar o filme num banho de sangue, o que em troca ajuda a estabelecermos uma relação com os personagens. Também torna mais dramáticas as cenas em que vemos a violência, e – mais importante ainda – deixa Tom Cruise ser encantador por mais alguns minutos. Proteja seu astro.

Dois caras roubam a pasta de Vincent de dentro do táxi. Vincent chega quando eles estão fugindo e mata os dois, rápida e friamente. Se você tinha qualquer dúvida quanto às habilidades profissionais dele, já tem a resposta. O que nos faz temer por Max um pouco mais.

Fanning e seu chefe estão no beco onde ocorreu o primeiro tiro. O chefe avisa que o morto é parte de um caso federal, e que Fanning não deve se meter. Como Vincent diz que estão adiantados, ele e Max param num clube de jazz do qual Vincent ouvira falar. Eles ouvem música e conversam com o proprietário, Daniel. Nós, que fomos embalados pelo comentário anterior de Vincent e pelo senso de ritmo estrutural de Beattie, imaginamos que isso é só uma pausa na ação. Veja quantos detalhes pessoais Beattie dá a Daniel, o que nos ajuda a acreditar até o último minuto que a cena não é a da terceira vítima. Quando é que descobrimos que se trata de um assassinato?

Vincent não quer que Max quebre a rotina, então vão ao hospital visitar a mãe de Max, Ida. Um problema que tenho com muitos filmes policiais é que eles parecem se passar num universo hermeticamente fechado, onde apenas existem tiras e bandidos. O filme *Fogo contra fogo* (1995) foi não só dirigido como também escrito por Michael Mann. A ação se desenvolve em torno do assalto seguido de tiroteio a um banco no centro de Los Angeles que não é noticiado. Não há cobertura de TV, ao contrário do assalto frustrado na vida real que aconteceu dois anos depois na mesma cidade. Mann perdeu a oportunidade de abrir *Fogo contra fogo* naquele ponto. Beattie e Mann não a perdem em *Colateral*. Um homem vai acompanhado de um assassino visitar a mãe no hospital. O que poderá acontecer? Veja como os personagens reagem uns aos outros na cena. Ela deixa entrar algum ar no universo do filme e proporciona belas oportunidades de interpretação a Cruise, Jamie Foxx (Max) e Irma P. Hall (Ida). Estamos com 48 minutos.

Max está tão desapontado que joga a pasta de Vincent na via expressa, onde ela é esmagada pelos carros. Por que Vincent não mata Max imediatamente? Porque Beattie, Mann e os atores estabeleceram, através de cenas e diálogos, que Vincent gosta de Max e até tenta ajudá-lo, uma vez que pensa, acertadamente, que Max está com a vida emperrada e precisa se libertar.

Quando foram ver Ida no hospital, subiram no elevador com Fanning. Fanning vai ao necrotério, à procura da primeira vítima, que ainda está na mala do carro, lembra? Ele encontra quatro outras pessoas mortas no mesmo estilo. Fanning percebe que Clark, a segunda vítima, é o "advogado criminal que se transformou em advogado criminoso", o que o leva finalmente aos agentes federais que se ocupam do caso.

Vincent perdeu seu "dever de casa" (a informação sobre suas vítimas, que estava na pasta), e então manda Max à segunda boate do filme, dizendo-lhe para fingir ser Vincent. Se falhar, Vincent matará Ida, o que é mais um motivo para a cena com ela. Entrar na boate foi tão fácil que nem vemos a cena. Ali há seguranças e possivelmente câmeras de vigilância. Max tem permissão para entrar e é levado a Felix, que está cercado de guarda-costas. A cena, na metade do filme, é crucial, mas ligeiramente prejudicada, acho, no texto. Na metade da cena, um nervoso Max começa a "ser" Vincent. Não o percebemos fazer os ajustes mentais para ser Vincent, que sai de dentro de Max totalmente pronto. Mann e Foxx parecem fazer o melhor que podem, mas, como se diz, se não está no papel, não está no palco. Se considerarmos a possibilidade de que estivesse no papel e que Mann e Foxx fizeram tudo errado, Foxx deve pensar em devolver o certificado de sua indicação ao Oscar, de outro modo merecida, para Melhor Ator Coadjuvante. Outro pequeno problema é que a segurança que Max parece ter nesta cena oscila em cenas posteriores.

Felix finalmente entrega a Max o pen drive com as informações e, caramba, ele funciona no computador de bordo do táxi. Logo veremos mais exemplos desta verdade básica em outros filmes: se neste ponto o filme já envolveu o espectador, ele não se importará com soluções desse tipo. Fanning e os agentes federais anotam o número da licença do táxi, imaginam para onde ele está indo e planejam o ataque.

Levamos algum tempo para chegar lá. Vincent está dizendo a Max que ele deveria procurar Annie (Vincent achou o cartão de Annie) se sobreviver. Beattie e Mann constroem o suspense com uma montagem de sequências de carros e da cidade. Todos chegam à terceira boate. Como os três ataques a trem em *Lawrence da Arábia*, Beattie e Mann fizeram as três cenas de boate diferentes. A primeira era um pequeno clube de jazz. A segunda não estava muito cheia, exceto pelos guarda-costas. A terceira é uma danceteria barulhenta e superlotada. (Não se preocupe em descobrir onde o grande tiroteio acontecerá.) A terceira boate nos dará um material visual mais interessante e irá tornar tudo mais difícil para os atores principais. Todos têm que atravessar a multidão para ir a qualquer lugar. Vincent dá um tiro na vítima e o pânico se instala. Como sempre acontece nos filmes, as pessoas correm em diferentes direções. Fanning leva Max para fora da boate. Vincent atira e mata Fanning (opa! É Mark Ruffalo, mas, num filme com Tom Cruise e Jamie Foxx, quanto tempo vocês pensaram que ele ia durar?) e empurra Max para dentro do táxi. Estamos com 85 minutos de filme.

Max está descontrolado e bate com o carro. Vincent sai do táxi e foge. Quando um guarda chega ao local do acidente, descobre – você se lembra? – o cadáver dentro da mala. Max vê no computador do carro a imagem da última vítima: Annie.

Opa! Estamos aos 95 minutos do filme e algo está começando a dar errado. Annie é a promotora federal do caso de drogas cujas testemunhas Vincent está matando. Mas por que Annie? Tudo bem, em vários países não é incomum matar promotores e juízes. Não significa que isso nunca aconteça nos Estados Unidos, mas só muito raramente. Por quê? Porque o poder judiciário federal é muito grande, implacável e, o mais importante... cheio de advogados bastante ambiciosos. Seria, no mínimo, uma grande tacada para o cargo de governador, e talvez até para a presidência, se você conseguisse pôr as mãos nos chefes do tráfico que mataram um promotor federal, sobretudo uma mulher promotora, e ainda por cima negra. Pense em quantos votos de mulheres e de negros você iria conquistar. Então, se os vilões vão fazer Annie de alvo, você vai precisar estabelecer uma entre duas possibilidades. A primeira é que eles são estúpidos, e não vimos nada que comprove isto. A outra possibilidade é que alguém com quem Annie trabalhe a esteja traindo. Um desses advogados ambiciosos mencionados acima. Não vemos nada disso no filme. Por que não?

Max algema o policial no carro capotado, diz para ele aonde vai e sai correndo. Por que algemá-lo? Porque Jamie Foxx é *um* dos astros do filme, e cabe a ele salvar Annie. Mas ele poderia fazer isso tirando a arma do policial e dizendo para segui-lo na viatura.

Max usa o celular para avisar Annie. Ela não sabia da morte das testemunhas do seu caso. O quê? Será que nenhum dos federais teria o trabalho de ligar para ela? Se ligasse, naturalmente haveria uma barreira protegendo-a, que Vincent não conseguiria transpor com facilidade. Fato que o obrigaria a ser mais inventivo, o que, sabemos, Vincent é capaz de ser. Agora o assassino está no edifício de Annie, do qual ele parece ter as chaves. Onde as conseguiu? Tudo bem, fazia parte de seu "dever de casa" – e elas não deviam estar na pasta que foi atropelada? –, mas quem as conseguiu para ele? Uma escolha óbvia seria o advogado ambicioso que quer Annie fora do caminho, mas, como mencionamos acima, ele não está no filme. Vincent entra no escritório de Annie, mas ela não está.

Annie é uma promotora federal negra (aliás, ela, como Max, era branca no roteiro original de Beattie; Mann foi esperto ao escalar Smith e Foxx). O que faz ela? Esconde-se na biblioteca. Isso aí. Ela se esconde. Agora, o que faria uma mulher de carne e osso, com um currículo como o de Annie, numa situação dessas? Desconfio que pegaria a câmera usada para fotografar provas e dispararia o flash nos olhos de Vincent quando ele entrasse no escritório escuro (roube do melhor; se não quiser roubar de John Michael Hayes, faça-a usar seu spray de pimenta), ou a pistola que tem na bolsa (certamente ela tem porte de arma) para acertá-lo na virilha, e depois perguntar de forma nada cortês quem o mandou ali (Annie é esperta o bastante para saber que foi enganada, ainda que Beattie e Mann não sejam), atira nele mais uma vez, no joelho, ao não ter resposta, pergunta de novo, atira de novo, até que o advogado ambicioso (viu como o personagem seria útil?) consegue dominá-la e, nesse ponto, se você precisar (e provavelmente vai), Max pode salvá-la.

Se este fosse um verdadeiro filme B, você talvez conseguisse resolver bem isso. Mas *Colateral* é um veículo para grandes astros, que são Tom Cruise e Jamie Foxx. O nome de Jada Pinkett Smith aparece em letras *pequenas*. Você quer explicar a Tom Cruise que alguém cujo nome aparece em letras pequenas vai matá-lo? Que esse alguém é uma mulher? Quer explicar a Jamie Foxx que ele não vai ter que resgatar a mulher em perigo? Esse é meu problema na última meia hora do filme: o que vinha sendo um filme cheio de suspense emocionante e original se transforma num filme de TV para o fim de semana estilo *womjeop* (jargão da TV para filmes sobre mulher – *woman* – em perigo – *jeopardy*). *Já vimos* isso, e agora pagamos o ingresso do cinema para ver de novo.

Vincent encontra Annie, mas Max chega e atira em Vincent. O filme termina. Upa! Não, ele continua por mais *nove* minutos. É uma falha muito comum nos filmes de estúdio atuais: não saber quando parar. Há uma tendência ao acúmulo – mais ação, mais perseguição, mais tiros, mais batidas de carro – bem depois de a história ter sido contada. O filme devia acabar nesse ponto: Vincent foi baleado, Max e Annie estão no controle, os policiais estão a caminho. No entanto, Max e Annie correm. Por quê? Tudo o que precisam fazer é atirar em Vincent mais vezes e aguardar a polícia. Mas eles não fazem isso. Eles correm e acabam – e com certeza você previu isso na primeira cena com Vincent – no metrô. E Vincent, que deveria estar morto ou em estado de choque, os persegue. E não só vai atrás deles, como pula entre as plataformas da estação. Vincent começa a procurá-los nos vagões do trem. Por fim, ocorre a troca de tiros com Max, e Vincent senta-se para morrer. Bom, antes ele tem que nos contar de novo a história do corpo no metrô, para o caso de termos esquecido. E então Max e Annie descem do trem. Será que vão deixar o corpo lá? Sim. Eles chamam os tiras? Não. Max e Annie, que aparentavam ser tão inteligentes e encantadores na primeira cena, parecem ter perdido totalmente o juízo na última meia hora do filme. Não traia seus personagens, por mais que você pense que pode rechear o roteiro com tiroteios extras.

FONTES

O artigo de David Goldsmith sobre o primeiro rascunho do roteiro, "*Collateral*: Stuart Beattie's Character-Driven Thriller", foi publicado na *Creative Screenwriting*, julho/agosto, 2004.

Na edição de 2006 de *Manual do roteiro*, Syd Field removeu o paradigma do número de páginas. O som que você está ouvindo são os gritos de pavor dos executivos de Hollywood ao perceberem que vão ter de começar a pensar por conta própria.

9. Trilogia *Jurassic Park*

Parque dos dinossauros
(*Jurassic Park*, 1993. Baseado no romance de Michael Crichton. Roteiro de Michael Crichton e David Koepp. 126 minutos)

O romancista e roteirista Michael Crichton é especialista em escrever histórias nas quais a tecnologia foge do controle. A caracterização não é seu forte, e digo isso com a maior boa vontade. Em *Parque dos dinossauros* o conceito básico é suficiente para segurar o filme; a caracterização melhora nas continuações. O que você pode aprender com os três filmes de *Jurassic Park* é como o tom e o uso da ideia básica podem mudar nas continuações. Em Hollywood, as continuações costumam ser apenas maiores, mais barulhentas e mais idiotas. Porém, os criadores da série são muito espertos para fazer isso.

Estamos na ilha Nublar. Alguém que não conhecemos é morto por algo no local. A cena dá o tom do filme inteiro. Toda a ideia do filme é que vamos ver dinossauros, mas ao não mostrá-los se cria um suspense acerca de como eles se parecem. A cena dura quatro minutos.

Logo depois encontramos o dr. Alan Grant e seus colegas, e podemos perceber pelo linguajar que são cientistas. A ladainha científica não é para nos informar sobre o que estão falando, mas para definir os personagens. Quanta ladainha científica você precisa no seu roteiro? Muito menos do que pensa.

Eles conversam sobre os velociraptors, e vê-se que Grant não gosta de crianças, o que irrita sua namorada, a dra. Ellie Sattler. Ela quer ter filhos, mas ele não. É toda a caracterização que eles vão ter, pessoal. Grant é interpretado por Sam Neill, um ator incrível que parece perdido no papel. Alguns atores, incluindo muitos que estão neste filme, conseguem ter boas atuações a partir de nada, mas Neill não conseguiu dessa vez. Não me surpreendi com o fato de o ator ter recusado participar de *O mundo perdido*, e fiquei interessado quando concordou em participar de *Jurassic Park III*. A conferir.

Um helicóptero leva Grant, Ellie, John Hammond (o construtor do parque), Gennaro (o advogado de Hammond) e o dr. Ian Malcolm para a ilha. Malcolm foi incluído para fazer comédia. Ao contrário de Neill, Jeff Goldblum, que interpreta Malcolm, descobriu não exatamente seu personagem, mas como tornar interessante a leitura de suas falas. A capacidade de ler as falas é uma parte específica da atuação, essencial para atores de cinema e televisão, pois com frequência isso é *tudo* o que lhes é pedido para fazer.

Ao chegarem à ilha, Hammond explica o funcionamento da segurança, o que serve para expor detalhes do cenário e nos abre o apetite. Aos vinte minutos, o grupo finalmente dá uma primeira olhada nos dinossauros em movimento. Os roteiristas escreveram reações para os atores (escrevendo para a atuação dos atores) e Spielberg, que adora atores, dá um close em cada um deles (escrevendo para a atuação do diretor), o que ajuda a nos convencer da realidade dos dinossauros. Grant pergunta a Hammond como ele conseguiu criar os animais, o que nos leva direto a uma elaborada demonstração em vídeo. Observe como os roteiristas dividiram todo o diálogo, a exposição e a discussão em cenas que nos *mostram* coisas acontecendo. Se acha que precisa dar uma aula para sua plateia, faça com que seja animada, ou literalmente, como vemos aqui, ou figurativamente.

Durante o almoço temos uma longa discussão sobre a situação ética do parque, uma típica discussão filosófica de Crichton, e não uma cena de personagem. Chegam os netos de Hammond, um menino, Tim, e uma menina, Lex. Agora temos o equivalente, em 1993, à tripulação de um bombardeiro dos anos 1940. Se você fosse escolher uma tripulação para este filme, qual escolheria? Vamos ver uma seleção bem diferente em *Jurassic Park III*.

O neto, Tim, se liga a Grant, o que naturalmente faz com que o cientista se sinta pouco à vontade. Você consegue perceber o "arco da história" surgindo? Ellie fica contente, mas se ela quer ter filhos com Grant, não deveria ter receio de que a situação o deixasse ainda menos à vontade? O grupo (Grant, Ellie, Malcolm, Gennaro e as crianças) entra nas picapes e o passeio começa. Quando os carros atravessam o portão principal, adivinhe qual personagem diz "O que eles têm aqui, King Kong?". Temos um conjunto de detalhes que começa a funcionar: passeios em picapes, Ellie e o médico dos dinossauros, uma tempestade, portões abertos e falta de luz. Poderia ser mais rápido? Olhe bem para essas cenas e pense no que poderia cortar.

Dentro do carro parado, Tim ouve uma batida, repetidamente, e vê a água no copo tremer. É um detalhe maravilhoso – pequeno, preciso e surpreendente. Algo que as pessoas lembram quando pensam no filme. É verdade que os efeitos especiais são incríveis (ou eram na época, embora sejam bem menos impressionantes hoje), mas às vezes as coisas mais simples são as melhores. Preste atenção aos detalhes criativos que você pode usar. Quando Lex pergunta pela cabra que havia sido deixada para o tiranossauro, uma perna do animal cai sobre o teto do carro. O tiranossauro, se não a estrela pelo menos um dos grandes personagens do filme, chegou, com pouco mais de uma hora de filme. O animal come Gennaro. O fato de ser um advogado não nos preveniu de que ele seria o primeiro a morrer? O tiranossauro empurra a picape das crianças em um penhasco. É a grande cena de ação pela qual aguardávamos havia uma hora, e a mistura de efeitos especiais e ação vale a espera e nos põe em suspense. Se você for escrever um filme com ataques de dinossauro, é melhor ter pelo menos uma cena tão boa assim.

Um dinossauro entra no carro de Nedry e o mata. Foi Nedry quem desligou a energia do parque para roubar os embriões de dinossauro. É necessário perceber duas coisas aqui. O papel de Nedry na história parecia ser muito importante, mas acaba sendo apenas um elemento que inicia a ação. A outra é que sua morte é mostrada com muita discrição, assim como toda a violência no filme. Por motivos comerciais os produtores queriam que o filme tivesse a classificação PG-13*, mas, como sabiam os

* Filmes classificados como "PG-13" têm acesso restrito a menores de 13 anos, que só podem assistir a eles quando acompanhados pelos pais ou responsáveis. (N.T.)

cineastas dos anos de ouro da censura – nas décadas de 1930 a 1950 –, às vezes a violência torna-se mais poderosa quando é apenas sugerida, e não mostrada. Estamos com 74 minutos de filme.

Grant resgata Tim quando o carro começa a despencar de uma árvore. Por que esta não é uma cena muito emocionante de suspense? A cena do trailer caindo em *O mundo perdido* é muito mais bem-elaborada, escrita e dirigida. Grant e as crianças sobem em outra árvore e veem um dos dinossauros herbívoros, que elas tratam como um bichinho de estimação. Até o dinossauro sabe que Grant vai se afeiçoar às crianças.

Preste atenção em como Richard Attenborough, que interpreta Hammond, atua e lê as falas ao descrever o circo de pulgas que teve quando jovem, praticamente a única cena de personagem do filme. No centro de controle, vemos Arnold, um técnico, desfiar uma ladainha científica ao conceber um plano para desligar o sistema. Ao contrário de Jeff Goldblum, que elabora muito a ladainha do texto, Samuel L. Jackson, no papel de Arnold, é o mais direto possível. O sistema tem que ser desligado, mas para que tudo volte a funcionar é preciso desligar os disjuntores em uma casinhola do lado de fora. Claro que se estivessem no porão seria tudo muito simples. Arnold vai fazer seu trabalho. Grant e as crianças vão até a cerca elétrica. Eles percebem que a eletricidade está desligada e começam a subir pela cerca, exatamente quando Ellie, que encontrou apenas o braço de Arnold na casinhola, começa a religar a força. É um momento de suspense, cortando de uma cena para outra, em vez de ser uma simples sequência de ação. Altere o ritmo de suas cenas.

Grant e as crianças voltam ao prédio principal e encontram Ellie, que está sem a blusa rosa que usou durante a maior parte do filme. Onde ela foi parar? Foi a única falha de continuidade imperdoável que percebi. Vá olhar na parte de erros do IMDb. A blusa desaparecida não é sequer mencionada ao lado de *todos os outros* erros. Por que as pessoas não reparam nessas falhas? Porque a história nos envolve e, quando isso acontece, é *possível* as falhas de continuidade não nos incomodarem. Não deixe que sua carreira de roteirista dependa disso, mas, se você prender a atenção da plateia com a história e os personagens, não vamos ligar para pequenos detalhes.

Dois velociraptors vão atrás das crianças, que se escondem na cozinha e conseguem enganá-los. Depois das grandes cenas externas, é uma boa mudança de ritmo: uma cena interna, com dinossauros menores, as crianças sozinhas. Como as crianças derrotam os velociraptors? Se os humanos conseguissem fazer o sistema funcionar... mas o falecido Arnold já havia nos dito que é impossível ultrapassar as armadilhas de Nedry. Mas então Lex senta-se na frente de um computador, descobre tudo em um minuto e consegue fechar as portas. Sim, havíamos demonstrado em uma frase, no início do filme, que ela era uma viciada em computadores, mas isso não é puxar demais o saco da plateia adolescente?

Os sobreviventes entram no helicóptero de resgate e vão embora. Com duas horas de filme os créditos começam a rolar.

Embora Spielberg adore os atores, ao longo da carreira ele se mostrou menos interessado em personagens, e quando o material "personagem" não está no roteiro, como neste caso, o filme perde força. Mas, por outro lado, Spielberg e sua equipe empenharam-se nas "atuações" essenciais para este filme: os dinossauros. Como roteirista ou diretor, você tem que perceber qual é a essência do seu material. A essência de *Parque dos dinossauros* são os dinossauros. Determine-a bem e o filme dá certo. É por isso que deu certo e rendeu um bom dinheiro. Mas as exigências dos dois outros filmes foram um pouco diferentes.

O mundo perdido
(*The Lost World: Jurassic Park*, 1997. Baseado no romance *Mundo perdido*, de Michael Crichton. Roteiro de David Koepp. 129 minutos)

Uma legenda nos diz que estamos vendo a ilha Sorna, que fica a 139 quilômetros da ilha Nublar. Nem 138 nem 140. Se você vai contar uma história, tente ser o mais exato possível e as pessoas acreditarão nela (assim como nos créditos de abertura de *Psicose* [1960]). Sabemos que essa ilha é segura, porque o parque de dinossauros era na ilha Nublar no primeiro filme, certo? Errado. A primeira cena é sob plena luz do sol, e, embora seja claramente sugestiva (por enquanto, achamos que a garotinha está morta), não possui o suspense e o horror da abertura do primeiro filme. E por quê? Porque a plateia já sabe a que tipo de filme vai assistir, e basta um pequeno lembrete, não um grande. Estamos com quatro minutos e meio de filme.

O papel de Ian Malcolm mudou. Ele não é mais o comediante espertinho, mas tornou-se o herói do filme, e está muito mais caracterizado. Malcolm encontra-se com um personagem novo, Peter Ludlow, sobrinho de Hammond. Ludlow administra a empresa de Hammond e podemos presumir, pela sua atitude, que ele não é um dos mocinhos. Malcolm e Hammond têm que lidar com o problema de todas as continuações: a explicação do que aconteceu desde o primeiro filme e a preparação para o que vai acontecer no novo. Preste atenção ao que é descrito em seu diálogo de dez minutos, e particularmente repare como Koepp apresenta a paleontóloga, a personalidade dela e seu relacionamento com Malcolm. A personagem é delineada mais nitidamente nesta única cena do que a de Ellie em todo o primeiro filme. Koepp consegue lidar com vários elementos diferentes nesta cena (Hammond chega a mencionar que a garota da abertura vai se recuperar) e Attenborough e Goldblum são muito bons na leitura de suas falas. Mas se você pensa em incluir uma cena tão longa quanto esta em sua continuação, é melhor que seja para um filme tão adorado quanto *Parque dos dinossauros*.

No galpão encontramos os outros membros da expedição. Van Owen, por exemplo, se mostra rapidamente como o equivalente ao Malcolm do primeiro filme: o espertinho engraçado. Repare como precisa de poucas falas para isso ficar claro. Kelly, filha de Malcolm, toma o lugar de Tim e Lex, mas ela não é uma personagem interessante, e sua contribuição para a ação do filme é bastante limitada (e, como é mencionado que ela faz ginástica, é possível adivinhar o que virá depois). Ela é negra, mas quase não se fala disso. Suponho que seja uma vitória contra o racismo que lhe permitam ser um dos personagens mais delicados do filme, mas Koepp poderia tê-la usado melhor.

Chegamos à ilha com dezenove minutos de filme. Malcolm, Clark (o técnico) e Van Owen começam a procurar pela dra. Sarah Harding, a paleontóloga. Eles veem os dinossauros mais ou menos no mesmo ponto que vimos no primeiro filme, e encontram a mochila de Sarah, toda estropiada no chão. Van Owen pula em um tronco para tirar fotos dos dinossauros, e encontramos Sarah, que está fazendo o mesmo. Vemos reações de todos os dinossauros, o que leva à boa fala de Malcolm: ""Oh! Ah! Sempre começa assim, mas depois é só correria e gritos."

Sarah fica surpresa de ver Malcolm (e por que ela não respondeu quando chamaram seu nome? Ela não estava tão longe assim). Como no primeiro filme, sua personagem é caracterizada pela ladainha científica. O grupo pensou que a mochila fosse um indício de que havia sido atacada, mas ela diz que é sua mochila da sorte, e que é furada mesmo. Se Malcolm e Sarah se conhecem há tantos anos, ele não deveria saber disso? Os desentendimentos entre Sarah e Malcolm são muito mais detalhados e variados dos que os desentendimentos entre Grant e Ellie. Também veremos Sarah fazer mais coisas do que Ellie no primeiro filme. É quase no final do filme que Sarah grita. Uma vitória para o feminismo.

Aos 33 minutos o barco de Ludlow atraca na ilha carregando grandes caixas de equipamento. Roland Tembo, o Grande Caçador Branco do filme (um pouco mais animado que Muldoon no primeiro filme) é apresentado de forma muito melhor do que a das cenas cortadas (incluída no DVD). Aqui nós o conhecemos no meio da ação.

Os jipes e as motocicletas de Ludlow perseguem os dinossauros, que nos surpreenderam no primeiro filme pois nunca tínhamos visto nada parecido. Deduzimos que vamos ver a mesma coisa na cena, e encaramos como natural o que era revolucionário quatro anos antes. Um problema das continuações é a necessidade de ir além dos filmes anteriores, e isto vale para o roteiro e para os efeitos especiais.

Nossos heróis observam a caçada com desânimo, o que inclui Van Owen. Por ser um câmera viciado em adrenalina, ele não deveria ter ido com os caçadores? Tembo encontra a trilha de um tiranossauro (sabemos como elas são devido ao filme anterior; você se aproveita do que a plateia sabe, ou acha que sabe, em uma continuação) e começa a caçá-lo. Dieter Stark, interpretado por Peter Stormare em seu modo Gaear Grimsrud, encontra um pequeno dinossauro e o mata, uma forma brutal e eficiente de mostrar-se como vilão. Não tenho certeza se com Stormare no papel você precisa mostrá-lo como um vilão, já que o ator faz todo o trabalho por você. Agora, se Stormare estivesse interpretando um *mocinho*, aí sim você teria que demonstrar sua bondade. É o tipo de "polimento" da escrita que é feito quando o filme entra em produção: ajustar o roteiro considerando os atores contratados.

Malcolm diz que os vilões vão levar os dinossauros para San Diego. Como ele sabe disso? Van Owen comenta que Hammond lhe contou que Ludlow talvez apareça e que enviou um plano de emergência: "Eu". Desde quando ele se tornou um herói de ação? O acampamento dos vilões é atacado por dinossauros, que Van Owen deixou escapar das jaulas. Será este o plano de emergência? Abrir as jaulas?

Van Owen e Sarah levam o filhote tiranossauro que resgataram para o trailer, onde Sarah coloca uma tala na perna fraturada do animal. E isso leva ao que Koepp, Spielberg e Michael Kahn (o editor do filme) transformam em uma das maiores sequências de ação e suspense já filmadas. Preste atenção ao modo como utilizam os dois trailers, o penhasco, a corda, o guincho, o vidro se quebrando, a mochila (você achou que ela só servia para caracterizar Sarah, não achou?), o carro com o guincho, o reboque, Clark, a chuva e a lama. E observe *quando* Koepp põe cada um desses elementos em cena. É uma das sequências de ação mais bem-estruturadas que já vi, ao contrário da maioria, que se limita a perseguições, lutas etc. Compare com a simplicidade tão batida da cena da "picape caindo da árvore" no primeiro filme. É uma das vantagens de produzir uma continuação: a chance de melhorar, ou mesmo de acertar, o que foi feito no primeiro filme. Suspeito ser essa a razão para Spielberg ter produzido este filme. Sua direção em *Parque dos dinossauros* foi um dos piores trabalhos que ele fez. Mas aqui Spielberg melhora a direção e corrige seus erros do primeiro filme. Este roteiro tem mais caracterização de personagens do que o primeiro, e Spielberg deu aos atores uma consistência maior do que tinham naquele.

A sequência do trailer começa um pouco antes da marca de uma hora e vai até um pouco depois. Ao seu término os trailers estão no fundo do penhasco, Clark está morto e os mocinhos finalmente se encontram com os vilões. Ludlow diz que o único problema para chegar ao centro de comunicações e pedir ajuda são os velociraptors, e recebemos uma explicação desnecessária do que são velociraptors. É sempre uma pergunta para quem escreve uma continuação: quanto você deve explicar e quanto deve deixar por conta da lembrança que a plateia tem do filme anterior? Talvez minha memória esteja falhando, ou talvez, ao contrário dos cinéfilos mais jovens, eu assista à maioria dos filmes só uma vez, mas tenho achado difícil assistir a continuações. Os cineastas deduzem que a plateia viu o original muitas vezes, como a maioria dos fãs ardorosos faz. Mas e o resto da plateia?

Dieter caminha para dentro da floresta para urinar e é perseguido por dinossauros. É uma daquelas sequências de ação às quais me referi dois parágrafos acima, com uma estrutura muito simples. De fato, Dieter parece escapar algumas vezes, porém o que mais poderia ser feito com esta sequência? E você gostaria de fazê-lo a essa altura do filme? Tembo percebe que Dieter desapareceu, vai atrás dele e volta dizendo que só encontrou alguns restos, "partes de que eles não gostam". Uma fala que é mais assustadora do que o que foi visto.

À noite, no acampamento, vemos uma grande poça de água vibrando, o que não é tão criativo quanto o copo de água no primeiro filme. Mais "correria e gritos". Sarah e Kelly conseguem escapar, embora pareça, por um minuto, que o tiranossauro as devorou. Mas Sarah é uma das estrelas e Spielberg não costuma matar crianças em seus filmes, sobretudo em um filme com classificação PG-13.

Enquanto o tiranossauro persegue as pessoas, nós as vemos pelas costas quando se voltam para ver o animal. Guarde isso como uma referência futura. Também vemos um detalhe bastante criativo quando o tiranossauro pisa em um homem. Ao levantar a pata, percebemos o homem grudado como um pedaço de chiclete. Depois de alguns passos do animal, o homem cai em uma poça. Típico de uma continuação: variações sobre o mesmo tema. A segunda metade do filme é cheia delas, como se, tendo dado conta da grande sequência do trailer, todos tivessem decidido relaxar e se divertir. Depois vamos ver os problemas dessa abordagem. Estamos com 84 minutos de filme.

Sarah, Malcolm e Kelly chegam ao centro de operações, onde são atacados por velociraptors. A cena não tem tanto suspense quanto a cena das "crianças na cozinha" do primeiro filme, já que é mais difusa: as criaturas atacam pessoas diferentes em lugares diferentes. Kelly demonstra sua habilidade na ginástica, mas o resultado não valeu o esforço em prepará-lo no início do filme. Você tem que equilibrar as preparações e os resultados.

Aos 98 minutos os helicópteros de resgate chegam. Tembo se recusa a voltar para San Diego com Ludlow e seu tiranossauro: Tembo diz a Ludlow que já viu morte demais. É uma das saídas mais estranhas que já vi em um filme. Suponho que seja porque não chegamos a conhecê-lo bem, e não consigamos compreender por que está tão abalado. Desconfio que os roteiristas tinham uma visão mais complexa do personagem, a julgar por algumas falas dispersas, mas talvez ele seja complexo demais para caber neste filme. Do helicóptero, Malcolm, Kelly, Sarah e Van Owen observam o tiranossauro enjaulado. Vemos o helicóptero no meio da noite. Começamos a nos levantar, porque o filme obviamente terminou, com o tiranossauro guardado para a próxima continuação.

O filme continua por mais *vinte minutos*. Estamos em San Diego, a maioria dos personagens desapareceu e o navio bate contra o píer. O tiranossauro atravessa um letreiro de "Bem-Vindo aos Estados Unidos da América" no posto da alfândega. Será que o projetista se confundiu e pegou os rolos de uma comédia? O tiranossauro está destruindo as ruas. Vemos, de costas, quatro executivos japoneses correndo, olhando para trás e gritando.

Você conhece o termo "pular o tubarão"? Ele se refere a um episódio da série de TV *Happy Days* (1974-84) no qual Fonzie pula sobre um tubarão com sua motocicleta. Segundo o site www.jumptheshark.com, "pular o tubarão" indica "o momento decisivo, no qual você percebe que seu programa preferido de TV chegou ao ápice. O instante em que, dali para frente... só pode piorar." A tomada dos "executivos japoneses", aos 113 minutos de *O mundo perdido*, é o "pulo do tubarão" nos filmes da trilogia *Jurassic Park*: o momento em que eles deixam de ser totalmente sérios.

Por quê? Porque a tomada parece ter saído de um filme de *Godzilla* (e não estou falando do remake americano horrível de 1998). Os filmes da série *Godzilla*, mesmo tocando em questões sociais, eram muito irreverentes desde o início, ao contrário de *Parque dos dinossauros*, que não é irreverente até este momento. Logo veremos as consequências disso para o terceiro filme da série, embora, considerando os resultados, eu não tenha certeza se "piorar" seja o termo correto.

O tiranossauro é capturado, colocado de volta no navio e devolvido à sua ilha (mesmo depois de comer Ludlow), e terminamos o filme com todos os dinossauros na ilha.

Tudo bem, o filme "pula o tubarão", mas ainda o acho melhor do que o primeiro. A trama é mais forte e as cenas mais criativas. O texto, a direção e a atuação dos personagens são mais consistentes do que no primeiro filme. E a sequência do trailer fecha o negócio.

Mas, se eles já "pularam o tubarão", o que podem fazer no terceiro filme?

Jurassic Park III
(*Jurassic Park III*, 2001. Baseado nos personagens criados por Michael Crichton. Roteiro de Peter Buchman, Alexander Payne e Jim Taylor. 92 minutos)

Leia os créditos por um momento. Não fala em um romance de Crichton desta vez, mas apenas em seus "personagens", e, como veremos, isto não é inteiramente verdade. David Koepp também não está mais no filme, substituído por três roteiristas. Se você acompanha filmes independentes de baixo orçamento vai reconhecer os nomes de Alexander Payne e Jim Taylor. Eles escreveram, e Payne dirigiu, *Ruth em questão* (1996), *Eleição* (1999) e, depois de *Jurassic Park III*, vieram *As confissões de Schmidt* (2002) e *Sideways: Entre umas e outras* (2004). Como você pode estar suspeitando, o tom de *Jurassic Park III* vai ser mais próximo dos vinte minutos finais de *O mundo perdido* do que de qualquer parte dos filmes anteriores. E Spielberg é apenas o produtor-executivo, não o diretor. O diretor é Joe Johnston, cujo currículo na direção apresenta comédias como *Querida, encolhi as crianças* (1989) e *Jumanji* (1995). E repare na duração: *Jurassic Park III* é meia hora mais curto do que os dois primeiros. Podemos esperar então um filme mais rápido e engraçado do que os anteriores, que é talvez o único caminho a seguir depois do final de *O mundo perdido*. Este é um filme menos pretensioso e, na minha opinião, mais divertido que os outros dois.

Começamos com uma típica abertura dos filmes da trilogia: duas pessoas que voavam em um paraquedas rebocado por uma lancha na ilha Sorna caem atrás de um morro. Adivinhe quantos minutos se passaram? Confira os primeiros dois filmes.

O dr. Alan Grant está de volta. Está claro que ele superou o medo de crianças, casou-se com Ellie e se estabilizou, pois está conversando com uma criança. Também parece mais descontraído. Grant falava uma ou duas piadas no primeiro filme, mas neste ele parece quase cômico. Não tenho ideia de como foi o processo colaborativo do filme, mas não me surpreenderia se Sam Neill tivesse conversado com os roteiristas e produtores e explicado que finalmente descobriu como interpretar Grant. Mas vemos que agora Ellie está casada com Mark, funcionário do Departamento de Estado americano, a quem Grant se refere como "um grande sujeito". Não é que eles estão agindo de uma forma bastante civilizada? Grant diz que está trabalhando com velociraptors, descobriu que eles se comunicam, e Ellie observa que isto comprova as teorias deles dois. Uma linda cena: duas pessoas que tiveram um romance continuam amigos e ainda têm interesses em comum. Mas esse é o fim da participação de Laura Dern. Quando Grant vai embora, ela lhe diz para telefonar sempre que precisar de ajuda. A essa altura você, claro, reconhece uma fala de preparação para uma cena futura.

Grant dá uma palestra sobre sua pesquisa para um grande número de pessoas. Observe como os roteiristas abordam tudo o que aconteceu desde o último filme e preparam a trama de *Jurassic Park III*. Um trabalho melhor do que o de Koepp em *O mundo perdido*. Uma pessoa da plateia pergunta a Grant se ele gostaria de ir à ilha Sorna. Ele sorri e responde que "nenhuma força, no céu ou no inferno, pode me levar àquela ilha".

Grant está falando sério, mas Neill sabe que uma fala dessas em um filme é a garantia de que ele vai, sobretudo aos dez minutos de filme.

Depois vemos Nash, Cooper e o sr. Udesky atirando e conversando sobre munição. Tudo muito viril, embora o sr. Udesky seja interpretado por Michael Jeter, que é muito menos viril que os outros dois. Quem são esses homens?

Na escavação de Grant em Montana encontramos Brennan, seu novo assistente, que lhe mostra um computador que tira as medidas de ossos de dinossauro e esculpe uma cópia, no caso uma "câmara de ressonância" de velociraptors, que quando soprada reproduz o som das criaturas. O terceiro filme apresenta bem menos ladainha científica. Sendo este o terceiro filme da série, sabemos tudo o que precisamos saber, e estamos prontos para a ação.

Os dois são interrompidos por Paul Kirby, nitidamente mais um empresário/homem de negócios com intenções perigosas dos romances de Crichton. Repare nos detalhes que definem o personagem. Ele diz que quer sobrevoar a ilha Sorna com a mulher no aniversário de casamento para observar os dinossauros. Kirby é interpretado por Willian H. Macy, o Jerry Lundegaard de *Fargo*, o que poderia nos deixar um pouco desconfiados. Porém, Macy acerta na mosca ao mostrar o caráter um tanto excêntrico que ricos e poderosos não raro apresentam.

Estamos no avião, e Grant levou Brennan como companhia para não ficar sozinho com os Kirby. Brennan está com sua mochila da sorte, cuja alça havia salvado sua vida uma vez. (Será que ele é irmão de Sarah Harding?) Cooper, que está muito mais bem-vestido do que da última vez que o vimos, viaja no fundo do avião. Brennan lhe pergunta de onde conhece os Kirby, e ele responde "da igreja". A fala é muito mais de Payne e Taylor do que de Crichton. Eles sobrevoam a ilha e Grant aponta para os bandos de dinossauros, na mesma marca de tempo em que vimos os animais nos primeiros dois filmes. Cooper nocauteia Grant.

Ao acordar, Grant descobre que o avião pousou em uma pista na ilha. Amanda está com um grande megafone, chamando por "Ben". Grant diz para Kirby que é uma má ideia fazer tanto barulho. Kirby diz isso para

Amanda, que pergunta, através do megafone, "O quê?". Sabemos que os ricos podem ser loucos, mas mesmo assim... e é quando ouvimos o som das passadas, que reconhecemos dos outros filmes. Udesky e Nash correm para o avião e dão a partida. O avião cai na selva. Em uma árvore. A queda do avião é uma boa sequência de ação, e tem a mesma qualidade daquela de *Náufrago* (2000). É melhor do que a cena da picape na árvore do primeiro filme, mas pior do que a do trailer no segundo. Johnston faz uma bela tomada de Kirby correndo, vendo um dinossauro e dando meia-volta. A comédia não está apenas nas falas, mas também nas piadas visuais, como nos vinte minutos finais de *O mundo perdido*. Todos neste filme estão fazendo o mesmo filme.

Os sobreviventes (Nash e Cooper estão mortos) começam a descobrir o que está acontecendo. Kirby explica que o filho, Erik, estava passeando de paraquedas com "um amigo", chamado Ben, que aparentemente é o namorado de Amanda, já que Kirby e Amanda estão divorciados há anos. Eles não tiveram ajuda do governo da Costa Rica ou da embaixada americana. Grant pergunta por que o queriam na busca, e Kirby explica que é porque ele já esteve na ilha. Brennan e Grant dizem que ele nunca esteve *nesta* ilha, mas na ilha Nublar. Ben e Erik estão desaparecidos há oito semanas, e Grant não acredita que ainda estejam vivos. Eles seguem em direção à costa. Estamos com meia hora de filme.

Kirby e Amanda trocam de roupa sem olharem um para o outro, elogiando um ao outro, o que é, novamente, uma bela cena de casal. Brennan e Grant observam Kirby, que se vangloria de suas muitas aventuras, com dificuldade para colocar a mochila nas costas, e o confrontam. Kirby admite que seu negócio é apenas uma loja de tintas e azulejos em um shopping. E que Udesky não é um mercenário de verdade, mas um agente de viagens. O que os roteiristas, e Johnston, estão fazendo é adicionar um novo colorido aos filmes da trilogia. Os produtores não podem retornar ao modelo de ficção científica e horror. Muito disto ainda ficou para satisfazer os fãs dos filmes anteriores, mas os produtores estão trabalhando com a mudança de tom do final do segundo filme e desenvolvendo-a. Nos primeiros dois filmes, baseados nos romances de Crichton, todos são exatamente aquilo que foi estabelecido quando os encontramos pela primeira vez, ou, no caso de Sarah Harding, quando ouvimos falar deles. Os produtores perceberam, neste filme, que podem alterar os personagens e o tom, desde que providenciem os sustos que a plateia quer. Eles equilibram esses elementos muito bem. A pergunta é: será que poderiam ser brincalhões assim no primeiro filme? Acho que sim, já que um pouco de variedade nos personagens e no tom sempre pode animar um filme de gênero, como vimos em *Fargo* e *Ligadas pelo desejo*.

Kirby encontra a câmera do filho, e descobrimos que pelo menos Erik sobreviveu à queda. Eles acham o paraquedas, ainda amarrado ao corpo de Ben, que está apodrecendo. Os sobreviventes escapam de uma corrida dos dinossauros, uma versão mais complexa em termos de técnica, porém menos interessante do que a do primeiro filme.

Grant está cercado pelos dinossauros. Quem o resgata é... Erik. Passamos um pouco da metade do filme. Erik leu ambos os livros de Grant e acha o livro de Ian Malcolm muito "caótico" e cheio de "sermões". Ele acha que Malcolm escreve como se estivesse bêbado, e Grant responde: "Já são duas coisas que temos em comum." Assim como algumas das piadas em *O mundo perdido*, temos algumas ironias sobre os filmes para a curtição dos fãs incondicionais. A plateia com a qual vi o filme gostou da maioria delas.

Os sobreviventes chegam até outra construção deserta, onde Brennan pede para lhe devolverem sua mochila da sorte. Quando olha dentro dela, Grant descobre... ovos de dinossauro. Brennan pegou-os para financiar sua pesquisa, e Grant, embora desaprove a atitude, decide ficar com os ovos, já que podem ser úteis para saírem da ilha. Para chegar ao barco que pode levá-los para a costa eles precisam atravessar uma ponte, que Grant percebe ser parte de uma gaiola de pássaros gigantesca. Uma gaiola para dinossauros voadores, que os atacam. Os rapazes conseguem escapar, com exceção de Brennan. A sequência da ponte é uma das melhores cenas de ação do filme. Por quê? Porque é diferente das outras. Não é ambientada num prédio ou na selva, como vimos bastante nos filmes da série. É no meio da neblina.

Logo de manhã eles passam por dinossauros pastando, numa cena reminiscente da primeira visão dos dinossauros no primeiro filme. Durante a noite saem do barco e encontram uma pilha de esterco de tiranossauro. Eles enfiam as mãos nela para tentar encontrar o telefone de Kirby, que, como havia sido mostrado anteriormente, estava no estômago de um dos tiranossauros. Um tiranossauro passa por eles e os observa, como quem diz "o que esses animais malucos estão fazendo, remexendo no meu cocô?", e vai embora. Dê a seus monstros boas reações. Eles encontram o telefone, mas, quando voltam para o rio, percebem que só têm bateria para uma ligação. Para quem vão ligar? Você se lembra do arranjo, certo? E com isso Laura Dern tem que trabalhar um segundo dia. Grant liga, mas quem atende é Charlie, o filho de três anos de Ellie. Grant pede a ele que chame a mãe. Charlie sai e vê a mãe do lado de fora, mas acaba se distraindo com o desenho do dinossauro Barney na TV. Engraçadinho, mas é também um momento de suspense, porque um tiranossauro ataca o barco. Quando Ellie finalmente entra em casa e pega o telefone, ouve os barulhos de dinossauro e percebe imediatamente o que está acontecendo. No rio, os sobreviventes escapam do animal. Estamos com oitenta minutos de filme.

Chegando à praia, eles se veem cercados por velociraptors. Grant faz com que todos se ajoelhem e tira os ovos da mochila de Brennan. Ele os coloca no chão e pega a cópia da câmara de ressonância de Brennan. Você imaginou que aquilo tinha um objetivo? Por que não? Ele sopra e dois velociraptors pegam um ovo cada um e vão embora. A música tem uma magia que doma a fera selvagem? Talvez, mas já é um pouco de exagero, mesmo com o tom mais leve deste filme.

O Exército e a Marinha chegam em grande número. Ou você esqueceu que o marido de Ellie era do Departamento de Estado? Eles, incluindo Brennan, que sobreviveu, partem de helicóptero, e, enquanto se distanciam da ilha, Grant e os outros percebem vários dinossauros voadores ao redor do aparelho. Grant imagina que estejam procurando um novo lugar para fazer os ninhos. Ele sorri – como se isso fosse uma coisa *boa?* Talvez ele saiba qual vai ser o próximo filme da série. Embora tenha custado mais e rendido menos que os outros dois episódios, *Jurassic Park III* rendeu o suficiente para que mais um filme seja produzido. Enquanto escrevo este livro (meados de 2007), os planos estão em andamento para o quarto. O que vão fazer dessa vez?

10. Aspirantes a *Lawrence da Arábia*

Lawrence da Arábia não foi apenas um grande filme e um enorme sucesso, foi também um filme que exerceu muita influência. Vários épicos históricos desde então foram inspirados por ele, direta ou indiretamente. Aqui estão alguns filmes recentes, e o que eles aprenderam, ou deixaram de aprender, com *Lawrence*. Eles são apresentados pela ordem de lançamento.

Troia
(*Troy*, 2004. **Inspirado na** ***Ilíada*** **de Homero.**
Roteiro de David Benioff, 163 minutos)

Repare nos créditos dizendo que o roteiro foi "inspirado" e não "adaptado". David Benioff se espantava por não terem feito uma versão para o cinema da história da Guerra de Troia desde a década de 1950. Benioff contou a David Goldsmith, que, num rápido encontro com Jeff Robinov, diretor de produção da Warner Brothers, lhe propôs "uma adaptação cruel" e Robinov respondeu simplesmente: "Você está pronto para começar a escrever?" O filme entrou em produção dezoito meses depois.

Benioff compreendeu que a adaptação teria que ser cruel, porque não são poucas as situações dramáticas na *Ilíada*. A obra começa no décimo ano da Guerra de Troia e termina antes da queda da cidade. Trata principalmente de como o grande guerreiro Aquiles recusa-se a sair de sua tenda e lutar, porque Agamenon, o líder do exército grego, lhe tomou Briseida, prisioneira troiana que Aquiles havia sequestrado. Aquiles passa a maior parte do tempo da *Ilíada* amuado em sua tenda, como um astro de 25 milhões de dólares que se enclausura em seu trailer porque não consegue suas regalias. Aquiles podia muito bem ser um herói do nosso tempo, mas só quase no final torna-se um herói ativo.

A *Ilíada* não nos apresenta um histórico dos acontecimentos que levaram à guerra, nem mostra o esquema dos gregos para se infiltrar em Troia com um enorme cavalo de madeira. O cavalo de Troia não aparece em nenhum dos dois poemas épicos de Homero, *Ilíada* e *Odisseia*, e sim na *Eneida*, escrita bem mais tarde pelo poeta romano Virgílio, que conta a história dos sobreviventes troianos do conflito. O problema para Benioff, como sabe qualquer pessoa que pretenda contar a história da Guerra de Troia, é que as plateias de hoje, se sabem alguma coisa sobre o conflito, conhecem apenas o cavalo. Parar a história como Homero faz, sem o cavalo, faria o público lançar os sapatos na tela. Li algumas resenhas e comentários no site IMDb reclamando que Benioff não seguiu "os fatos" da história. Mas *não existem* fatos na história. As lendas sobre a guerra troiana são versões altamente mitológicas do que era, mesmo na época em que Homero escreveu sua obra, um acontecimento histórico muito remoto. E então há muitas e muitas versões das histórias, o que significa que a crueldade de Benioff ainda se mantinha na tradição das narrativas sobre o conflito.

Outra modificação que foi complicada para Benioff resolver é que na *Ilíada* deuses e deusas desempenham um papel muito ativo, como salvar Páris em seu duelo com Menelau. Benioff decidiu que, embora os personagens frequentemente falem dos deuses, nós não devemos vê-los. Sem dúvida ele estava pensando num filme de 1981, *Fúria de titãs*, que ficava o tempo todo cortando para atores como Laurence Olivier e Ursula Andress pairando em nuvens e representando os deuses. Isto pareceu tolo para as plateias em 1981 e iria parecer tolo às plateias de 2004. Uma vez que os deuses gregos não fazem parte das vidas das plateias de hoje, Benioff trabalhou duro para tirá-los da história. Leia pelo menos uma versão da *Ilíada* antes de ver o filme e você poderá avaliar o trabalho feito por Benioff.

Benioff declarou que sua inspiração mais direta para escrever o roteiro foi *Spartacus* (1960), mais do que *Lawrence da Arábia*. Ele se viu diante dos mesmos problemas que Dalton Trumbo teve em *Spartacus* e Wilson e Bolt tiveram em *Lawrence*: como tornar viva a cultura do passado para o público de hoje? De certa forma, para Benioff foi pior, porque os espectadores atuais, mesmo os não versados em história, provavelmente sabem mais, ou pensam que sabem, sobre a Guerra de Troia do que os espectadores do começo da década de 1960 pensavam que sabiam sobre *Spartacus* e *Lawrence*.

O filme começa com as legendas nos contando que aquilo se passou há 3.200 anos e explicando a situação política na Grécia. Não fica claro quem é o narrador, mas quando ele retorna no final do filme parece ser Ulisses. Por que você acha que Benioff fez dessa forma?

Aos dois minutos de filme, dois exércitos se enfrentam numa planície; este não é um filme modesto. Os gregos são liderados por Agamenon e os tessalonicenses por Triopas. Agamenon sugere que a batalha seja decidida "à moda antiga": nosso melhor lutador contra o de vocês. Triopas concorda e convoca seu guerreiro, que se comporta como um lutador de luta livre dos dias de hoje, o que é uma maneira de conectá-lo ao público contemporâneo. Agamenon chama Aquiles. Ele não está, e isto é um mau presságio para o que virá depois. Um criado é enviado à sua tenda, onde encontra Aquiles nu com duas mulheres. Aquiles veste a armadura, sai e mata o guerreiro tessalonicense com um só golpe.

Uma observação que Benioff recebeu do estúdio foi que Aquiles estava muito arrogante. Benioff disse ao roteirista David S. Cohen: "Ele não é simpático. Você não vai ter uma cena afável para mostrar que Aquiles não é tão mau assim. Eu tinha de resistir." Aquiles é o melhor guerreiro e o mais feroz, e tem consciência disso. O problema com o filme começa com a escolha de Brad Pitt para o papel de Aquiles. A ferocidade não faz parte do repertório do ator, especialmente quando vai se defrontar com atores como Brian Cox (Agamenon) e Brendan Gleeson (Menelau), que podem se mostrar violentos com uma das mãos amarrada às costas. (Para um Aquiles feroz, veja Stanley Baker em *Helena de Troia*, de 1956. É uma das poucas coisas que deram certo naquele filme.) Parece que existem dois Brad Pitt. Um deles é o grande intérprete, como vimos em *Os doze macacos* (1995). O outro é o astro que parece suave, como em *A mexicana* (2001). Infelizmente, para *Troia*, foi o astro que deu as caras.

Em seguida encontramos o segundo herói do filme, Heitor. Ele faz parte de um grupo que deseja a paz e que vai a Esparta assinar um tratado com Menelau. Benioff pega a viagem no banquete final. Menelau é um indivíduo grosseiro, que fica acariciando as dançarinas enquanto a esposa, muito mais jovem, apenas olha. E lança olhares para o irmão de Heitor, Páris. Bom, nós sabemos o que vai acontecer com eles, mas Benioff está bem à frente. Páris e Helena saem furtivamente, e em poucas linhas de diálogo ficamos sabendo que seu romance vinha rolando havia algumas noites. Ah, Páris e Helena, os grandes amantes.

E personagens inviáveis para serem escritos. Páris é, nas lendas, um mulherengo irresponsável e covarde. Helena é ainda pior. Bom, na verdade não em Homero, que trata os apuros dela com certa simpatia, mas em obras posteriores. Shakespeare, que não era incompetente para descrever suas heroínas românticas (Cleópatra, em *Antônio e Cleópatra*, e Julieta, em *Romeu e Julieta*), soube muito bem evitar Helena como personagem principal. Em sua tragédia sobre a Guerra de Troia, *Troilus e Cressida*, Helena tem um papel bem secundário como coadjuvante. E Christopher Marlowe lhe dá apenas um papel de figurante em *A trágica história do doutor Faustus*, para que Faustus possa proferir a famosa frase "um rosto que lançou ao mar mil navios". Do ponto de vista dramático, o problema é que Helena é inerte: todos a adoram (o que ela tem além da beleza?), no entanto sofre a ação mais do que age. Shakespeare foi um autor arguto: Cleópatra e Julieta *fazem* coisas.

Então, o que Benioff faz com os personagens? Não muito, pois está preso à imagem deles como grandes amantes, mas isto apenas significa que Orlando Bloom (Páris) deve parecer arrasado, primeiro com o amor e depois com o remorso pelo que causou. Nem Benioff nem Bloom dão a seu Páris qualquer relevo. Pode ser divertido ver Diane Kruger (Helena) em *A lenda do tesouro perdido* (2004), mas aqui ela não tem presença suficiente na tela para justificar o fato de que apenas seu rosto lançaria trezentos, talvez quatrocentos navios ao mar. Ela pode simplesmente ter ficado intimidada com o papel, mas Benioff não a ajuda, dando-lhe nada para fazer e nenhuma reação para expressar. Como você poderia escrever Páris e Helena?

Aos catorze minutos de filme, Páris escondeu Helena a bordo de seu navio. Heitor, o mais inteligente, quer levá-la de volta, mas decide não fazer isso. Menelau procura Agamenon para convencê-lo a fazer guerra contra Troia a fim de resgatar Helena. Agamenon vinha querendo combater Troia, e sua ambição é construir um império. Agamenon despacha o astucioso Ulisses (como Homero sempre se refere a ele) para convencer Aquiles a juntar-se às suas forças. Ao chegar, encontra Aquiles exercitando-se em duelo com seu primo e protegido Pátroclus, e assim a cena apresenta os dois outros homens. O interesse de Aquiles é reforçado quando Ulisses apela a seu amor pela glória, o que também mostra como Ulisses é esperto. Ele menciona que Agamenon está reunindo uma frota de mil navios, e isto, espirituosamente, nos faz acreditar que alguém, em algum momento, usará a frase de Marlowe sobre Helena. Benioff não usa. Ainda bem. Às vezes você apenas tem que abrir mão do óbvio.

Helena chega a Troia com Páris. Não entendemos por que imediatamente é tão bem-acolhida pelo pai de Páris, Príamo. Encontramos a prima de Heitor, Briseida, que está indo servir no Templo de Apolo. A "verdadeira" Briseida foi capturada por Aquiles numa incursão à cidade de Troia, mas Benioff está comprimindo acontecimentos e personagens com mais vigor que Homero.

Aos 34 minutos, os navios gregos são avistados em Troia. Aquiles desembarca primeiro e seus homens destroem o Templo de Apolo. Heitor organiza um contra-ataque. Ele e Aquiles se enfrentam pela primeira vez, mas Aquiles não o mata porque "ainda é muito cedo no dia para matar príncipes". Ou muito cedo no filme, afinal Heitor não é Marion Crane.* Agamenon leva Briseida logo após a marca de uma hora de filme. Vimos Aquiles em ação duas vezes, e assim talvez estejamos prontos para deixá-lo

* Marion Crane é a personagem esfaqueada debaixo do chuveiro no filme *Psicose* (1960), de Alfred Hitchcock. (N.T.)

amuado em sua tenda por enquanto, sobretudo porque há outras cenas de ação para sacudir o indolente.

Páris desafia Menelau para um duelo. Menelau o derrota, e Páris, caído no chão, chama por Heitor, que então mata Menelau. Como? Em Homero e outros autores, Menelau sobrevive até o final da guerra e leva Helena de volta para Esparta. Em uma das melhores cenas da *Odisseia*, a questão do comportamento de Helena surge depois que ela retorna e diz que os deuses a enlouqueceram. Ela insiste na versão e Menelau aceita, porque a ama de verdade. Tudo bem, isto é em Homero, e Benioff está certo em ser cruel. Mas um dia eu gostaria de ver aquela cena em um filme sobre Helena. Matar Menelau neste ponto do filme aumenta a pressão de todo mundo. Além disso, ninguém, exceto os que leram os clássicos, vai reclamar. Viu a vantagem de contar uma história que seu público não conhece tão bem quanto pensa que conhece?

Depois temos uma grande batalha fora das muralhas de Troia e, como é comum hoje em dia em cenas do tipo, há uma grande dependência dos efeitos especiais em computação gráfica. As cenas mais próximas, com alguns homens lutando, significam mais do que as tomadas longas com milhares de soldados, porque nas cenas próximas os personagens que conhecemos estão envolvidos. Os gregos são rechaçados. Os conselheiros de Agamenon o convencem de que precisam de Aquiles, e Agamenon concorda em devolver-lhe Briseida. Ela, por sua vez, empunha uma faca contra Aquiles, mas ele a seduz. Na *Ilíada*, Briseida é apenas um objeto que os gregos passam uns para os outros, e é assim que Aquiles a vê. Benioff tentou desenvolver um romance entre Briseida e Aquiles, mas os personagens não foram desenhados com cuidado para isso funcionar.

Os troianos atacam o acampamento dos gregos na manhã seguinte. Repare como Benioff nos dá uma variedade de cenas de ação: o duelo Páris-Menelau, a batalha entre os exércitos diante das muralhas de Troia e agora, no começo da manhã, o ataque ao acampamento dos gregos. Os gregos pensam que Aquiles voltou para liderá-los e ficam horrorizados quando Heitor o mata. Só que não é Aquiles, e sim seu primo Pátroclus, que vestiu a armadura dele. Aquiles parece ficar muito mais transtornado com isso do que com Briseida, no que é fiel a Homero. E é conveniente também para Benioff, uma vez que Ulisses diz: "Acho que ninguém vai para casa agora." Diante da pira funerária de Pátroclus, Agamenon diz: "Este rapaz garantiu a vitória para nós."

Aquiles vai até os portões de Troia e desafia Heitor para a luta. Antes do duelo, Heitor pede que, caso morra, seja sepultado com os rituais adequados. O duelo começa logo depois de duas horas de filme e é mais emocionante do que as grandes cenas de batalha porque há muito mais em jogo para os dois personagens. Aquiles mata Heitor, depois amarra o corpo à sua biga e o arrasta em torno das muralhas de Troia. Naquela noite, Príamo vai à tenda de Aquiles para pedir o corpo de Heitor, a fim de lhe dar um funeral digno. É uma das cenas mais comoventes na *Ilíada*, e Benioff a resolve bastante bem. O problema é Brad Pitt. Ou Benioff não lhe indicou as reações, ou ele não as fez, pois quem rouba a cena é... Sim! Peter O'Toole, Lawrence em pessoa, como Príamo. O' Toole sabe como se manter sobriamente na tela de um modo que Pitt não sabe. Benioff com certeza deu a O'Toole bastante material para ser trabalhado.

Ulisses, como de costume, está pensando. Ele vê um dos homens esculpindo um pequeno cavalo de madeira. Seus olhos brilham. Não há diálogo. Não precisamos de palavras. Sabemos o que passou pela sua cabeça porque conhecemos a lenda. Vemos a pira funerária de Heitor, que é onde a *Ilíada* termina, às duas horas e quinze minutos de filme. Conforme assinalei, isso não vai satisfazer uma plateia que conheça a Guerra de Troia basicamente pela história do cavalo. Então, os troianos descem para a praia e encontram... o cavalo de madeira. Eles o levam para dentro das muralhas e tem início a batalha pela conquista de Troia.

Neste ponto, de que mais precisamos para ficar satisfeitos por termos assistido a um filme realmente por completo? Eis o que Benioff nos oferece. Andrômaca, a viúva de Heitor, escapa pela passagem secreta, levando consigo Helena, por insistência de Páris. Páris leva seu arco e flecha, e finalmente comprova que talvez tenha um pouco de guerreiro dentro de si. Agamenon mata Príamo e então encontra Briseida. Que mata Agamenon. Espere um minuto! Uma coisa é matar Menelau, mas outra bem diferente é matar Agamenon. Afinal de contas, se ele morrer em Troia, não voltará para sua esposa, Clitemnestra, que então o mataria, desencadeando um banho de sangue na casa de Atreu, e nos dando a história para a primeira grande tragédia grega, *Oresteia*. Em outras palavras, se Agamenon morre em Troia, não existiria o drama ocidental: nenhuma tragédia grega, nem Shakespeare, nem *Cats*, e provavelmente nem cinema. Tudo bem, nenhuma crítica de *Troia* que li se referia a isso, porque, se você vê o filme por aquele ângulo, faz todo o sentido Briseida matar Agamenon. Ele a tirou de Aquiles, entregou-a aos soldados para diverti-los, e era um grosseirão. A questão não é se isso funciona com seus precedentes históricos, e sim se funciona como parte de seu roteiro.

Aquiles encontra Briseida, a quem procurava durante o cerco de Troia, e é atingido no calcanhar por uma flecha lançada por Páris. Entretanto, o filme não havia abordado nada sobre a mitologia do calcanhar de Aquiles como única parte vulnerável do seu corpo, e é muito tarde para explicá-la. Se você a conhece, irá entender. Ao contrário, não vai fazer qualquer diferença. Porque Páris lança várias outras flechas contra Aquiles. Briseida se descontrola, mas Aquiles lhe diz: "Você me deu a paz num tempo de guerra." O problema é que não *vimos* isso em seu relacionamento.

O filme acaba com a imagem da pira funerária de Aquiles e a narração mencionada acima.

Troia faturou apenas (apenas?) 133 milhões de dólares nos Estados Unidos e Canadá, e 364 milhões de dólares no mercado internacional, ou seja, um total de 497 milhões de dólares. Por que rendeu tão mais no mercado internacional? Talvez porque haja um interesse maior por filmes históricos em outros países, uma vez que o padrão se repete com outros filmes históricos. Mas, como filmes do tamanho de *Troia* são feitos hoje por conglomerados internacionais, as empresas – como a Warner Brothers fez com *Troia* – estão querendo investir neles.

Como *Troia* se equipara a *Lawrence da Arábia*? Não é tão bom, claro, mas tem certa grandeza épica, alguns personagens interessantes, e uma visão de como estruturar um filme de ação. Agora, se eles pelo menos tivessem Russell Crowe no papel de Aquiles...

FONTES

Minha fonte favorita de informações sobre o mundo clássico é *The New Century Classical Handbook* (Catherine B. Avery, ed. Appleton-Century-Crofts, 1962). Sim, eu sei que há outros livros mais recentes, mas eu o utilizo desde 1962 e gosto do modo como os autores apresentam as diferentes versões das lendas. Para uma visão interessante sobre a "verdadeira" Helena, veja o documentário *Helen of Troy*, produzido pela PBS em 2005, no qual a historiadora Bettany Hughes apresenta todas as possíveis interpretações de Helena. Há referências e citações sobre David Benioff e a roteirização de *Troia* em dois artigos. O melhor deles é "Script to Screen: *Troy*", de David S. Cohen, publicado na *Scr(i)pt* de maio/junho 2004. Quase tão bom é o de David E. Goldsmith, "*Troy*", publicado na *Creative Screenwriting* de maio/junho 2004. Os dados sobre a bilheteria de *Troia* são de "2004 Top 125 Worldwide", *Variety (W)*, 17-23 de janeiro, 2005.

Rei Arthur
(*King Arthur*, 2004, Roteiro de David Franzoni. 126 minutos)

David S. Cohen achava que Benioff escreveu *Troia* como se estivesse tratando de acontecimentos reais que inspiraram mitos. Isso não fica tão claro em *Troia* quanto no roteiro de David Franzoni para *Rei Arthur*. Anos antes, Franzoni tinha lido numa pesquisa que a figura do rei Arthur seria inspirada num romano que participou da ocupação da Inglaterra pelo Império Romano durante a Baixa Idade Média. A partir disso, Franzoni deu o salto criativo para a concepção de *Rei Arthur*: Arthur e seus cavaleiros vistos como um bando de bárbaros. Afinal, Franzoni havia sido o primeiro roteirista de *Gladiador*, filme que, ao lado de *Coração valente*, demonstrou as possibilidades comerciais de uma visão mais andrajosa do passado do que a habitualmente adotada nos filmes históricos. A vantagem/desvantagem de Franzoni é que há muito mais filmes sobre Arthur do que sobre Spartacus, Lawrence e Helena de Troia. A vantagem é que Franzoni podia jogar com o conhecimento da plateia (como Benioff fez com os mil navios), coisa que faz muito bem. A desvantagem é que os arturianos puristas o atacariam, o que fizeram antes mesmo do lançamento do filme.

A primeira informação após os créditos indica que o rei Arthur das lendas conhecidas no século XV era inspirado em alguém que viveu mil anos antes e que "recentes descobertas arqueológicas lançam uma nova luz sobre sua identidade...". Isso nos mostra que não vamos entrar no mundo de fantasia de *Camelot* (1967). Lancelot assume a narrativa (interessante, tendo em vista que ele morrerá quase no final do filme; estamos vendo *Rei Arthur* ou *Crepúsculo dos deuses* [1950]?), começando com: "Por volta do ano 300 da era cristã, o Império Romano estendia-se da Arábia até a Bretanha", o que, ao mesmo tempo, faz lembrar de *Lawrence da Arábia* e serve para apresentar os sármatas, guerreiros das estepes asiáticas que os romanos levaram à Bretanha para formar sua cavalaria.

Em sua pesquisa, Franzoni descobriu a existência de elementos da mitologia dos sármatas que pareciam ter sido retomados quando os criadores dos mitos transformaram Arthur num celta. Franzoni contou à escritora Kate McCallum: "Por exemplo, os sármatas tinham um cálice sagrado que foi objeto de grandes buscas e que muito provavelmente identificou-se com o Graal arturiano da Idade Média cristã. Os sármatas também adoravam espadas cravadas no solo, tinham uma Dama do Lago, usavam mesas redondas e assim por diante." Preste atenção a quais desses símbolos Franzoni usa e como faz isso.

Ah, agora a pergunta fundamental: será que para nós, a plateia, faz diferença Arthur ser ou não um sármata? Não, não faz. O Arthur sármata é um E.T., um alienígena. Para efeito de um filme, acreditaremos em ambas as hipóteses, mesmo que na "vida real" acreditemos ou não. Franzoni tinha mais detalhes nos primeiros rascunhos do roteiro, mas eles foram condensados para chegar ao que realmente *necessitava* para contar a história de uma forma interessante. Por exemplo, ao ler descrições sobre os sármatas do poeta romano Ovídio, Franzoni encontrou detalhes de uma batalha entre eles e as legiões romanas em um lago gelado. Que grande ideia para uma batalha. Sergei Eisenstein pensou na mesma coisa e fez a primeira grande batalha em um lago gelado no filme *Alexander Nevsky* (1938), que presumi, até ler a entrevista de Franzoni, ter sido a inspiração para sua cena. Assim como Wilson e Bolt transformaram o ataque a Aba

El Lissan no ataque a Aqaba, Franzoni transformou a batalha no gelo na primeira grande batalha entre Arthur e os saxões.

Veja como Franzoni se diverte com aquilo que pensamos saber sobre as lendas arturianas. Merlin é mencionado, antes de o encontrarmos, numa fala sobre como as pessoas pensam que ele é um mago. Mas, como Franzoni está lidando com "a realidade", nenhum sinal de truques. Todos sabemos do caso amoroso entre Lancelot e Guinevere, mas aqui vemos Lancelot flertando com todas as mulheres que surgem no caminho. Por outro lado, tenho sentimentos não muito claros sobre a posição de Franzoni a respeito de Guinevere. Ela sempre é apresentada como um objeto de amor, sem muito a fazer além de mostrar-se deslumbrante e ser amada por Arthur e Lancelot. Franzoni a transforma numa princesa guerreira, tipo Xena. Não é a Guinevere do seu pai, e talvez seja diferente dela demais. Mas, interpretada por Keira Knightley, diverte bastante.

Se Franzoni transformou Lancelot num namorador incontrolável e fez de Guinevere uma guerreira, o que sobrou para Arthur? Ele passa o tempo todo mal-humorado, o que Clive Owen sabe fazer muito bem, mas Franzoni e o Arthur de Owen não mostram a liderança que Arthur, mesmo no século IV, deve ter tido. Agora, se eles pelo menos tivessem Russell Crowe...

FONTES

A entrevista de David Franzoni com Kate McCallum, "The Great Idea: *King Arthur*", foi publicada em *Scr(i)pt*, julho/agosto de 2004.

Alexandre
(*Alexander*, 2004. Escrito por Oliver Stone,
Christopher Kyle e Laeta Kalogridis. 175 minutos)

Lembra a abertura de Lawrence? "Ele era o homem mais extraordinário que já vi" até "uma função de menor importância no meu gabinete no Cairo".

Agora veja a abertura de *Alexandre*. O Ptolomeu mais velho nos diz que Alexandre foi um grande homem. E nos diz outra vez. E mais uma. É uma situação terrível para o personagem, e ainda pior para o ator: quem pode estar à altura dessa apresentação? Não é Colin Farrell. Eu sei... se pelo menos eles tivessem Russell Crowe.

Então vemos Alexandre jovem e as dificuldades que tinha com o pai, Filipe da Macedônia, e com a mãe, Olímpia (de sabe Deus onde; tente identificar o sotaque de Angelina Jolie). Subitamente, há um pulo de vários anos: Filipe foi assassinado e Alexandre assumiu o poder. Como isto aconteceu? Não temos ideia. Bem adiante no filme, depois de termos nos conformado em ficar sem a explicação da morte de Filipe, surge inesperadamente um flashback que nos mostra como foi. Leva mais tempo do que precisava para contar o que já sabíamos.

Os roteiristas parecem preocupados em disfarçar a bissexualidade (se não a homossexualidade) de Alexandre. Há várias cenas com Alexandre e o amor de sua vida, Heféstion, mas elas nada acrescentam. Lembra como David Benioff evitou o problema em *Troia*? Ele apresentou Aquiles na cama com duas, isso mesmo, *duas* mulheres nuas, o que conta mais do que as cenas com Pátroclus, e assim não vamos ter suspeitas (se é que já não temos). Voltando a *Alexandre*, mais para a frente, os roteiristas unem Alexandre e Roxana. As cenas de amor entre os dois são mais explícitas do que as cenas com Heféstion, porém no filme as emoções de Roxana nunca parecem consistentes. A escolha de Rosario Dawson, que tem uma enorme semelhança com Angelina Jolie, dá margem a toda tipo de questões edipianas que o roteiro jamais aborda.

A cena da primeira grande batalha é a derrota dos persas em Gaugamelos, e, como as grandes cenas de batalha em *Troia*, conta com milhares de soldados em computação gráfica, e não sabemos o que está em jogo. A outra cena de batalha, na Índia, é mais poderosa porque põe Alexandre enfrentando elefantes, algo que nunca vimos antes.

Parte do problema com o roteiro também foi um problema para Robert Rossen no filme *Alexandre, o Grande*, de 1956: Alexandre teve uma vida épica, mas não muito dramática; ele conquistou o mundo e depois morreu. Como você pode tornar isto interessante no cinema?

Cruzada
(*Kingdom of Heaven*, 2005. Escrito por William Monahan. 145 minutos)

William Monahan admite que *Lawrence da Arábia* o influenciou no filme. Você pode perceber isto de um modo geral na história, e pode ver nas cenas individuais. Também pode perceber nos erros cometidos por Monahan que ele não aprendeu bem a lição com *Lawrence*.

A história é ambientada no final do século XII, entre a Segunda e a Terceira Cruzada, portanto, assim como *Lawrence*, o filme trata do choque cultural entre Ocidente e Oriente Médio. O roteiro de Wilson e Bolt acompanha Lawrence em sua trajetória de desajustado sem jeito a líder, e à exaustão psíquica que a liderança o levou. O principal personagem de Monahan é Balian, jovem ferreiro francês que vai à Terra Santa. Boa ideia para um personagem, mas que não é bem-desenhado. Nós somos apresentados a Balian ainda na França, onde ele está atravessando uma crise religiosa após o suicídio da esposa. Ele quer partir logo para a luta ("Lights out for the territories",* como diria Mark Twain). Godfrey, um cavaleiro que está voltando para a Cruzada, aparece como por encanto, anuncia que é o pai de Balian e lhe pede que vá com ele.

O primeiro problema é que, embora Balian tenha sido apresentado como ferreiro, não é possível acreditarmos muito nisso. Em parte pela interpretação de Orlando Bloom, que, no mesmo estilo de Páris em *Troia*, não parece capaz de manejar as ferramentas de um ferreiro (já sei, já sei... mas Russell Crowe seria?). No texto de Monahan para o filme, no entanto, não há nada que nos informe especificamente sobre sua atividade como profissional. Se você escolhe uma profissão para seu personagem principal, tire alguma vantagem disso, como Hayes fez com a fotografia de Jeff em *Janela indiscreta*.

* Referência ao último capítulo de *As aventuras de Huckleberry Finn*, em que o personagem diz que terá que "ir embora para os territórios índios". (N.E.)

Quando Balian e Godfrey vão para a estrada, temos um pouquinho do treinamento de Balian para tornar-se um cavaleiro, mas não o suficiente. Godfrey é morto cedo demais. A partir das cenas em que ele ensina Balian, não vemos como foi possível este tornar-se o cavaleiro que vem a ser. Nem vemos nada que justifique seu papel de líder. Em *Lawrence*, percebemos Lawrence desenvolver sua própria capacidade de liderança. Mas não há nada equivalente aqui.

Quando Balian chega a Jerusalém, nós o vemos no Gólgota, olhando para o espaço, uma cena que faz lembrar Lawrence quando tem a ideia de atacar Aqaba por terra. Sabemos que Lawrence está pensando no que fazer, mas não temos ideia do que Balian está pensando. A cena com Lawrence funciona dramaticamente; aqui é apenas uma bela tomada.

Balian é introduzido às intrigas políticas dos chefes da Cruzada, o que Monahan maneja razoavelmente bem, com alguns personagens interessantes como o rei Baldwin, seu conselheiro Tiberias, os vilões Guy de Lusignan e Reynald (Brendan Gleeson, o Menelau em *Troia*), e ainda com a rainha Sibila, uma bem-desenhada sedutora (acho que isso está no roteiro, mas pode ser apenas efeito do delineador usado por Eva Green). E então Balian se envolve imediatamente na política? Não, ele se afasta e se torna... fazendeiro. Como é que surge isso? Ele não era fazendeiro na França. Nunca manifestou o desejo de tornar-se fazendeiro, mas aí está. Isso nos leva para fora do que pensávamos ser a história, mas Balian não é um personagem interessante o bastante para prender nossa atenção. Ao contrário de Lawrence, que neste ponto do filme estava liderando a jornada para Aqaba, Balian toma conta dos canais de irrigação. Não é a mesma coisa.

Os políticos e a rainha Sibila finalmente o encontram e Balian começa a mostrar alguma liderança, embora não tenhamos ideia de onde ela venha. Ele consegue impedir que os cristãos de Jerusalém sejam massacrados pelo líder muçulmano Saladino com a rendição da cidade. Manobra esperta, em vista do fato de que eles são muito menos numerosos, mas que determina um final morno.

Uma palavra sobre a descrição dos personagens muçulmanos. Antes do lançamento do filme, artigos o condenaram por ser antimuçulmano demais, pró-muçulmano demais, ou não antimuçulmano o suficiente. Acho que Monahan, assim como Bolt em suas revisões do roteiro de Wilson, desenhou muito bem os personagens muçulmanos (e também os não muçulmanos, aliás), o que sem dúvida ofendeu os antimuçulmanos. Monahan também dá a melhor fala a Saladino. Quando Balian entrega Jerusalém a Saladino, pergunta o que a cidade significa para ele. Saladino responde: "Nada." E então, vendo a reação de surpresa de Balian, acrescenta: "e tudo." O falecido Robert Bolt teria ficado orgulhoso.

FONTES

Peter N. Chumo II escreveu sobre o desenvolvimento do roteiro, com comentários de Monahan, em "Coming Soon: *Kingdom of Heaven*", publicado na *Creative Screenwriting* de maio/junho de 2005. Hamid Dabashi, especialista em islamismo e professor da Universidade Columbia, forneceu material para o roteiro e escreveu sobre a experiência em "Warriors of Faith", publicado na revista *Sight & Sound* de maio de 2005. Dabashi trata das críticas ao roteiro e ao filme de um modo muito criterioso e sensível.

Uma observação sobre diálogo de época: volte aos filmes deste capítulo e ouça os diálogos. Você perceberá que nenhum deles é obviamente "histórico", ou seja, recheado de expressões obscuras usadas nas épocas a que se referem. No auge dos espetáculos históricos de Cecil B. De Mille, o diretor insistia em diálogos "de época", muito arcaicos e artificiais, mas então, ocasionalmente, permitia que os atores incorressem na gíria comum. O diálogo naqueles filmes não se sustenta bem, para dizer o mínimo, como na famosa frase da rainha Berengária a Ricardo I em *As Cruzadas* (1935): "Ya gotta save Christianity, Richard, ya gotta."* Um progresso na escrita cinematográfica moderna foi a tendência a reduzir o excessos de arcaísmos.

A tendência atual são diálogos escritos de forma razoavelmente culta, mas que também se ajustem aos atores. É o que se vê nos roteiros apresentados neste capítulo. Há um empenho de evitar diálogos que chamem a atenção por conta própria, o que poderia levar as plateias atuais para fora da história. Você deve escrever diálogos que mostrem a *postura* das pessoas na época retratada, e não rodeios linguísticos. Não significa que você vai abrir mão de uma ou duas falas que deem a ideia da época. Em *Troia*, os personagem falam dos deuses, mas Benioff não exagera na medida.

* Em um português oral, a frase poderia ser traduzida como: "Tu tem que salvar a cristandade, Ricardo, tu tem." (N.T.)

11. *Alguém tem que ceder*

Alguém tem que ceder
(*Something's Gotta Give*, 2003. Roteiro de
Nancy Meyers. 128 minutos)

Alguém tem que ceder é uma comédia romântica adulta divertida, não tão boa quanto *Sorte no amor*. E, como *Colateral*, não vai bem na última meia hora.

É também um veículo para astros como Jack Nicholson e Diane Keaton, porém o filme precisa mais deles do que eles do filme. Ambos dão uma excelente demonstração de como talento *e* estrelato juntos podem ajudar um filme. Portanto, antes de assistir ao filme pela primeira vez, pense no que Nicholson e Keaton significam para você como astros. Muito bem. Em seguida, tente ver o filme uma segunda vez, imaginando um casal de atores desconhecidos, de meia-idade. Viu? Entre outras coisas, com este filme você pode aprender a escrever para astros. Meyers, aliás, escreveu com os dois em mente, mas eles não se comprometeram até ler o roteiro. Você escreve grandes papéis para astros e eles fazem o filme.

Meyers começa o roteiro com cenas de jovens mulheres em Nova York, que se prolongam até o fim dos créditos iniciais. Então ouvimos a voz de Harry falando sobre as satisfações da mulher mais nova, com quem, no desfecho da piada, ele diz se encontrar há mais de quarenta anos. No roteiro, Meyers põe Harry diante da câmera com a seguinte descrição: "Mas o que é que ele tem? Talvez os olhos, a curva da boca – alguma coisa neste cara é muito atraente. Talvez seja apenas o modo como ele segura a garota boazuda no braço. Ele é confiante, tranquilo, invejável" (página 1; números sozinhos serão o número da página do roteiro; o número de minutos do filme terá "minutos" escrito em seguida). Sim, a descrição cabe em Jack

Nicholson. Mas reflita a respeito. Se Nicholson tivesse recusado o papel, Meyers poderia pensar em Robert Redford, Warren Beatty, Al Pacino, Dustin Hoffman, Robert De Niro etc. Assim como a descrição de Hayes para Jeff em *Janela indiscreta*, essa é uma grande descrição de um astro.

E esta entrada não aparece no filme. No roteiro, a narração continua enquanto vemos e ouvimos Harry imaginando-se com uma mulher mais velha, mas o filme faz um corte (Meyers de fato escreve [2] a expressão redundante e muito usada *"smash cut"*, algo como "corte violento", que sempre achei tola; é só um corte) para Harry em um carro com Marin, sua deslumbrante namorada de trinta anos. É a última narração que ouvimos de Harry. Por que abandonar a narração? Usada depois, ela nos tiraria completamente da história, sobretudo quando entramos nas longas cenas da dupla Harry e Erica. As cenas exigem um equilíbrio que seria rompido se déssemos a um dos personagens uma narração acima da história. Então por que não ter apenas seus comentários como parte da conversa com Marin no carro? Teríamos o que precisamos saber sobre a atitude de Harry, tanto na cena com Marin como depois. Provavelmente não houve tempo para voltar atrás, reescrever e refilmar a cena do carro.

Marin parece uma moça inteligente, e tem muita consciência da reputação de Harry de sair com mulheres mais novas. Embora Meyers seja mais simpática com Erica, a mãe de Marin, ela não o é à custa de Marin. O que, por sua vez, nos impede de ver Harry como um mero predador de moças mais jovens. É mais como Julius e Philip Epstein e Howard Koch, que transformam Bogart num herói romântico em *Casablanca* (1942) ao fazerem a bela Ingrid Bergman se apaixonar por ele. Os personagens de quem seu protagonista gosta, ou aqueles que gostam de seu protagonista, podem nos ajudar a compreendê-lo. Meyers, entretanto, joga a carta do puritanismo americano ao nos deixar saber que eles ainda não fizeram sexo. Se fosse um filme francês... Mas Meyers imaginou – e talvez estivesse certa – que as plateias americanas achariam nojento se Harry transasse com a mãe e com a filha. Por outro lado, Benjamin fez isso em *A primeira noite de um homem*... bem, mas isso foi nos anos 1960.

Na casa de praia de Erica, antes que eles possam fazer amor, Harry está na cozinha de short, quando Erica e a irmã Zoe entram. Estamos na página oito do roteiro e com apenas seis minutos de filme por causa dos cortes. Fica claro quando Marin chega que ela não imaginava ver a mãe por ali no fim de semana. Repare quanto tempo demora a ação para que isso se defina. A reação de Érica é: "Não, não, eu devia ter dito que vínhamos. Sem dúvida. Sim. Muito bem. Aqui estamos." Agora, há muitas atrizes que poderiam falar essas palavras, mas elas não parecem escritas para Diane Keaton?

Zoe acredita que todos podem sobreviver ao fim de semana juntos. Ela é descrita no roteiro como "a liberada. Esperta e destemida (8)", e Frances McDormand, a boa e velha Marge Gunderson, dá conta do recado. Não é um grande papel, mas ainda assim lhe proporciona belos momentos, e alguns outros que ela transforma em belos momentos. Mesmo ao escrever para astros, você vai querer coadjuvantes interessantes ao lado. Meyers não dispõe de muitos, mas McDormand e Amanda Peet como Marin não estão apenas ganhando auxílio-desemprego.

Enquanto fazem compras, Erica e Harry têm o primeiro diálogo longo. Ficamos sabendo que Harry tem uma gravadora de hip hop. Por que o detalhe, uma vez que nunca vemos ou ouvimos um único disco que a empresa produz? É que isso mostra Harry como não sendo um velhote qualquer. E dá a Erica alguma coisa à qual reagir. Ficou definido que ela é uma autora de peças teatrais bem-sucedidas, portanto desaprova a linguagem do rap. Harry insiste, e diz que algumas pessoas veem o gênero como poesia, mas Erica devolve: "É, mas quantas palavras você consegue rimar com 'cachorra'?"

No jantar, Zoe (por que ela e não Erica?) lembra que leu numa revista um artigo sobre Harry e sua aversão ao casamento. Zoe, professora de estudos sobre mulheres em Columbia, discorre um pouco sobre como os homens mais velhos são festejados por não se casarem, enquanto sua irmã fica em casa "noite após noite após noite" porque os homens da sua idade querem mulheres mais jovens. A fala enche quase uma página, e você logo vê por que Meyers, que também dirigiu o filme, quis McDormand para o papel. Um monte de atrizes diria isso com raiva, mas McDormand atua como se pensasse em voz alta, como fazem os intelectuais. O que poderia passar despercebido se torna um momento divertido. E repare como, mais à frente na cena, Erica contesta o "noite após noite após noite" dizendo: "Um 'noite após noite' seria o suficiente." Marin se junta à conversa na cozinha e defende Harry e suas *dez* empresas, ao que Érica retruca: "Sabe o que isso significa? Significa que ele não pode se comprometer, é isso que significa." Por que não foi Zoe quem teve essa fala? Porque é a fala de um escritor, não a de um intelectual. Mantenha seus personagens separados.

Alto da página 23, dezessete minutos de filme. Harry tem um ataque cardíaco enquanto está "brincando" com Marin. No hospital, ele é tratado por Julian, um médico com uma idade entre trinta e quarenta anos. Julian pergunta se ele tomou Viagra. Harry diz que não, mas quando Julian o alerta dos riscos do Viagra combinado com o soro na veia, Harry joga a agulha longe. No filme a cena acaba nesse ponto, mas no roteiro (26-27) temos Harry, que pede desculpas a Julian ("Desculpe, tinha que ir a uma entrevista"), e Julian, que responde ("Boa explicação"), assim como a reação posterior de Marin a Erica: "É um pesadelo. Saí com um homem tão velho que toma Viagra." As falas de Harry e Julian não são essenciais, e as de Marin parecem não alcançar sua personagem.

Julian, veremos, é um grande fã de Erica e obviamente está interessado nela. Ele passa a competir com Harry, mas seu personagem não é bem-desenvolvido como os quatro que acompanhamos até agora. Harry anda de um lado para o outro com o camisolão do hospital que deixa aparecer seu traseiro, um uso da nudez que depois é pretexto para outra cena e fornece uma grande fala a Zoe: "Era uma grande bunda para um cara daquela idade." Infelizmente, a fala foi cortada do filme. Trinta e seis horas depois, o assistente de Harry, Leo, aparece com duas garotas deslumbrantes, também assistentes de Harry. Leo tem mais cenas no roteiro do que no filme, mas Jon Favreau, que o interpreta, tem o mesmo destino de Chris O'Donnell em *Kinsey*: as cenas cortadas.

Harry desmaia no estacionamento e Julian diz que ele tem que voltar ao hospital ou ficar em algum lugar por perto durante alguns dias. Será que um médico realmente iria dar essa alternativa a um paciente? Ora, se ele não fizer isso, não haverá filme. No roteiro, Erica murmura: "Nem pensar", no filme diz "Não", e cortamos para a casa de Erica. Nem no roteiro e nem no filme há qualquer discussão. Por que não? Sabemos que ele vai para lá, então por que protelar o inevitável? Queremos ver Erica tentando cuidar de Harry, e não só porque eles são nossos astros, mas porque vemos que estão um pouco atraídos – e também irritados – um pelo outro. Enquanto Harry se instala no quarto de hóspedes, Erica está na cozinha conversando com Dave, queixando-se – espere um minuto, quem é Dave? Não o tínhamos visto antes, mas ele parece bem à vontade na casa. Repare quanto tempo ele fica em cena antes de Marin entrar e dizer: "Papai!" Tínhamos aceitado Dave antes porque a) Erica o aceita, b) muita coisa está acontecendo na cena para que se possa dar uma atenção especial a ele, e c) a essa altura, temos certeza de que Meyers irá nos explicar. O que você deve escrever nas primeiras páginas de seu roteiro para nos dar esse tipo de confiança?

Harry e Erica estão sozinhos na casa. Estamos na página quarenta do roteiro e com trinta minutos de filme. Meyers corta duas páginas do roteiro que mostram que os dois estão se entendendo e que as lentes dos óculos de Harry e Erica têm o mesmo grau. Tudo bem, não precisamos ver que estão se entendendo, pois será mais engraçado quando não estão. Mas e a questão dos óculos? Se você pular para o final do filme, eles devolvem os óculos que tinham trocado, e com os quais terminam. Não era essencial saber que tinham o mesmo grau? Na verdade, não. Vamos compreender isso quando eles os devolvem, o que torna mais sutil e encantador o final. Que é *justamente* o momento em que você precisa de sutileza e encanto numa comédia romântica.

Por outro lado, Meyers mostra Erica trabalhando na sua peça, e no filme – mas não no roteiro – a vemos escrevendo frases de diálogos que Harry, Zoe e os outros tiveram, o que nos revela que a peça é a história a que estamos assistindo. Sabemos isso cedo demais. O roteiro, nesse ponto, é melhor que o filme.

Então chegamos à cena que todo mundo que viu o trailer aguarda: Erica está nua a caminho do banheiro quando é vista por Harry, que procurava a cozinha. Suas reações separadas estão no roteiro, mas são elaboradas no filme. Bom, você quer atores como Nicholson e Keaton para dar o melhor de si numa cena como esta. Por outro lado, a reação parece um pouco excessiva para dois adultos sofisticados, porém a comédia é a arte do excesso. E as plateias adoraram.

No dia seguinte, Erica está vestida de maneira que *nenhuma* parte de seu corpo fique à mostra. Ela não quer falar sobre a noite anterior. Harry conta para Julian, que vai à casa examiná-lo, mas não sabemos muito bem qual é a reação de Julian. Harry pergunta quando poderá fazer sexo novamente, e Julian responde que poderá quando conseguir vencer um lance de escada. Corte para – às vezes você tem que ir atrás do óbvio, porque a plateia não o perdoará se não for – Harry na praia olhando a escada que leva até a casa. E tentando subir. Enquanto isso, Julian convida Erica para jantar.

Harry chama Erica para uma caminhada na praia, aos 38 minutos de filme. O crítico de cinema Richard Roeper disse uma frase em sua resenha em *Ebert &*, que os produtores do filme usaram no anúncio de TV: "...os dois caminhando pela praia e conversando é sinônimo de cinema com emoção." Ele se refere a esta cena, e está certo. Por quê? Personagem. Eles estão à vontade um com o outro como nunca estiveram antes. Às vezes, você precisa baixar a tensão que construiu, por motivos rítmicos, se não por outros motivos. Ambos procuram informação do outro na internet. Por que não os vemos fazendo isso? Porque é mais interessante ouvi-los falar sobre o que descobriram.

Harry e Julian estão impressionados com Erica, que não está com o suéter de gola rulê de sempre, nem com a roupa tão fechada que vestia mais cedo naquele dia... e sim com um elegante vestidinho preto, pronta para o encontro com Julian. Mais tarde, Harry perambula em volta da casa, sem ter conseguido falar com nenhuma das namoradas pelo telefone. Leia alto esta frase e depois ouça Nicholson: "Todo mundo passeando menos o velho Har... Velho, velho, velho, velho Har..." [*"Everybody's out but old Har... Old old old old Har..."*] É por isso que ele ganha milhões de dólares por um filme e você não. No jantar, Julian admite que está apaixonado por Érica. Julian, aqui, assim como no resto do filme, parece mais uma conveniência da trama que um personagem. À parte do fato, nada insignificante suponho, de querer ficar com uma mulher vinte anos mais velha, não há nada de especial nele.

Depois do passeio, Erica e Harry se encontram na cozinha, os dois de pijamas, para comer. Ele presumiu corretamente que ela não devia ter comido nada no jantar, porque "as mulheres nunca comem quando saem com um homem". Ouça como o diálogo deles na cozinha sugere que estão começando a se entender. Qual o detalhe que Meyers usa na cena? A cena é interrompida por Marin, que traz comida. Marin vê como Harry olha para Erica. Na direção de cena (68) lê-se: "No princípio ela fica chocada. Ele gosta da minha mãe??? Então um lampejo de ciúme. Ele gosta da minha mãe!?! Então alegria pura – ao compreender como aquilo é perfeito." No filme temos apenas parte da primeira reação. Por que deixar de fora as outras? Alguns dos detalhes fazem parte da categoria "Como Você Vai Mostrar Isto?", entre eles "compreender como aquilo é perfeito". Amanda Peet não seria capaz de transmitir aquelas reações cambiantes? Não há nada em seu trabalho, neste ou em outro filme, que nos faça pensar que não. Talvez isso a tivesse feito uma personagem interessante demais para o filme, embora Meyers não tenha fugido da personagem. Na cena seguinte, Marin encoraja Erica a se aproximar de Harry. Suas reações talvez tenham sido cortadas, porque se percebeu que a cena seguinte esclareceria essa informação. O que tornava as reações antecipadas desnecessárias. Mesmo assim, eu gostaria de ver essas reações, uma vez que, conforme você agora deve saber, tomadas de reações são a alma do cinema.

Marin vai até a praia para terminar com Harry. Apenas os vemos, não os ouvimos. Marin volta, conta a Erica que rompeu com... e de repente percebe que foi Harry quem rompeu com ela e diz: "Ele é um gênio." Harry e Erica falam pelo celular, com Harry afirmando que Marin rompeu com ele. Uma palavra aqui sobre o uso da tecnologia. Este é um filme carregado de diálogos, mas repare como Meyers os espalha. Ela joga as cenas por toda a casa e para fora dela, na praia. E quebra as cenas de diálogo com mensagens de texto, conversas em celulares e discussões entre pessoas que não estão no mesmo aposento. Não é bem a linha de Hayes ao escrever *Janela indiscreta*, mas fica perto. E ela maneja tudo isso sem se tornar óbvia, ao contrário de certos filmes que são apenas registros de pessoas digitando em computadores.

Harry e Erica estão novamente a sós, e quando falta luz eles acendem velas e se beijam. E, uma vez que ele parece ter uma ereção sem Viagra (será este o novo sinal de amor verdadeiro nos filmes americanos?), fazem sexo. Harry levanta a questão do controle de natalidade, ao que Erica responde: "Menopausa", e insiste em primeiro medir a pressão, mas a questão de doenças sexualmente transmissíveis nunca é mencionada. Se Meyers encontrou boas piadas sobre menopausa e pressão sanguínea, certamente teria se saído bem com algo sobre DSTs.

Estamos na metade do filme, um pouco mais adiante no roteiro. O sexo não é mostrado explicitamente, mas temos alguns minutos para as reações dos dois à experiência. Afinal de contas, é uma mudança na história, e Meyers não tem pressa. As cenas são engraçadas e até comoventes. Uma cena de Marin telefonando para a mãe e falando sobre ela ter feito sexo com Harry (77-78) foi cortada do filme, o que foi muito ruim, porque é engraçada. Às vezes você tem que abrir mão de um material bom.

Você pode dizer que o filme foi escrito e dirigido por uma mulher: há muita conversa sobre comida, um bocado de gente comendo e várias cenas na cozinha. Erica e Harry estão comendo e ela menciona um bistrô em Paris que adora. Ela ouve música francesa o tempo todo, e em particular "La Vie en Rose". O bistrô vai aparecer no filme; "La Vie en Rose" aparece mais tarde no roteiro, mas fica fora do filme.

Ao se levantar da cama pela manhã, Erica "caminha com o andar dolorido de quem não faz sexo há muitos anos, mas que fez demais nas últimas doze horas (82)". Eu amo Diane Keaton, sobretudo neste filme, mas esse é um trecho de ação que só fica claro no filme quando você lê o roteiro. Harry diz a Julian que está se saindo bem com as escadas, "várias vezes, aliás". Agora imagine a frase sem o contexto do filme. Nada de interessante, não é? Mas, diante do que sabemos sobre escadas, sexo e sobre o que se passou entre Harry e Erica, fica engraçado. O contexto é tudo.

Para comemorar a permissão de voltar para casa, no roteiro (85-86) Harry leva Erica a um clube, onde canta "La Vie en Rose" num karaokê.

Desconfio que isso possa ter sido como a cena do "jantar com legendas" de *Kinsey*: uma cena espetacular demais para caber neste filme.

Marin fica perturbada porque o pai vai se casar com uma mulher apenas dois anos mais velha que ela. Ela precisa que Erica vá a sua casa, o que a mãe faz, e as duas têm uma cena na qual Marin explica como está aflita, muito mais que Erica, com o casamento do pai. É uma cena estranha, representada de um modo um pouco rígido. Como comédia, a ideia é boa – filha mais preocupada do que a mãe com o novo casamento do pai –, mas Meyers não a levou longe o bastante. Imagino que talvez ficasse um pouco incômodo demais infiltrar-se no território do complexo de Electra, mas às vezes você precisa ousar. Aqui Meyers não ousa. Noventa e duas páginas no roteiro, oitenta minutos de filme, Marin e Erica jantam em um restaurante com Dave e Kristen, a noiva de Dave. A cena também poderia ser melhor do que é, mas ficamos sem saber nada sobre Kristen. Meyers talvez tenha percebido que não funcionou bem, pois a segunda metade da cena acabou cortada do filme.

Erica vê Harry com uma linda jovem no restaurante. Ela vai embora quando ele a avista. Ambos estão na rua e falam um com o outro pelo celular, até ele alcançá-la. Eles concordam que tudo terminou, e no alto da página 99, 86 minutos de filme, ela entra num táxi e vai embora. O filme acabou. Rolam os créditos.

Ah, não tão depressa. Meyers tem ainda *36 minutos* de cenas para mostrar. O que mais precisamos ver? Eles tiveram um caso, não deu certo, fim da história. Bom, mas é uma comédia, portanto, supostamente, queremos ver os dois astros terminarem juntos, sobretudo porque eles parecem capazes de pelo menos começar a se ajustar um ao outro. Tudo bem, mas por que levar 36 minutos para fazer isso?

Eis *um pouco* do que acontece no roteiro e no filme. Temos uma longa montagem de Erica chorando e escrevendo. No roteiro, Harry está sentado com Leo (lembra-se do pobre Jon Favreau?), comendo macarrão e vendo *I Love Lucy*. Se um homem tivesse escrito a cena, o que eles estariam comendo e assistindo? A cena não é tão reveladora quanto poderia ser, e foi cortada do filme. Erica e Julian se beijam, mas não há indicação de que vão para a cama. Ele acha que a nova peça dela é a melhor coisa que já escreveu. Aqui ele é sincero, o que comprova a teoria de Annie Savoy, de *Sorte no amor*, de que um homem escutará, ou lerá, qualquer coisa que pense ser uma preliminar.

Uma atriz jovem e loura conversa com alguém a respeito de seu teste para uma peça sobre uma jovem que está saindo com um cara mais velho que tem um ataque cardíaco... No roteiro (109), não sabemos até o final do seu monólogo que ela está falando com Harry. No filme (104 minutos), Meyers corta para Harry no meio. Por quê? Já é muito tarde no filme para apresentar um novo personagem e dar-lhe um monólogo de 36 segundos. E quanto mais depressa chegarmos a Harry, mais teremos as reações de Nicholson (sim, é no plural, e é por isso que ele ganha milhões...). Ao escrever, dirigir, atuar, jogar futebol, seja o que for, se entregue com todas as suas forças.

Nos ensaios da peça, ao fazer Erica escrever falas tiradas da "vida", Meyers trabalha contra o filme. Em *Primavera para Hitler* (1968), Mel Brooks deliberadamente não nos mostra nada sobre o show chamado *Primavera para Hitler* que está montando até chegarmos ao espetáculo e a seu impacto na noite de estreia. No roteiro (113-114), Harry está sentado num banco do Central Park ao lado de uma mulher com quem namorou quarenta anos antes e que viveu uma grande vida: doutorado em biologia marinha, autora de nove livros, casamento feliz, filhos e netos. A cena foi cortada do filme. Ela era uma personagem interessante demais para ter apenas uma cena no final do filme, sem qualquer outra conexão com a história. Também há uma complicada questão política. Se o filme é crítico ao comportamento de Harry, e ele é, e certamente mais do que ao comportamento de Erica, então essa mulher não o redimiria, ao sugerir que ter um Harry em suas vidas pode ajudar as mulheres a conquistar grandes coisas? Não há nada em todo o filme (além do fato de Erica terminar sua peça) sugerindo que Meyers acredite nisso.

Seis meses depois, a peça de Erica é um sucesso, e Harry descobre por Marin que ela está em Paris. Imagine onde ele vai encontrá-la em Paris? Julian também está em Paris, o que Marin não mencionou, garota boba.

Meyers está entrando no território do "se alguém disser algo inteligente, o cinema inteiro vai desmoronar", falha comum nas comédias românticas e também nos filmes de terror.

Julian tinha saído para comprar um anel, que ele põe sobre a mesa. Agora espere um minuto. Julian teve pelo menos seis meses para tomar essa atitude. Como é lento esse rapaz! Harry acha que eles estão felizes e troca os óculos de Erica pelos seus, momento que poderia ser mais tocante, porém a cena apresenta tanta informação que acaba não tendo o impacto que poderia ter. Às vezes basta você limpar o terreno para a ação, dando à cena seu foco adequado. Harry os observa enquanto vão embora no táxi após saírem do restaurante.

Ele caminha para uma ponte, onde – quem aparece? Erica, que diz que Julian compreendeu que ela ainda ama Harry. Julian é um príncipe ou o quê? Se Annie Savoy é um sonho para os homens, Julian é para as mulheres. Ou talvez ele apenas tenha medo de compromissos? Afinal, foram seis meses.

Aos 122 minutos os créditos (finalmente) rolam.

Agora volte, leia minha descrição da meia hora final, veja o filme e imagine como reescrever os últimos quarenta minutos dele. Revelei minhas sugestões em *Colateral*. Agora a bola é sua.

FONTES

O roteiro a que me referi foi o fornecido "Para sua Apreciação". Parece ser um roteiro de filmagem sem data, com páginas revisadas de março a julho de 2003.

A entrevista de Fred Topel com Nancy Meyers, na qual ela discute o filme, foi publicada na edição de outubro de 2003 da revista *Screenwriter's Monthly*, e reproduzida no livro *Backstory 4*, de Patrick McGilligan (University of California Press, 2006), ao lado de entrevistas com outros roteiristas.

12. Três fatias de *American Pie*

American Pie: A primeira vez é inesquecível
(*American Pie*, 1999. Roteiro de Adam Herz.
95 minutos)

Os anos de juventude na década de 1980 em East Grand Rapids, no Michigan, e os filmes da época serviram de inspiração para Adam Herz escrever *A primeira vez é inesquecível*. Você talvez tivesse em mente os refinados filmes de John Hughes, como *Gatinhas e gatões* (1984) e *Clube dos cinco* (1985), mas a série *American Pie* tem mais a ver com *Porky's* (1982), de Bob Clark. Embora Herz mostre um pouco da sensibilidade de Hughes, ele é, como Clark, mais honesto ao retratar os impulsos sexuais dos adolescentes americanos do sexo masculino. Clark e Herz conseguem não se restringir ao universo do macho comandado pela testosterona e tornar os personagens femininos mais do que simples objetos sexuais. Há uma doçura em seus filmes que também pode ser vista em comédias atrevidas de sucesso, a exemplo de *Quem vai ficar com Mary?* (1998), *Penetras bons de bico* (2005), *O virgem de 40 anos* (2005) e *Ligeiramente grávidos* (2007). Se você está decidido a escrever comédias atrevidas, deve estudar todos esses filmes.

Em *A primeira vez é inesquecível*, o atrevimento começa com gemidos sensuais na trilha sonora, sob o logo da Universal. O filme abre com Jim tentando ver um filme pornô com a imagem distorcida na TV a cabo. Por que não um vídeo? Porque uma imagem fora de sintonia nos faz pensar mais sobre o que estamos vendo e provoca uma variedade maior de reações. A mãe de Jim entra, desconfiada dos ruídos, no exato momento em que um trecho do diálogo é ouvido com clareza. Então o pai de Jim entra, acha que é um problema de recepção e pega o controle remoto, num movimento que derruba o travesseiro do colo de Jim, revelando a meia usada para esconder a ereção. Sexo e constrangimento. Estamos apenas com 1 minuto e 41 segundos de filme e o personagem principal, o tom e o assunto foram claramente explicitados.

Jim e Oz se dirigem para o colégio, discutindo como Ariel, a pequena sereia, é gostosa. Compare a brevidade da cena com a de *E sua mãe também*, em que o carro volta do aeroporto. A cena de Herz é sobre risadas, um pouco menos sobre caráter e cultura e quase nada sobre política. Quando Kevin, Jim e Oz passam pelos integrantes da banda do colégio, uma colega, Michelle, propõe que todos toquem os instrumentos ao contrário para confundir o inspetor. O que parece um momento desperdiçado para nos colocar no contexto da escola na verdade é uma armação para introduzir Michelle.

Vicky conversa com Jessica, uma amiga muito sabida mas não totalmente cínica, sobre talvez fazer sexo com Kevin. Stifler lembra a Jim, Kevin, Oz e Paul da festa em sua casa. Stifler, que é barulhento e bronco, diz que os quatro nunca fizeram sexo e que vai colocá-los no setor dos "não trepantes" da casa. Numa lanchonete, Jim conta a seus três amigos que está pensando em falar com Nadia, uma estudante tcheca que faz intercâmbio. Os amigos implicam com o fato de Jim nem sequer saber qual a sensação da "terceira base".* Ele pergunta qual é a sensação, e Oz levanta dois dedos e diz que é como "torta de maçã quentinha". Obviamente, trata-se de um arranjo para uma cena futura.

Estamos com seis minutos e meio de filme e veja só o número de personagens e situações que Herz criou. Num filme com vários personagens, você não vai perder muito tempo com cada um deles, como vimos em *Simplesmente amor*. Herz não dá mais que uma característica a cada pessoa além de sua ânsia de transar. Veja como Herz distribui as cenas de Oz, Kevin e Paul para variar o ritmo do filme, o que lhe permite ter sempre alguma coisa para cortar.

---

* Os americanos costumam empregar metáforas de beisebol para falar de sexo. No esporte, como o jogador deve percorrer quatro bases antes de realizar um *home run*, é costume chamar o beijo na boca de "primeira base", o toque nos genitais de "segunda base", sexo oral de "terceira base" e a relação sexual de "quarta base" ou *home run*. (N.T.)

Na festa de Stifler encontramos Sherman, que é ainda mais esquisito do que os outros quatro. Sherman está se vangloriando do desempenho que terá na festa, o que desanima os outros rapazes e nos faz ter simpatia por eles. Jim tenta falar com Nadia, estraga tudo e se afasta. Oz pensa que vai pegar uma garota do colégio, mas ela lhe diz o que está fazendo errado e que ele deve tentar conversar primeiro. Isto define sua motivação pelo resto do filme, mas também mostra como Herz está retratando os personagens femininos, quase tão espertos quanto os masculinos. No quarto, Vicky está fazendo sexo oral em Kevin, e ele ajacula em um copo de cerveja próximo. Os dois são interrompidos por Stifler e uma garota que querem usar o quarto. Vamos acompanhar a saída de Vicky e Kevin? Com um copo de cerveja cheio de esperma no quarto? Sem chance. Herz e os diretores demoram para chegar ao óbvio, porque percebem que as risadas se multiplicam, imediatamente e depois, diante da variedade de reações que Stifler tem ao beber do copo.

Vicky conta a Jessica que não sabe se já teve um orgasmo e que nunca se masturbou. Jessica pergunta: "Você nunca deu dois cliques no seu mouse?" Repare que as garotas falam tanto sobre sexo quanto os rapazes, e Herz nos mostra garotas numa variedade de atitudes, algo que um monte de roteiristas de filmes sobre adolescentes excitados não faz.

A garota que está com Stifler sai do quarto com o vestido todo sujo do vômito dele. Não precisamos vê-lo vomitar. A plateia sabe somar dois mais dois. Outros rapazes, Justin e John, estão olhando para fotos da mãe de Stifler e dizem que ela é "uma mãe que eu gostaria de foder". Isto, de uma forma indireta, prepara para uma cena depois com ela. A cena da festa demorou dez minutos.

Na manhã seguinte, os garotos estão preocupados porque parece que Sherman conseguiu "bimbar" antes deles. E fazem um pacto para perder a virgindade antes da formatura, que será dali a três semanas. Assim, a principal questão dramática, como se costumava chamar na dramaturgia, foi apresentada: será que os quatro vão fazer sexo? Eles concordam na cena seguinte que terá que ser sexo consensual (assim não teremos que nos preocupar com cenas de estupro) e que não pode ser com prostitutas (eliminando a possibilidade de uma cena com profissionais que Bob Clark manejou muito bem em *Porky's*). Estamos com dezessete minutos de filme.

Na montagem com os garotos se preparando para fazer sexo, repare nos detalhes usados por Herz, particularmente aqueles que aparecerão mais tarde no filme.

Stifler arrasta Kevin e Jim para verem que Oz agora está… cantando no coral. E com um olho em Heather, a menina mais bonita do grupo. Oz diz aos rapazes que, já que nenhuma das integrantes do coral sabe quem ele é, pode tentar o que sua colega do colégio falou: ouvir e conversar com elas. Stifler responde: "Não sei não, cara, isso me parece que dá muito trabalho." A resposta faz os outros parecerem mais sensíveis que Stifler, o que nos ajuda a gostar mais deles. Mas também não podemos deixar de rir da resposta.

Quando o pai entra no quarto de Jim, ele esconde a camisinha na gaveta. Seu pai trouxe algumas revistas de mulheres nuas para "informar" Jim. Repare nas revistas que Herz selecionou e nas reações de Jim. As reações multiplicam as risadas. Eugene Levy também contribui como o pai, e Jason Biggs, no papel de Jim. O pai põe as revistas na gaveta, vê a camisinha e comenta: "Bom, é melhor que uma meia." O contexto torna a frase engraçada, como acontece quando Nicholson diz "várias vezes, aliás".

Paul pede a Kevin para concordar com tudo o que ouvir sobre ele, confirmando sua história. Depois que Paul vai embora, uma garota sobe ao quarto de Kevin e pergunta se é verdade que Paul é "bem-equipado". Surpreso, Kevin diz que sim. Paul pede informações sobre orgasmo ao irmão, que o aconselha a procurar um "manual secreto", que veio supostamente de Amsterdã e está escondido na biblioteca do colégio. Não é bem um livro, e sim uma coleção de recortes de revista, bilhetes etc. Em outras palavras, uma lenda colegial.

Aos 31 minutos do filme, Jim chega em casa e descobre que a mãe deixou para ele uma torta de maçã recém-assada. Se não tivéssemos visto a descrição de Oz sobre a "terceira base", a reação de Jim pareceria incompreensível, e não simplesmente cômica. Repare nas reações de Jim à torta. Desnecessário dizer, ele é interrompido por… quem você faria entrar?

Podia ser mamãe, mas o pai é a unidade parental que Herz põe em foco. Não os vemos limpando a sujeira, e sim à mesa, diante da torta. Vê-los limpando a sujeira talvez desse uma boa cena de comédia bem vulgar, mas não precisamos perder tempo, e Herz dá ao pai uma grande fala "cara de pau": "Bem, vamos dizer à sua mãe que comemos tudo."

Depois de praticar lacrosse (palmas para Herz por não ter escolhido futebol americano; um pouco de frescor nunca prejudica o roteiro de ninguém), Oz convida Heather para o baile do colégio, mas, depois que ela vai embora, Stifler começa a se comportar como, bom, como Stifler. Heather vê e conclui que Oz é outro idiota que caçoa dela também.

Kevin está tentando fazer sexo oral em Vicky ao mesmo tempo que lê o manual da biblioteca. Ele está lendo uma das páginas quando o pai dela sobe as escadas para chamá-la para jantar. Ele está com a mão na maçaneta quando ela grita "estou chegando!",* e ele se afasta. Bom, tivemos os pais de Jim interrompendo-o na hora errada. Aqui é um modo diferente de lidar com uma situação semelhante.

O pai de Jim quer falar com ele sobre masturbação. Admite que já se masturbou, mas "claro que nunca fiz com mercadorias assadas". Repare como Eugene Levy apresenta a fala de forma sutil; ele sabe que é uma grande fala e não precisa de muita interpretação para torná-la engraçada. Ouça o resto da conversa. E preste atenção nas reações.

Nadia se aproxima de Jim e pergunta se ele pode ajudá-la no trabalho de história. Ela antes vai ter aula de balé e irá à casa dele em seguida, onde trocará de roupa, se ele não se importar. Finalmente algo está dando certo para Jim. Os rapazes acham que Jim deve ligar a webcam para verem Nadia no quarto dele.

Aos 43 minutos, Nadia entra no quarto de Jim. Ele sai para ela mudar de roupa e corre até a casa de um amigo, onde ficam olhando pelo computador. Nadia encontra as revistas na gaveta de Jim. Você tinha se esquecido delas? Herz não. Ela começa a se masturbar. Kevin e Paul convencem Jim

* Em inglês, "coming" tem a mesma sonoridade de "cumming", gíria que designa o momento do orgasmo. (N.E.)

de que aquela é a chance de transar com Nadia. O que nós (e não eles) estamos percebendo (por que só agora, e não antes?) é que a transmissão da webcam é para todo o grupo do colégio. Assim, não temos só os garotos olhando, mas uma porção de pessoas que nunca vimos. Reações, reações, reações. A maioria das reações é como esperávamos; quais reações diferentes você poderia escrever? Nadia quer que Jim tire a roupa, o que ele faz, dançando desajeitado ao som da música. Quando Nadia o puxa para a cama, ele tem uma ejaculação precoce. Duas. No dia seguinte, todo mundo no colégio está rindo de Jim. Ele conta aos amigos que os responsáveis por Nadia viram o vídeo e que ela foi embora para casa. Estamos com 55 minutos de filme. Por que tivemos de nos livrar de Nadia?

Por que ela é uma estudante de intercâmbio? Pela mesma razão que Ingrid Bergman foi selecionada para *Casablanca*. Na peça teatral que deu origem ao filme, sua personagem era americana. Foi uma das razões para o espetáculo não ter sido produzido na Broadway: que mulher americana cometeria adultério a fim de obter um visto no passaporte? Hal Wallis, o produtor do filme, fez a personagem ser europeia, porque todos sabem que as europeias têm uma moral mais flexível do que as americanas, ou são mais esclarecidas em relação a sexo. Herz faz a mesma coisa com Nadia. E, se Nadia ficasse, teríamos de lidar com a diferença entre o esclarecimento sexual dela e o de Jim, o que vai além do que o filme pretende. (Para um divertido olhar documental sobre uma situação semelhante, veja o brilhante *All American High* [1987], de Keva Rosenfeld. Ele acompanha o último ano de uma estudante finlandesa num colégio americano. Rosenfeld diz que as adolescentes americanas falam mais sobre sexo, mas que as finlandesas o praticam mais cedo.)

Na sala de aula, Jim senta-se ao lado de Michelle, que dispara a falar do que aconteceu "uma vez, num acampamento da banda". Aparentemente sem saber sobre a webcam, ela é uma das poucas pessoas no colégio que não estão caçoando dele. Então Jim a convida para o baile. Ela aceita, e ele se arrepende do convite quando ela emenda outra história sobre o acampamento da banda. Como é deprimente começar com Nadia e terminar com Michelle.

Jessica admite para um dos rapazes que foi ela quem começou os boatos sobre Paul. O boato preferido, que ainda não ouvimos, é que ele foi para a cama com uma mulher mais velha. No vestiário, Oz começa a cantar e Stifler, meio brincando, o acusa de ser gay. É o único exemplo de homofobia no filme, ao contrário do segundo e do terceiro episódio da série. Suponho que em filmes destinados ao público masculino americano entre catorze e 25 anos não surpreende que o pânico homossexual seja uma fonte de humor, mas em geral isso não é bem-feito. No caso deste filme, a cena é rápida e relativamente tranquila.

Na partida de lacrosse, o treinador (escrito como um clichê) faz uma preleção a respeito da importância do jogo, o que serve apenas para Oz compreender a importância do coral no qual vai cantar. Ele e Heather se beijam.

Vicky e Jessica têm outra conversa sobre sexo. Não é comum encontrar uma conversa franca sobre sexualidade nas comédias para adolescentes, ou até nos filmes americanos, sendo uma notável exceção *Picardias estudantis* (1982). Herz se sai bem porque faz isso numa comédia adolescente, e cria a conversa para personagens dos quais gostamos. E muito.

Temos uma montagem dos rapazes preparando-se para o baile, que inclui o pai dando instruções a Jim para ser muito cuidadoso "ao segurar o corpete", acompanhadas de piscadelas e tapinhas nas costas. Pela primeira vez, Jim não fica constrangido com o pai.

Aos 71 minutos, estamos no baile. Nossos quatro garotos se reúnem para descobrir o quão próximos cada um está de seu objetivo. Kevin com certeza vai transar naquela noite, Oz talvez, Paul de jeito nenhum, e Jim está preocupado com toda a pressão, mais uma coisa que você nunca vê com os personagens masculinos na maioria das comédias adolescentes. Jessica chama Paul para dançar, mas diz que de maneira alguma fará sexo com ele. Por que não colocar os dois juntos? Ele é virgem e ela o destruiria. Vicky fala com a namorada de Sherman, que diz que tudo o que faz com ele é ter longas conversas. Vicky esclarece as coisas. Num intervalo da música, a namorada de Sherman pega o microfone, chama Sherman de mentiroso, diz que ele nunca fez sexo e – oh, sim – que quando ele fica nervoso molha as calças. Agora a pergunta é: você corta imediatamente para as calças molhadas dele ou corta para seu rosto primeiro?

Aos 78 minutos, estamos na casa de Stifler, perto do lago. Michelle quer que Jim conte algumas histórias de homem. Paul, o mais tímido do grupo, perambula pelo salão de bilhar, onde encontra... a mãe de Stifler. Com ela, Paul fica verdadeiramente... suave. Michelle está terminando de contar uma história sobre um jogo de verdade e consequência no qual ela tinha que beijar um trombonista por um tempão. Com 84 minutos de filme, Michelle se vira para Jim e diz: "E uma vez, no acampamento da banda, enfiei uma flauta na minha buceta."

É uma das maiores tiradas na história do cinema. Vamos parar um minuto para entender por que ela funciona. Repare como Herz construiu Michelle. Ela é uma personagem engraçada, uma nerd, e não temos motivo até aqui para pensar que ela teria uma vida sexual. É bonitinha, mas não deslumbrante, e na lógica natural dos filmes americanos as garotas deslumbrantes fazem sexo, e as bonitinhas, não, sobretudo se são tão patetas quanto Michelle. Também ajuda o fato de que Alyson Hannigan tem uma atuação perfeitamente afinada. Bom, perfeitamente afinada para *este* filme.

Agora, com essa tirada, aonde você pode ir? Primeiro, você tem a reação de Jim, que é uma reação de surpresa clássica, cuspindo a bebida. Michelle pergunta se os dois vão fazer sexo logo. Eles encontram um quarto (o quarto do irmãozinho de Stifler; como é que você adivinhou?) e Michelle entrega a Jim duas camisinhas. Ela diz que duas reduzirão a sensibilidade dele, e então não vai gozar antes da hora. Sim, ela viu o episódio da webcam, e foi por isso que aceitou ir ao baile com ele: imaginou que com ele iria transar com certeza. Eles fazem sexo e ela o chama de sua "cadela".

No salão de bilhar, a mãe de Stifler pergunta a Paul: "Você está tentando me seduzir?" Ela pega a mão dele e diz: "Você está morto." Espere um minuto. Acabei de dizer que *Jessica* o teria destruído, então a mãe seria ainda pior? Não, e você pode saber por que apenas ouvindo a trilha sonora da cena. Sim, é "Mrs. Robinson" de *A primeira noite de um homem.*

Herz e os produtores de *A primeira vez é inesquecível* estão deixando o filme de Mike Nichols fazer grande parte do trabalho por eles. Mas aqui a mãe recebe pouca caracterização e o sexo é encenado apenas pelas risadas que nos remete a *Primeira noite de um homem*. Por causa daquele filme, este não tem que lidar com as implicações desta cena.

Na manhã seguinte, aos 87 minutos, Vicky conta a Kevin que no ano seguinte estarão em diferentes faculdades, e com isso não conseguirão manter o relacionamento. Fica claro para nós e para ela, se não para ele, que é uma trepada de despedida. Acho que a intenção era que fosse uma cena tocante, mas nem o texto nem as performances conseguem. Jim acorda na cama dizendo: "Ela foi embora! Oh, meu Deus, ela me usou. Fui usado. Fui usado! Maneiro!" Veja como as reações de Jason Biggs mudam ao longo da fala. Ele é tão bom quanto Nicholson em seu "velho, velho, velho" em *Alguém tem que ceder*. A cena é também uma boa maneira para nos livrarmos de Michelle, uma vez que ela é um personagem de uma piada só, e a piada acabou. É, bem...

Stifler entra no salão de bilhar. *Não* vemos o que ele vê, pois os jovens realizadores do filme talvez acharam que outros jovens não iam gostar de ver um rapaz da sua idade nos braços de uma mulher, digamos, de quarenta anos. Alguns espectadores mais velhos poderiam não ser tão suscetíveis. As reações de Stifler são o que você poderia esperar, inclusive o desmaio. Você consegue imaginar reações mais interessantes?

Nossos quatro rapazes estão juntos na lanchonete de costume. Paul se derrama em elogios às mulheres mais velhas. Os outros concordam que aquele é o fim do período escolar e de parte de suas vidas. Vemos Jim em casa ajustando a webcam para falar com Nadia, que voltou à República Tcheca. Ele começa a dançar como fez quando se despiu. O pai olha da porta e começa a dançar também, no corredor.

Os créditos rolam, aos 91 minutos na versão para DVD sem classificação de idade, que tem 96 minutos. O filme que chegou aos cinemas dura 95 minutos. A caixa do DVD diz que a versão sem cortes apresenta mais detalhes da cena de Nadia, da torta e do manual de Amsterdã. A versão sem cortes é uma estratégia de marketing e parece ter funcionado (tente encontrar a versão que chegou às telas no DVD), mas nada acrescenta de substancial ao filme. Embora você possa pensar que as piadas grosseiras são o forte do roteiro, lembre-se de todas as comédias grosseiras que não funcionaram. Herz é muito inteligente em relação a seu próprio roteiro para saber que seu forte são os personagens e a história. Como sempre.

American Pie 2: A segunda vez é ainda melhor **(*American Pie 2*, 2001. História de David H. Steinberg e Adam Herz. Baseado em personagens criados por Adam Herz. Roteiro de Adam Herz. 108 minutos)**

Um ano se passou. Por quê? Adam Herz lembrou que a última vez que sua "velha turma" de colégio se reuniu foi no verão seguinte. Acho que ninguém foi para casa no Natal durante as férias da universidade.

Não há gemidos na trilha sonora. Só rock. Estamos num campus universitário com gente que está indo passar as férias de verão em casa. Como sabemos? Repare nos detalhes da tomada de abertura. Durante a narração, uma garota diz a Jim que os dois vão ter apenas uma "trepada amigável de despedida", e Jim observa que nunca tiveram uma trepada de apresentação. Eles começam, e o pai de Jim entra enquanto os dois estão juntos. Todo mundo fica perturbado, inclusive os pais da garota quando chegam. Como os pais dela sabiam que ela estava ali, se o quarto é de Jim? A pergunta nem me ocorreu até a terceira vez que vi a cena, o que significa que Herz estava fazendo seu trabalho, envolvendo-me na situação. Por outro lado, a cena é quase idêntica à cena de abertura de *A primeira vez é inesquecível*. Como acontece com muitas continuações, o filme acaba quase como um remake do anterior.

Em outro (?) campus, Stifler – quem permitiu que ele entrasse para a faculdade? – e Oz têm uma conversa semelhante à do "trabalho difícil" que é conversar com as meninas, no primeiro filme. Oz escolhe Heather, que vai passar o verão no exterior. Por quê? Talvez tenha sido problemático para Herz saber o que fazer com ela e Oz. Vamos ver a solução mais adiante.

Paul chega falando japonês à lanchonete onde os colegas estão. Ele está namorando uma japonesa. Teve encontros com outras garotas, mas nenhuma se comparava à mãe de Stifler. Deduzimos que não viu a mãe de Stifler no ano que passou. O quê? Eles não têm telefone em Great Falls, Michigan?

Bom, seguindo o padrão de *A primeira vez é inesquecível*, é hora de uma festa na casa de Stifler, e vemos o mesmo tipo de ação do filme anterior. Nossos rapazes falam sobre o fato de serem estudantes universitários, e resolvem abordar garotas que ainda estão na escola, mas duas delas viram Jim na webcam. Paul diz: "É igual aos velhos tempos." Jim vê Jessica e Vicky, e acha que Vicky está gostosa, embora não me pareça diferente do primeiro filme. Kevin conversa com ela e concorda em serem apenas amigos. Paul vai ao quarto da mãe de Stifler, olha os retratos dela, sente seu perfume e folheia um livro sobre tantra. Stifler o descobre ali e quer arrastá-lo para fora. Por que, em primeiro lugar, Stifler deixaria Paul entrar em sua casa? O diálogo torna claro que eles tiveram uma briga um ano antes, mas parece que fizeram as pazes. Justin e John, os dois da conversa sobre a "mãe que eu gostaria de foder", admiram Paul por ter comido a mãe de Stifler. Em lugar do esperma na cerveja, vemos John mijando do segundo andar e acertando Stifler, que pensa ser champanhe que uma garota está jogando sobre ele. Será que Stifler não tem olfato? A piada é um pouco engraçada, mas não chega aos pés da do copo de cerveja com esperma. Dois policiais interrompem a festa. Estamos com dezenove minutos e meio de filme, um pouco mais de tempo do que o fim da festa no primeiro filme.

Kevin telefona para o irmão para contar que os policiais proibiram festas na casa de Stifler, e eles não têm para onde ir. O irmão diz que no passado alugou com os amigos um chalé na praia para darem festas durante o verão. Nadia telefona para Jim de... Nova York. Ela está no país para passar o verão e estará em Michigan no fim da estação. Jim conta a Oz e Paul que Nadia virá e que sabe que ela ficará desapontada se ele não conseguir fazer amor melhor. Aos 22 minutos, Kevin conta seu plano sobre a casa de praia durante o verão. Paul observa que a casa vai facilitar o treinamento de Jim antes da chegada de Nadia e dará a Oz um lugar para dar as boas-vindas a Heather quando ela voltar, mas que eles não têm dinheiro para pagar as despesas. Kevin avisa que acrescentou mais uma pessoa ao grupo.

Opa, é Stifler. Stifler é sinônimo de uma ou duas risadas, porém é um personagem desagradável e o menos interessante do grupo. Como Michelle, ele é um personagem de uma piada só e não consegue ter um papel mais importante na trama. Herz comete o mesmo erro de Bob Gale no roteiro de *De volta para o futuro II* (1989), ao transformar Bill, o personagem menos interessante do primeiro filme, em personagem importante. Desconfio que Stifler pode ser engraçado ao ser escrito, ou pelo menos engraçado ao falar sobre ele numa palestra sobre o filme, mas ele se esgota depressa demais. Em *A segunda vez é ainda melhor*, sua presença exagerada reduz a graça que o primeiro filme tinha.

Os rapazes chegam à casa, uma verdadeira mansão. Repare os detalhes que Herz dá a cada um deles na sua movimentação ao entrarem. Por que *esse* detalhe para *esse* personagem? Para ajudar a pagar o aluguel, eles vão trabalhar pintando uma casa. Jim se queixa do mau desempenho sexual, mas só uma pessoa sabe mesmo como ele é ruim. Oz pergunta quem é essa pessoa. Cortamos para o acampamento da banda em Tall Oaks. Ora, o acampamento da banda era uma brincadeira corrente, com um grande retorno no primeiro filme, mas vê-lo é uma grande decepção. Não há praticamente nada que Herz possa fazer para justificar o que imaginávamos que se passava ali, como você pode ver ao analisar as cenas. Jim entra às escondidas no acampamento e encontra Michelle, que está tão pateta quanto na primeira parte do primeiro filme. Mas agora sabemos que ela não é assim, então por que escrevê-la como se fosse? Jim diz que deixou três mensagens para ela (então *existem* telefones no Michigan), mas ela não respondeu. Ela diz que ele faz sexo muito mal e concorda em dar uns conselhos.

A festa na casa de praia parece ter atraído somente rapazes, inclusive Sherman, o "Sherminador", como ele próprio se chama. Jessica pede a Sherman que pare de usar o nome "Sherminador", pois ele nunca conquistará uma garota assim. Stifler pergunta a Jessica quantas garotas ela teve. É uma pergunta homofóbica, porém interessante. Nunca vimos Jessica com um rapaz, e ela e Vicky parecem muito próximas.

Os rapazes reparam que há duas mulheres jovens e bonitas morando na casa que eles estão pintando. Como só agora eles perceberam? O roteiro aqui bobeou. Stifler nota que o rosto das mulheres ficam próximos enquanto elas conversam e, sendo quem é, logo desconfia que sejam lésbicas. Paul chama Stifler de homofóbico e diz que mulheres podem dar as mãos sem serem lésbicas. Herz tenta apresentar a questão de dois modos: provocar risadas com a obsessão de Stifler pelas lésbicas e ao mesmo tempo criticá-la. Ele se mostra um pouco óbvio sabendo que jovens (homens) são a maioria do público.

Oz e Heather estão tentando fazer sexo pelo telefone, mas são interrompidos por Stifler. Poderia ser uma boa piada recorrente, mas Herz a conduz de uma maneira sem brilho. Veja as cenas e imagine como poderia desenvolver melhor a ideia.

Durante o trabalho de pintura, os jovens encontram um vibrador na casa, o que os convence de que as duas mulheres *são* lésbicas e comprova que sabem muito pouco sobre lésbicas (e sobre mulheres). Com 46 minutos de filme, as mulheres descobrem Stifler, Jim e Paul. As duas percebem que eles pensam que elas são lésbicas e concordam em se beijar, acariciar etc., *desde que* eles façam o mesmo... uns com os outros. A comédia surge de como Stifler e os outros estão desesperados para ver as duas tendo atitudes "lésbicas". A cena brinca de forma engraçada com o pânico homossexual dos rapazes, especialmente porque gostamos de ver Stifler recebendo um pouco do próprio veneno. Em razão do público a que se destina, o filme nunca mostra tudo, o que será um problema ainda maior no terceiro filme. A cena dá aos rapazes reações interessantes a serem interpretadas, mas as duas mulheres são personagens muito genéricos. Na tradição dos filmes da série, elas são mais espertas do que os homens, porém é tudo o que é mostrado delas. Em favor de Herz, ele deixa sem resposta a dúvida sobre se elas são lésbicas até o final do filme. Kevin, do lado de fora da casa, tenta falar com os rapazes pelos walkie-talkies. Como a cena é muito semelhante à de Nadia e Jim do primeiro filme (e repare quanto sabemos mais sobre Nadia do que sobre as duas moças aqui, e quantas coisas mais estão em jogo naquela cena), várias pessoas ouvem a conversa. Quem você colocaria ouvindo a conversa? A cena completa tem dez minutos.

Na casa de praia, Stifler aparece com uma caixa de vídeos pornográficos e gel lubrificante. A mãe de Stifler telefona e avisa que vai chegar no fim do verão (Que tipo de vida ela leva? Por que nunca está em casa? Onde está o pai de Stifler?), o que excita Paul. Jim tem aulas com Michelle, que está menos pateta do que no primeiro filme e no início deste. Herz e companhia provavelmente começaram a perceber que, como personagem de uma piada só no primeiro filme, ela não consegue se sustentar como um personagem importante no segundo. Então eles tornam seu comportamento um pouco mais "normal", o que não é coerente com o que sabemos dela.

Interessante nota de rodapé: o DVD de *A segunda vez é ainda melhor* traz as cenas de escolha do elenco do primeiro filme. O desempenho de Hannigan é muito menos pateta do que o da Michelle que ela faz no filme. Em vista da construção de sua fala principal, você pode compreender por que seu desempenho se desenvolveu daquela forma no primeiro filme. Isso acabou limitando sua personagem na continuação, o que Herz e seus colaboradores tentaram atenuar modificando a personagem em vez de desenvolvê-la. A modificação de um personagem é mais prejudicial aqui do que aconteceu com o Malcolm, de *Parque dos dinossauros* para *O mundo perdido*, porque neste último Koepp apenas estabeleceu Malcolm como uma pessoa que mudou e seguiu em frente na vida. Herz, entretanto, parece oscilar ao longo deste e do terceiro filme.

As cenas de "ensinamento" de Michelle são engraçadas e mais de acordo com o tom do primeiro filme. Ouça os detalhes que Herz dá a Michelle na cena; você nunca pensará em preaquecer um forno da mesma forma novamente. Na casa de praia, Kevin está folheando o livro com as recordações das férias do irmão, mas quase não o vemos, menos ainda do que vimos do "manual" do primeiro filme. Como muitas outras coisas, isso parece uma sobra do primeiro filme que não foi explorada como poderia. O que você faria com esses livros? Jim quebra uma luminária, conserta-a com cola e depois, sem querer, usa a cola em vez do lubrificante enquanto assiste a um dos vídeos pornôs. Acaba com uma das mãos grudada ao pênis e a outra à fita pornô. O pai está no hospital e temos a pior cena dele em todos os filmes da série. O pai de Jim é um doce e em nenhuma outra cena ele é tão antipático, ao repreender uma mulher numa cadeira de rodas. Estamos com 76 minutos de filme.

O médico diz a Jim que o machucado no pênis ficará bom em oito ou nove dias, mas Nadia deve chegar em uma semana, então o médico lhe dá um creme que deve acelerar a recuperação. Temos em seguida uma boa cena com o pai de Jim, e ficamos aliviados de ver que ele voltou ao que era. O irmãozinho de Stifler aparece na casa de praia para ver as garotas. Onde *estão* os pais desses dois? Quando Nadia chega mais cedo, Michelle diz a Jim que vai fingir ser a namorada dele, assim Nadia vai querer esperar para transar, e depois Jim e Michelle terminarão o namoro fingido quando ele estiver curado. Eles "terminam", com Michelle acusando Jim de só querer saber de sexo. Como é que Nadia ficou tão estúpida a ponto de acreditar nisso? Michelle sai de casa e entra no carro, onde podemos ver que ficou triste de verdade por "terminar" o namoro. Isso é chamado, no jargão dos atores, de "momento privilegiado", quando vemos algo sobre o personagem que ninguém mais vê, e Hannigan se sai muito bem, mesmo não sendo uma cena coerente com o que sabemos sobre Michelle.

Aos 84 minutos a festa começa. Vicky está acompanhada por um rapaz maravilhoso, o que aflige Kevin. Ele admite para os amigos, referindo-se à última cena do primeiro filme, que não deu o "próximo passo" para namorar outras garotas. Como no caso da solução da história entre Kevin e Vicky no primeiro filme, isso deveria ser mais emocional – sim, mesmo numa comédia – do que é. A história Kevin-Vicky nunca foi tão convincente quanto precisava ser para se sustentar com as outras histórias paralelas. Paul diz que ainda está obcecado por uma mulher com quem não pode ter futuro. Stifler vê o irmãozinho imitando-o e manda que ele fique de guarda, equipado com um walkie-talkie. Imagina com quem ele acaba conversando? Com Amber e Danielle, as duas mulheres da casa que foi pintada. Jim e Nadia vão a um farol, mas Jim percebe que é com Michelle que ele quer ficar. Nadia manda ele ir para sua nerd, dizendo que um dia vai encontrar alguém.

Nadia fala com Sherman, que usa seu estilo "Sherminador", e ela acha o estilo... fascinante. Ela sabe que encontrou seu nerd. O Sherminador? Será que estamos preparados para isso? Acontece do nada, e é mais bizarro que engraçado, no mínimo porque contraria tudo o que sabemos de Nadia, de Sherman, e do conselho inteligente de Jessica, alertando a parar de usar o estilo. Stifler e Jessica observam, espantados, Sherman e Nadia subirem a escada, depois olham um para o outro. Jessica diz "Esquece", e Stifler responde: "Como se você tivesse chance." Bom, por que não juntar o dois? E por que não arranjar alguém para Jessica, masculino ou feminino? Afinal de contas, o que faz Herz pensar que há algo de errado com ela?

O irmãozinho aparece com Amber e Danielle, e Stifler lhe diz que elas são lésbicas. Uma das duas retruca: "Nós nunca dissemos isto." Ah, mas se elas fossem lésbicas mesmo e terminassem com Jessica? Desculpe, estou só procurando um meio de ir além das limitações que Herz aceita. Kevin diz a Vicky que prefere tê-la como amiga a afastar-se dela para sempre. Será que devemos acreditar nele?

Pela manhã, Oz e Heather – que já apareceram antes, mas quem se importa? – estão na cama. Jim e Michelle estão na cama. Stifler está na cama com Amber e Danielle. Muito bem, mas onde está Paul? E Jessica?

Os rapazes estão colocando as bagagens na caminhonete e lamentando que Paul não tenha transado. Por que não? Estará economizando energia sexual? Um carro preto estaciona. É... a mãe de Stifler. Paul se aproxima, pergunta o nome dela. Jeanine. Ele diz que está indo embora e que não vai ficar obcecado por uma mulher. Ela pergunta: "Quer entrar no carro?" Ele entra. Em outra praia, vemos o carro balançando e o alarme tocando. Era para isso que Paul estava guardando sua energia sexual. Jeanine diz: "Me chama de 'mãe do Stifler', vai." Aos 103 minutos os créditos começam a rolar.

O roteiro e o filme caem em várias armadilhas comuns aos filmes que têm continuações. As semelhanças com o primeiro filme vão além do necessário. Põem em foco o personagem errado, Stifler, dando menos atenção aos outros personagens. Em *A segunda vez é ainda melhor*, a personagem Michelle tem que ser mudada no meio do filme para tudo funcionar segundo o enredo. As mudanças de rumo ("Sherminador" e Nadia!?!) acabam traindo os personagens e o tom deste e do filme anterior. Mesmo assim, há bastante do humor característico da série *American Pie* para o filme funcionar, pelo menos numa escala modesta.

American Pie 3: O casamento
(*American Wedding*, 2003. Baseado nos personagens criados por Adam Herz. Roteiro de Adam Herz. 96 minutos)

Encontramos Jim e Michelle jantando num restaurante sofisticado. Três anos se passaram. Como sabemos? Jim se prepara para pedir Michelle em casamento, mas o pai dele telefona para dizer que Jim deixou a aliança em casa e que vai levá-la até o restaurante. Michelle rasteja embaixo da mesa para fazer sexo oral em Jim. Por quê? O pai chega, mas, quando Jim se levanta, suas calças estão arriadas. Michelle sai de baixo da mesa, Jim a pede em casamento e ela aceita. Eles se abraçam e as calças dele caem revelando a ereção.

Podemos sorrir um pouco, mas ainda não rimos. Em parte porque é mais do mesmo com Jim, o pai e principalmente com Michelle. O pedido de casamento, que constrói a história, acontece como uma surpresa. Também evita que os três filmes da série sejam só sobre sexo e faz com que este episódio gire em torno de um acontecimento social: o casamento. O problema vai ser que Herz não tem ideias novas sobre casamentos para ir além do que vimos em todos os outros filmes sobre isso. O descaramento do primeiro filme foi estimulante porque somente *Porky's* havia feito algo assim.

Jim, Michelle, Paul e Kevin conversam num bar. Sem Oz. E, mais tarde, sem Jessica. Por que esses personagens desapareceram? Isto não seria um problema se houvesse personagens novos e interessantes, mas não há.

Os pais de Jim dão uma festa para homenagear o casal. Harold e Mary, pais de Michelle, comparecem. Nesses três anos de namoro, eles nunca se encontraram com Jim. Por quê? Nenhuma explicação. E nós, infelizmente, temos uma caracterização não muito boa desses personagens. Mary gosta de chocolate, o que será motivo para uma piada grosseira mais adiante, porém Harold não tem características definidas. Harold e Mary também trouxeram seus cachorros. Jim e Michelle concordaram sabiamente em não convidar Stifler para a festa e o casamento, mas ainda assim ele aparece, dirigindo um ônibus escolar. Que escola seria louca para contratar Stifler como motorista? Sem explicação. Ele entra de penetra na festa e termina no chão com os cachorros, o bolo e Jim, numa posição que parece obscena aos olhos de Harold e Mary. Eis uma oportunidade para mostrar alguma característica dos pais de Michelle, através de algumas – sim – reações, mas não temos a sorte.

Jim, Michelle e os pais dela conversam. Os pais não estão felizes com o casamento, mas, exceto pelo episódio com Stifler, não sabemos o motivo. A insinuação é que Jim não se mostrou merecedor de Michelle. Os pais parecem bastante desinformados sobre a filha. Enquanto isso, Stifler começa a planejar a despedida de solteiro. É óbvio que ele não vai embora. A ideia aqui, tenho certeza, é que Stifler bagunçando um negócio sério como um casamento vai ser engraçado. Funcionou com os irmãos Marx e a ópera no filme *Uma noite na ópera* (1935), mas Stifler não é Groucho. Stifler é um personagem de uma nota só a quem se pede que seja mais. Herz se esforça para aproveitá-lo mais neste filme, no entanto o personagem resiste, como veremos.

Michelle, apesar de seu comportamento, digamos, liberal, quer um casamento bem tradicional. E parabéns a Herz: não há uma única piada sobre "vestido branco" no filme. Nem sequer uma boa piada, como em *Sorte no amor*. Jim está preocupado porque Michelle quer que ele dance com ela no casamento. Jim não sabe dançar. Kevin, que foi reduzido de personagem importante no primeiro filme a amigo aqui, diz que o casamento é manobrável, e Paul diz que descobrirá que tipo de vestido Michelle quer.

Jim fica sabendo que Stifler pensa que será convidado, então o encara no treino de futebol americano (o que aconteceu com o lacrosse?), onde Stifler é… assistente do técnico. Que espécie de colégio é esse? Com certeza eles sabem quem é Stifler, pois foi ali que estudou. Stifler faz um discurso para os jogadores criticando Jim, dizendo que cuidou da vida sexual de Jim desde o colégio. E mesmo assim não é despedido. Ele sabe dançar e se oferece para ensinar Jim, se este o deixar ir ao casamento e organizar a despedida de solteiro. Tudo bem, mas onde Stifler aprendeu a dançar? E por quê? Pode ser uma tentativa de aumentar a importância do personagem de Stifler, mas parece vir do nada.

Paul encontrou uma loja em Chicago que vende o vestido que Michelle quer. Não o vemos descobrindo isso porque ele nem chega a ser um personagem secundário no filme. Stifler escuta por acaso o que Paul disse e se propõe a acompanhá-los a Chicago. Aos vinte minutos de filme, estamos em Chicago. Estruturalmente, é muito cedo ou muito tarde para uma viagem sem importância. Você poderia começar com eles já em Chicago (mas por que eles estariam lá no começo?) ou fazê-los ir mais tarde (quando haverá mais coisas em jogo), pois neste ponto parece ocorrer uma interrupção na história. Paul faz Stifler permanecer no carro enquanto vão ver o vestido, porque os donos da loja são amigos de Paul. Stifler: "Eles são gays." Paul: "Não, eles têm estilo e cultura." Stifler: "Eles são gays." Sim, isto é típico de Stifler, mas também é um arranjo para uma cena futura. O vendedor na loja diz que a costureira fica pelos bares depois do trabalho. Os rapazes acabam em um bar e Stifler flerta com uma mulher que obviamente é um homem. Outra garota traz um "amigo" para conhecer Stifler: Urso, um homenzarrão gay. Tudo acaba evoluindo para uma competição de dança entre Urso e Stifler, que terminam com algum respeito um pelo outro. Será que Stifler está ficando flexível, ou pelo menos mais sensível? Bom, você talvez possa ver por esse lado, mas então ele não será Stifler. Quando estão saindo, Stifler diz aos amigos: "Eu bem que disse pra vocês, aquele cara queria transar comigo." Em outras palavras, ele muda, ele é o mesmo, ele muda, ele é o mesmo etc. Isto continuará por todo o filme e nos deixará confusos ao tentarmos entender como Stifler pensa. Você consegue descobrir como é possível fazer a humanização de Stifler funcionar? Isto é, sem ofender toda a plateia jovem masculina com pânico homossexual que constitui o maior público dos filmes da série *American Pie*?

Um dos homens do bar gay é o estilista (e por que o vendedor não mencionou que "Leslie" era um homem?) e concorda em fazer o vestido. Urso dá seu cartão aos rapazes, dizendo que é o agente de umas garotas que eles poderão querer para a despedida de solteiro. Aos 28 minutos estamos de volta a Great Falls, onde Jim conta a Michelle que Leslie fará o vestido.

Michelle e Paul (por que Paul e não Jim?) buscam a irmã dela, Cadence, no aeroporto. Uma nova personagem, com inúmeras possibilidades. Como é a irmã de Michelle? Se ela for exatamente como Michelle, será apenas uma repetição. O que não vimos entre as personagens femininas do filme até agora? Como você imaginaria um personagem bem interessante para contracenar com aqueles que já temos? Ah, ela é apenas uma jovem bonitinha. Parece dividida entre estudar e não estudar, acaba de terminar um namoro e dá a entender a Michelle que deseja ficar louquinha. Mas não temos muita noção do que "louquinha" significa para ela. Não parece tão "selvagem" quanto Michelle. Paul, entretanto, fica apaixonado. Stifler vê Cadence e também se apaixona.

Paul e Cadence almoçam juntos e Stifler aparece, vestido como um mauricinho. Por que ocorreria a Stifler vestir-se como um mauricinho? Quer parecer simpático, mas não fica claro se faz isso apenas para impressionar Cadence ou como parte de um plano para se comportar bem no casamento. Você pode rir em qualquer das duas hipóteses, mas a falta de precisão impede Herz de chegar a um resultado melhor. Stifler encontra-se com Mary e eles conversam sobre como chocolate é maravilhoso. Agora a questão é saber quem ficará com a aliança da avó de Michelle até o casamento. Stifler sugere que Mary conheça os três candidatos a padrinho (Jim ainda não decidiu quem será; por que não?) antes de decidir quem carregará a aliança. Jim e Michelle ficam atônitos ao ver Stifler ajudar a mãe dela a escolher as flores. Pelas costas de Mary, ele faz caretas. Michelle fica preocupada ao vê-lo e pensa que ele está apenas querendo "fisgar" Cadence. Jim afirma que apesar de seu comportamento e dos palavrões que diz, [Stifler] "é uma pessoa muito sensível". E qual é a prova? E se for, não é o Stifler que conhecemos. Afinal, ninguém acusou Groucho de ser sensível.

Quando Paul percebe que Cadence está ficando cansada do papo intelectual, passa a se comportar como Stifler, e ela gosta. Jim e o pai têm uma conversa sobre Nadia. Jim pergunta ao pai: "Você teria deixado de fazer sexo com Nadia?" O pai insiste que é um homem casado. Mas se não fosse? Bom, também estou muito velho. Mas se não estivesse? O ritmo aqui, caso você não o reconheça, é a preparação para a fala final de *Quanto mais quente melhor* (1959). Mas se você tivesse a idade certa? "Por quê? Ela disse alguma coisa?" Agora, "Ela disse alguma coisa?" não é uma *piada*, como não é uma piada "Bom, ninguém é perfeito", de *Quanto mais quente melhor*, pois esta é a fala perfeita para a situação e o personagem. O personagem de Stifler muda constantemente no filme, mas o personagem do pai é bem-estabelecido e definido com precisão. Mais uma vez, ter Eugene Levy lendo essa fala ajuda. Talvez você não se espante ao saber que esta foi a única passagem do filme em que eu ri. Em geral rio com facilidade.

Estamos nos aproximando da metade do filme e chegamos a uma cena importante: a despedida de solteiro organizada por Stifler. Ele, Paul e Kevin combinam que ela será na casa de Jim, numa ocasião em que pensam não ter ninguém lá. Urso chega com duas strippers (prostitutas? Não temos certeza), Brandi, a empregada francesa, e Krystal, a policial. A festa está começando sem Jim, mas Paul, que se cobriu de calda de chocolate, descobre um peru assando no forno. Jim, que quer ter uma conversa a sério com os pais de Michelle, combinou oferecer-lhes um jantar. A chegada deles é anunciada aos gritos pelos rapazes, e então Paul, Kevin, Stifler, Urso e as garotas se escondem, aparecem, se escondem, tentam explicar o que estão fazendo ali etc. Podia ser uma cena clássica, ou pelo menos mais engraçada. Para fazer esse tipo de farsa você tem que ser muito preciso, o que o roteiro não é. Stifler se mantém oscilando entre caracterizações, e Herz não proporcionou a ninguém reações interessantes. Harold parece demonstrar prazer quando Krystal o açoita com um chicote, mas isso vem do nada e vai a parte alguma. Enquanto o primeiro filme criou alguns personagens femininos interessantes – em termos de história pessoal –, Herz criou Brandi e Krystal como strippers convencionais. O que você faria com as personagens de duas strippers numa situação como esta? Para uma boa solução, dê uma olhada em Cherry Forever em *Porky's*.

No final da cena, Jim leva a culpa pelo acontecido, mas Mary diz que, se ele se dedicar tanto ao casamento quanto à preparação do jantar, ela lhe dará sua bênção. Uma vez que Stifler também aceita parte da culpa, ela lhe entrega a aliança da avó. Estamos com 53 minutos de filme.

Todos se dirigem para o norte, para um grande hotel onde o casamento se realizará. O pai de Jim é visto com a mãe, que está numa cadeira de rodas. Stifler percebe que colocou a aliança com a ração que deu para os cães de Harold e Mary. Então, em vez de ir além de um beijo com Cadence, sua atenção se concentra na espera de que os cães defequem, o que a aborrece muito. Quando eles defecam, Stifler descobre qual deles comeu a aliança e coloca as fezes numa forminha de doce. Harold e Mary veem a forminha, sem perceber o que está dentro dela. Mary acha que é chocolate e quer provar, mas Stifler tem que comer antes que ela o faça. Herz está tentando tirar o máximo que pode de seus arranjos, mas, com toda a falação, me ocorreu que *alguém* deveria ser capaz de sentir o cheiro, tratando-se de um material fresco e "cheiroso". Se você estiver fazendo uma cena cômica, vá o mais rápido que puder, para que as pessoas lógicas como eu não a questionem.

Aos 64 minutos, a avó de Jim é apresentada a Michelle e fica desconcertada por ela não ser judia. De onde é que veio isto? Parece ter sido concebido como comédia, mas nos leva para fora da comédia do restante do filme. E então logo é abandonado, como se depois de incluir a cena Herz não soubesse o que fazer com ela. Se você tiver alguma grande inspiração e não conseguir usá-la, abandone-a; provavelmente não era uma grande inspiração. Cadence pede desculpas a Stifler por assustá-lo com o beijo, e os dois concordam em encontrar-se no closet das roupas à meia-noite. Stifler rouba uma garrafa de champanhe, mas acaba desligando a eletricidade da estufa, fazendo com que todas as flores do casamento murchem (em uma noite?). Jim pede a Stifler que vá embora, o que ele faz. Se o filme e o personagem de Stifler estivessem funcionando até este ponto, poderíamos derramar uma lágrima por Stifler, mas não estão e não fazemos isso. Ele encontra uma loja de flores, acorda o dono, traz os garotos do time de futebol para ajudarem a arrumar as novas flores e as entrega com o ônibus escolar. Então é por isso que ele dirige um ônibus escolar. Mas a equipe de lacrosse também poderia ter arrumado as flores.

Cadence diz a Stifler que ele é um imbecil e pergunta se ele trouxe as flores para transar com ela ou para salvar a cerimônia de casamento. Stifler responde: "Ambos", e então pergunta a Paul se ele está indo muito devagar. Paul lembra a Stifler que ele, Paul, transou com a mãe dele, Stifler, "duas vezes". Uau! De onde veio isso? Não vimos nem ouvimos nada sobre a mãe de Stifler desde o final do segundo filme, e nem Paul, ao que parece. Cadence vem dizer a Stifler que está pronta para transar no closet de roupas. Michelle pede ajuda ao pai de Jim para escrever seus votos para o casamento, o que acaba evoluindo para uma cena doce, em que ele sugere não incluir que Jim depilou o saco por ela. Enquanto isso, Kevin pede a dois padrinhos do noivo, Justin e John (lembra-se deles?), que fiquem tomando conta da avó de Jim. Stifler corre para o closet. Kevin encontra os dois padrinhos e pergunta o que aconteceu com a senhora. Eles dizem que a esconderam a salvo. Stifler está no closet sem luz. E Cadence está falando com alguém... fora do hotel. Kevin e Paul abrem a porta do closet. Stifler se apavora, a avó de Jim lhe dá uma bofetada no rosto e diz: "Concentre-se."

Aos 83 minutos, o casamento começa. Kevin está caçoando de Stifler por causa da avó e Stifler responde "buceta é buceta", o que parece contrariar sua reação dentro do closet. O pai de Jim diz a Kevin: "Repare no sorriso da minha mãe. Sabe há quanto tempo ela espera por um dia como este?" E quanto à objeção que ela fez a Michelle? Vovó não diz mais nada a respeito. Quando Michelle pergunta a Jim o que aconteceu com a avó, ele diz que Stifler "falou" com ela. Claro que Michelle, mais do que qualquer pessoa, podia ouvir a verdade. Mas é esta a solução para o problema do racismo em toda parte do mundo: fazer Stifler transar com todos os racistas para eles esquecerem a questão? De qualquer modo, não creio que isso seja muito prático. Michelle diz em seus juramentos que o amor "não é apenas um sentimento, mas algo que você pratica. É um vestido, uma viagem para o acampamento da banda, um corte de cabelo especial". Ela pode se mostrar civilizada, afinal de contas.

Aos 86 minutos a recepção começa. Jim e Michelle dançam, e ela fica encantada por ele ter aprendido a dançar. Harold e Mary estão emocionados, mas não temos certeza por quê. É só porque a filha deles se casou? Ou, já que ficam emocionados após a dança, eles conhecem o significado dela? Não há indicação de que conheçam. Stifler e Cadence dançam. E na estufa, com vista para a recepção, Paul encontra... a mãe de Stifler. Onde ela esteve nos últimos três anos? Eles concordam que ambos superaram o passado, mas ela menciona que está hospedada numa suíte do hotel, e para lá eles vão.

Na pista de dança, Michelle diz que ainda é uma "ninfomaníaca" e Jim ainda é um "pervertidozinho", mas que os dois são normais. Ora, esta é uma ideia interessante para Herz apresentar neste ponto, ou seria, caso a tivesse preparado. Ao contrário de Ron Shelton (*Sorte no amor*) e de Bill Condon (*Kinsey*), mas infelizmente como a maioria dos roteiristas americanos do sexo masculino, Herz tem problemas para escrever uma personagem mulher sexualmente ativa como alguém... normal. Veja Jessica como o exemplo mais óbvio. Jim sempre foi uma pessoa mais ou menos normal, mas Michelle parece ter uma personalidade um pouco dividida: bonita e nerd, porém altamente sexualizada. Talvez Herz simplesmente não consiga imaginar como unir esses dois elementos, uma vez que seu conceito original para ela era de um personagem de uma piada só. É um problema tanto de Michelle quanto de Stifler neste filme, e com frequência é um problema quando se tenta desenvolver um personagem de pouca profundidade nas continuações (e em séries para TV, que fazem um rodízio de personagens coadjuvantes em seus próprios programas).

Depois da conversa entre Jim e Michelle, a tela começa a escurecer. Acabou, não é? Sim, mas Herz acrescentou uma cena que mostra Justin e John tentando espionar Paul e a mãe de Stifler numa banheira. Não é grande coisa como cena, porque nada nos conta além do que já não sabíamos, e decerto não compensa voltar do que parecia um final em fade-out.

O filme não funciona por todos os motivos apresentados aqui. Não é tão original quanto o primeiro e se afasta da ênfase em sexo dos dois anteriores. Entra no acontecimento social que é o casamento sem ter nada de novo a dizer a respeito. Tenta desenvolver dois personagens, Michelle e Stifler, que resistem ao desenvolvimento. Abandona vários dos personagens interessantes dos dois primeiros filmes (Nadia e Jessica) ou reduz os papéis drasticamente (Kevin). Provavelmente também se pagou. Por quê? Porque desejávamos ver o que acontecia com aqueles personagens, sobretudo com Jim e, apesar de suas limitações, com Michelle. Mas, como na maioria das continuações e dos seriados, a regra determina que os lucros diminuem, tanto artística quanto financeiramente.

Em 2005 a Universal lançou outra continuação direto em DVD, chamada *American Pie 4: Tocando a maior zona*. Depois de ler acima tudo sobre os três primeiros filmes, você vai compreender que, mesmo antes de conhecer a trama do quarto filme – o irmãozinho de Stifler é despachado para o acampamento –, eu decidi não assistir. Em 2006 houve mais um filme, também em DVD, *American Pie 5: O último Stifler virgem*. Balas, aparentemente, não conseguem dar fim à série.

FONTES

O histórico de Adam Herz vem de seu resumo biográfico no site IMDb. Seus comentários sobre o desenvolvimento de *American Pie 2: A segunda vez é ainda melhor* são do documentário *The Baking of American Pie 2*, presente no DVD de *American Pie 2*. As tomadas para a escolha do elenco do primeiro filme também aparecem no DVD do segundo episódio, assim como interessantes tomadas extras não utilizadas, especialmente as cenas de Jim e Michelle.

13. Tomadas curtas de roteiros não tão bons

Os filmes estão na ordem cronológica de lançamento.

Velocidade máxima
(*Speed*, 1994. Roteiro de Graham Yost.
116 minutos)

A ideia, sem dúvida, é disparatada. Se uma bomba num ônibus de Santa Mônica fosse armada para detonar quando o veículo atingisse oitenta quilômetros por hora, o filme terminaria em dez minutos. Graham Yost, entretanto, contou a história com muita criatividade. O roteiro e o filme são consideravelmente diferentes da breve descrição que a atriz Halle Berry deu numa entrevista em 1995. "Em uma das versões do roteiro que me mandaram, o ônibus nunca saía do Dodger Stadium, ele só ficava dando voltas no estacionamento."

Estruturalmente, o roteiro poderia muito bem atender ao paradigma de Syd Field. Tem 107 páginas (embora haja também muitas páginas incompletas no meio). O primeiro ponto de virada, que de acordo com Field deve aparecer por volta das páginas 25 a 27, é a explosão do primeiro ônibus, o que nos revela que Fisk (Payne no filme), o maníaco, voltou à ativa. Isso está na página 24. O ponto de virada número dois deveria vir, de acordo com Field, entre as páginas 85 e 90, e se você considerar que o segundo ponto é Fisk ao telefone pedindo dinheiro depois que o ônibus explode contra o jato dentro do aeroporto de Los Angeles, isso acontece nas páginas 91-92. Na medida, praticamente.

Por outro lado, *Velocidade máxima*, tanto lido quanto assistido, não parece um roteiro saído da estante de Field. Há muitas coisas acontecendo a todo momento e manipuladas com muita criatividade, o que não o deixa parecer mecânico. O primeiro ato do roteiro pode ser considerado como a bomba no elevador, e termina com a festa com Jack Traven e os policiais. O primeiro ato dura 22 páginas (27 minutos no filme, o que inclui a incrível sequência dos créditos iniciais, não descrita no roteiro). Com todas as explosões, os elevadores caindo e os tiroteios, o primeiro ato é mais uma sequência de suspense do que uma sequência de ação (e a ação é em velocidade bastante lenta).

O primeiro ato faz lembrar a longa abertura de *Os caçadores da arca perdida* (1981), mas também define a principal trama, embora num estilo diferente. A sequência do elevador é uma sequência interna, com a ação em linhas verticais (os cabos do elevador, Jack sendo baixado de cabeça para baixo até o elevador), ao contrário da parte principal do filme, na qual a ação é externa e horizontal. Faça suas cenas de ação diferentes, você pode, você pode...

O segundo ato do roteiro, o ônibus com a bomba armada, começa na página 23 e termina na 91. A ênfase nesta parte é tanto na ação quanto no suspense. Yost é muito inventivo em quase todos os aspectos desse segmento. O ônibus acaba sendo dirigido não por seu motorista, mas por um (talentoso) amador. O ônibus fica na autoestrada da página 28 à página 44A, e então segue para as ruas da cidade, onde tem que enfrentar o tráfego e, em um dos toques mais inventivos de Yost, se vê diante daquele antigo recurso cinematográfico, o carrinho de bebê. Como as plateias têm visto carrinhos de bebê em risco desde *O encouraçado Potemkin* (1925) até *Operação França* (1971), supomos que ele esteja em perigo também. Sim e não. Veja o que Yost nos oferece.

O ônibus então volta à autoestrada da página 51 à 65, mas isto acaba sendo ainda mais perigoso para eles. Fisk explode uma bomba quando Helen, uma passageira, tenta sair do ônibus, matando-a e lembrando à plateia que vidas podem ser perdidas: *Velocidade máxima* tem um dos menores números de mortos entre os recentes thrillers americanos de alto orçamento. Então, é claro, a autoestrada ainda não estava pronta e o ônibus tem que saltar sobre o vazio. Depois disso, nada mais pode ser feito na autoestrada, então Yost leva o ônibus de volta para o aeroporto de Los Angeles, onde ele pode explodir de um modo apropriadamente fulgurante. Afinal de contas, Yost nos prometia uma explosão desde o começo do ato, e a explosão precisa ser maior do que a do início da sequência.

O terceiro ato. Da página 91 à 107, nos leva para dentro novamente, agora estamos na horizontal e indo, se possível, em velocidade maior do que na autoestrada. O foco agora é sobre Jack, Annie e Fisk, com os outros policiais desaparecendo depois que os três entram no metrô. O filme não termina com outra explosão, mas com uma colisão cintilante e, ao fazer o trem do metrô subir à superfície em frente ao Chinese Theatre em Hollywood, com um lembrete de que se trata apenas de cinema.

Ao levar em conta que *Velocidade máxima* é um filme de ação contemporâneo, não há muita caracterização e, como acontece com muitos filmes americanos, há menos ainda no filme que no roteiro. Na festa do bar, depois que Jack e Harry são condecorados, há dados sobre Jack que não aparecem no filme. Annie também é reduzida na passagem do roteiro para o filme. Quando vi *Velocidade máxima* pela primeira vez, imaginei que, já que ninguém falava sobre o trabalho que ela fazia, haveria uma explicação, na qual descobriríamos que ela era policial, defensora pública ou algo interessante. Não há tal explicação, e o motivo é que sua profissão é abordada numa cena inicial do roteiro, mas não no filme, e nunca mencionada novamente.

A caracterização também é limitada para outras pessoas no ônibus. Estamos muito longe de *No tempo das diligências* (1939), no qual todos os passageiros têm suas histórias detalhadas, ou até mesmo dos filmes da série *Aeroporto* (a partir de 1970). Mas, pelo menos, há uma perfeita mistura racial, típica dos ônibus da área de Los Angeles, porém nada mais é feito a partir disso. Nunca sabemos no filme por que Ray, o hispânico, fica preocupado com os policiais no ônibus, e por que ele portava um revólver. No roteiro (70) ele explica a um dos passageiros que roubou a arma do primo para proteger-se. É uma cena com textura demais para o filme.

Não há astros convidados no ônibus. Apenas velocidade.

FONTES

O roteiro considerado neste ensaio é o rascunho revisado de 31 de agosto de 1993, mais oito provas de revisões datadas de 3 de setembro a 1º de dezembro de 1993. A entrevista de Halle Berry encontra-se na edição de abril de 1995 da revista *Movieline*. Uma versão maior e mais detalhada dos comentários foi publicada com o título "*Speed*: Speed, Only Speed", na *Creative Screenwriting*, edição do inverno de 1995.

Impacto profundo
(*Deep Impact*, 1998. Roteiro de Bruce Joel Rubin, Michael Tolkin e, sem crédito, John Wells. 120 minutos)

Impacto profundo foi originalmente concebido como um remake não oficial do filme de ficção científica *O fim do mundo* (1951). No primeiro filme, dois objetos espaciais – um planeta sem destino e um cometa – se aproximam da Terra. O cometa se chocará com a Terra e a destruirá, mas o planeta passará antes, provocando ondas gigantescas e catástrofes semelhantes. Um foguete inspirado na arca de Noé é construído para voar até o novo planeta. É um roteiro atrapalhado, e o filme é lembrado hoje por uma única e impressionante cena: a cidade de Nova York sendo inundada. Certa vez ouvi George Pal, o lendário produtor do filme, dizer que o efeito custa 1,98 dólar. Ele exagerava um pouco.

O primeiro roteirista contratado foi Bruce Joel Rubin, que se lembrava de ter visto *O fim do mundo* quando criança e depois ficado quatro horas numa esquina conversando com um amigo sobre o filme. O primeiro diretor que se associou ao projeto foi Steven Spielberg. Como mencionado antes, uma das fraquezas de Spielberg como diretor é sua falta de interesse na caracterização de personagens, e sua ideia para o filme era fazê-lo na forma de uma cobertura jornalística pela TV. Rubin disse anos mais tarde: "Acho que era de fato uma *ideia* interessante." Veremos adiante por que talvez ela não teria funcionado no filme. Rubin queria um grande número de personagens, mas Spielberg selecionou e escolheu os enredos que mais o interessavam. Por fim, Rubin deixou o projeto e foi substituído por Michael Tolkin, e John Wells, o produtor da série de TV *Plantão médico* (1994 em diante), trabalhou mais um pouco no roteiro. Nessa ocasião, Spielberg já tinha saído do projeto, e foi substituído por Mimi Leder, por longo tempo diretora de *Plantão médico*.

O trabalho de Leder para televisão e cinema mostra muito maior interesse pelos personagens do que Spielberg, e Wells escreveu nessa perspectiva. O que o roteiro final de *Impacto profundo* faz é levar a história e os personagens a sério, algo inesperado nos filmes de ficção científica com alto orçamento. Veja a galeria de personagens a que os vários roteiristas chegaram e, mais importante, as cenas que eles criaram para esses personagens. Observe as cenas entre Jenny, a repórter de TV (que restou da ideia inicial de contar a história através da cobertura da mídia), e seus pais divorciados.

O problema com o roteiro é estrutural. A primeira metade do filme acompanha Jenny enquanto ela descobre informações sobre o cometa Wolf-Biederman, que se aproxima da Terra. Astronautas são enviados para tentar destruir o cometa. A tentativa é a maior cena de suspense e ação do filme, mas não chega nem à metade do caminho. Eles só conseguem explodir o cometa em duas partes, e o filme tem que basicamente começar tudo de novo, exibindo uma enorme quantidade de exposição de situações futuras, só que no meio do filme. Jenny nos dá muita informação na forma de telejornal, e aqui você começa a ver por que a ideia de Spielberg de um filme apenas como relato de mídia não teria funcionado. Porque todos os acontecimentos comunicados são exatamente isso: comunicados. Ficamos fora dos acontecimentos enquanto olhamos e ouvimos falar sobre eles com uma distância emocional. A ideia poderia ter funcionado em um filme de baixo orçamento, mas não num filme planejado para agradar às multidões. Por outro lado, Spielberg fez muito bem a cena de uma multidão reagindo à cobertura do massacre olímpico em *Munique* (2005), porém a) é só uma cena, e b) funciona porque se baseia – espere aí – em reações.

Metade do cometa é destruída, mas a outra parte aterrissa no oceano Atlântico e provoca maremotos. Sim, existem cenas da cidade de Nova York inundada, em homenagem a *O fim do mundo*, mas a cena do maremoto que o filme deixa na lembrança é a de Jenny e o pai sozinhos enfrentando a onda numa praia deserta. Em outras palavras, uma cena de personagem.

A primeira exibição de *Impacto profundo* não agradou, e houve necessidade de cortes e refilmagens, mas admitiu-se que o filme não teria sucesso. A Paramount pensou que *Impacto profundo* poderia render 20 milhões de dólares na primeira semana, no máximo 30 milhões. Porém acabou faturando mais de 40 milhões nos primeiros sete dias. Às vezes, o personagem não conta.

FONTES

A história da escrita de *Impacto profundo* pode ser lida em "Two Hours to Make a Deep Impact: An interview with Bruce Joel Rubin", na *Creative Screenwriting* de julho/agosto, 1998. As informações sobre as primeiras exibições do filme e a postura da indústria em relação a *Impacto profundo* podem ser lidas em *The Gross*, de Peter Bart (St. Martin's Press, 1999).

Armageddon
(*Armageddon*, 1998. História de Robert Roy Pool e Jonathan Hensleigh. Adaptação de Tony Gilroy e Shane Salerno. Roteiro de Jonathan Hensleigh e J.J. Abrams. 150 minutos)

Aí está o asteroide indo em direção à Terra e – espere um minuto, já não vimos este filme dois meses atrás? E ele não se chamava *Impacto profundo*? Bem, sim e não.

Impacto profundo levou a história e seus personagens a sério. O que *Armageddon* faz é adotar um tom diferente com material similar. Enquanto *Impacto profundo* é de certa maneira sóbrio, sobriedade é uma palavra que alguém familiarizado com *Armageddon* jamais ouviu. Em vez das lentas cenas de personagens, temos cenas rápidas com personagens superficiais como os de desenho animado. Estruturalmente, *Armaggedon* é melhor, já que a destruição do asteroide é uma grande cena de ação no final. Em vez de exposição de várias situações e blá-blá-blá tecnológico, temos ação: o explorador de petróleo (viu?, eu disse que era um desenho animado) Harry Stamper reúne uma tripulação de "grosseirões" treinados pela Nasa e parte para o espaço. E, em sintonia com toda a aventura, um bocado de diálogo que finge ser esperto. Os críticos odiaram o filme.

Ele foi um enorme sucesso, superando, com uma bilheteria de 201 milhões de dólares, os 140 milhões de *Impacto profundo*. Teria sido um sucesso tão grande se tivesse sido lançado antes de *Impacto profundo*? Talvez. *Impacto profundo* poderia não ter feito o mesmo sucesso se viesse depois de *Armageddon*, pois seria difícil levá-lo tão a sério depois dos excessos cômicos desse filme. O ponto principal para os roteiristas é que você pode trabalhar a mesma ideia de duas maneiras completamente diferentes e as fazer funcionar cada uma a seu modo. E ajuda quando sua versão séria é lançada primeiro.

FONTES

The Gross, de Peter Bart, discute *Armageddon*, assim como *Impacto profundo*. Os lucros foram tirados de "The Top 250 of 1998", publicado na *Weekly Variety*, 11-17 de janeiro de 1999.

Shrek
(*Shrek*, 2001. Baseado no livro de William Steig. Roteiro de Ted Elliot, Terry Rossio, Joe Stillman e Roger S.H. Schulman. 90 minutos)

História simpática: Shrek, um ogro, tenta fazer Farquaad, o governante do reino, parar de colocar todos os personagens dos contos de fadas no pântano de Shrek. Farquaad concorda, desde que Shrek lhe traga a princesa Fiona, pois precisa casar-se com uma princesa para assegurar sua posição. Shrek encontra Fiona, os dois se apaixonam e, numa reviravolta anti-hollywoodiana, ela acaba sendo uma ogra também. Tudo bem, uma ogra simpática, mas mesmo assim...

Personagens simpáticos. Diálogo simpático. Algumas piadas simpáticas com os personagens das histórias infantis.

E, sendo uma produção da DreamWorks, que é dirigida por Jeffery Katzenberg, que foi chutado da Disney pelo então chefão Michael Eisner, há uma pequena sátira à Disney.

Bom, alguma sátira à Disney.

Oh, tudo bem, muita sátira à Disney.

O filme *inteiro* é uma sátira à Disney.

UMA ESMAGADORA, ESCANCARADA, VIOLENTA SÁTIRA À DISNEY.

Mencionei que há sátira à Disney no filme?

Às vezes, os roteiros são distorcidos pelos egos de seus astros. Outras vezes, são distorcidos pelos egos dos diretores. Neste caso, o roteiro foi distorcido pelo ego do mandachuva do estúdio. Então, o que você deve fazer como roteirista é escrever o melhor roteiro possível e, se outros egos envolvidos quiserem distorcê-lo, provavelmente o farão. Agora você compreende por que roteiristas tornam-se produtores e diretores: para tentar proteger o próprio material.

Duas coisas mais: a sátira à Disney não matou o filme, que foi um grande sucesso. Provavelmente pela mesma razão que nos países católicos a pornografia costuma retratar padres e freiras. A Disney é a nossa religião, e houve certa satisfação no sacrilégio.

Segunda coisa: a sanidade prevaleceu em *Shrek 2* (2004) e em *Shrek terceiro* (2007). Não houve mais sátiras à Disney, e a sátira a Beverly Hills foi relativamente restrita a *Shrek 2* e, enquanto a sátira ao ensino médio ficou óbvia no terceiro, a sátira à Disney foi sutil. Bom, relativamente sutil. Mesmo pessoas com enormes egos podem aprender a se controlar.

FONTES

Para uma discussão sobre o desenvolvimento dos personagens em *Shrek*, leia a entrevista com Ted Elliott e Terry Rossio na *Creative Sreenwriting* de maio/junho de 2001.

Pearl Harbor
(*Pearl Harbor*, 2001. Roteiro de Randall Wallace. 183 minutos)

Pearl Harbor é um prazer culposo para mim. Cresci nos anos 1940 vendo filmes da Segunda Guerra Mundial, e *Pearl Harbor* tem elementos de quase todos os filmes da guerra já feitos. Há Rafe, o piloto bacana, que seria interpretado por Tyrone Power nos anos 1940. Rafe é da Royal Air Force (R.A.F.), assim como Power em *Um ianque na R.A.F.* (1941). Ele tem um amigo tranquilo que é também um rival romântico, Danny, papel desempenhado anteriormente por Dana Andrews, em oposição a Power, em *Um mergulho no inferno* (1943). Há o objeto da afeição dos dois, Evelyn, interpretada no passado por Betty Grable, Anne Baxter ou sua atriz preferida da época. Há a vida cotidiana antes do ataque a Pearl Harbor, como vista em *A um passo da eternidade* (1953) e *A primeira vitória* (1965). Está presente o ataque de *Tora! Tora! Tora!* (1970). Há as enfermeiras de *Legião branca* (1943) e *Aurora sangrenta* (1943). Não podia faltar o furtivo espião japonês dos vários filmes B. E finalmente há o ataque de Doolittle a Tóquio de *Trinta segundos sobre Tóquio* (1944). *Pearl Harbor* está em todas quando o assunto é filmes sobre a Segunda Guerra Mundial.

Desnecessário dizer que a maioria desses filmes trabalha muito melhor o material. *Pearl Harbor* é a última palavra em efeitos especiais, mas eles se repetem e se repetem e se repetem. O filme é, para usar uma velha expressão da revista *New Yorker*, sobre-humanamente superproduzido. Contudo, bastante daquilo em que Randall Wallace se aventurou no roteiro sobrevive, dando unidade ao filme. Wallace estava interessado em mostrar como, na década de 1930, os Estados Unidos transformaram seu isolacionismo em envolvimento com o resto do mundo. Veja como esses elementos estão presentes no filme e sustentam a estrutura.

O produtor de *Pearl Harbor* foi Jerry Bruckheimer, bem conhecido por suas superproduções de ação execradas pela crítica. Mas se você observá-los cuidadosamente perceberá que os roteiros têm ideias interessantes para histórias, ainda que sejam exagerados. Não surpreende, portanto, que Bruckheimer tenha sido um dos poucos produtores do cinema a ter sucesso na TV, onde história e roteiro são mais necessários em vista dos orçamentos limitados e da falta de efeitos especiais. Se, como eu, você aprecia histórias e personagens, talvez prefira o trabalho de Bruckheimer para a TV (a série *CSI* a partir do ano 2000) a seus filmes.

FONTES

O artigo "The Last Epic", de David Konow, na *Creative Screenwriting* de maio/junho de 2001, traz citações de Wallace ao falar sobre suas intenções com o roteiro. Uma interessante discussão sobre as diferenças entre *A um passo da eternidade*, *Tora! Tora! Tora!* e *Pearl Harbor*, e o que essas diferenças nos dizem sobre as mudanças em Hollywood, foi publicada na quarta edição de *A History of Narrative Film*, de David A. Cook (Norton, 2004).

Dormindo fora de casa
(*Sleepover*, 2004. Roteiro de Elisa Bell. 89 minutos)

O produtor Chuck Weinstock convocou a roteirista Elisa Bell com aquilo que o falecido professor de roteiro Marvin Borowsky costumava chamar de uma "ideia de produtor". É uma definição tão vaga e indefinida, ou uma imitação tão óbvia de algum outro filme, que você deveria abordá-la com extrema precaução. A ideia dele: mocinhas que estão se preparando para ingressar no ensino médio e dormem fora de casa. Certamente a ideia atraiu Bell, pois ela também dormiu fora de casa quando tinha essa idade. Se um produtor aparecer com uma "ideia de produtor" e você achar que pode fazê-la render, por que não?

Bell percebeu que as garotas não podiam ficar em casa a noite inteira. Por que não? John Michael Hayes, de *Janela indiscreta*, disse o suficiente. Bell escutou por acaso o que diziam alguns garotos que estavam obviamente participando de uma gincana. Qual seria o prêmio em uma gincana capaz de tirar as meninas de casa? A promessa das colegas populares da escola era que teriam direito ao melhor lugar para almoçar no campus se cumprissem tudo que constava da lista. Isso incluía entrar numa boate onde descobrem um dos professores, e conseguir apanhar a cueca de um dos rapazes, o preferido da personagem principal, Julie. Tudo bem, espere um minuto: essas meninas ainda não entraram no ensino médio mas vão a uma boate e flertam com um professor? E se infiltram no banheiro de um rapaz para tentar roubar sua cueca? Sim, essas podem ser fantasias de garotas adolescentes, mas também estão no limite de ser tornar repulsivas.

Bell e o diretor conseguiram manejar as cenas razoavelmente bem. As imagens me surpreenderam: bonitas e não tão repulsivas como o resumo da trama parecia indicar. A bilheteria mostrou-se bastante favorável no primeiro fim de semana, mas caiu 72% no segundo. Ufa. Obviamente as mães c as filhas adolescentes que viram o filme o acharam repulsivo o bastante para desaconselhá-lo às amigas. O que aconteceu? O vestidinho vermelho.

Alexa Vega, que vimos ainda criança interpretando Carmen na série de filmes *Pequenos espiões* (a partir de 2001), interpreta Julie. Nós a vimos pequena, mas aqui ela está começando a crescer. O vestidinho vermelho usado por ela na maior parte do filme é um dos vestidos da mãe, que passou por uns ajustes para caber na personagem. A peça é interessante. O vestido não é escancaradamente sexy, mas enfatiza uma sensualidade em desenvolvimento. Comédias adolescentes tratam de sexo, mas, como a maioria dos filmes americanos, têm problemas com a sensualidade. O filme acabou classificado como PG (crianças podem assistir somente na companhia de pais ou responsáveis) por apresentar "elementos temáticos envolvendo... alguma sensualidade", como julgou a comissão encarregada da classificação etária. Infelizmente, a ênfase quase involuntária na sensualidade adolescente irritou mães e filhas.

Às vezes, você escreve um roteiro bonitinho e um mínimo detalhe de produção acaba atrapalhando. Como disse minha esposa, vestidinhos vermelhos são conhecidos como causadores de muitos problemas. Às vezes, você *tem* que se preocupar com bobagens.

FONTES

"*Sleepover: How I Turned My Adolescence into Research*", por Elisa Bell, publicado em *Scr(i)pt*, julho/agosto 2004, dá mais detalhes sobre a criação do roteiro. Os resultados de bilheteria são do IMDb.

Os Incríveis
(_The Incredibles_, 2004. Roteiro de Brad Bird. 115 minutos)

Os GdPs estão de volta. Neste caso, com Brad Bird. O filme começa com uma grande abertura, mostrando como os super-heróis foram dispensados de seus trabalhos por causa dos problemas que o comportamento de super-herói causaria se acontecesse no mundo real. Veja como Bird usa o que sabemos e o que imaginamos saber sobre o comportamento dos super-heróis e como o mundo reage a eles, e a partir daí torce essas ideias. A parte seguinte é igualmente notável, quando a família tenta lidar com uma aposentadoria involuntária. Bird lança mão do que pensamos sobre nossas vidas cotidianas e compara com o que os super-heróis pensam a respeito. E observe as reações dos personagens a essa experiência.

Então os super-heróis têm que voltar à ação. Como estão fora de forma, precisam de roupas novas, o que permite a Bird introduzir na cena um grande personagem, a estilista Edna Moda. Ela é uma combinação da lendária figurinista de cinema Edith Head, da atriz Linda Hunt e sabe Deus de quem mais. O timing da sua entrada é perfeito, e Bird extrai dela tudo o que pode.

Aí começa o problema. Os Incríveis estão de volta ao trabalho, o que lhes dá muitas ações a realizar, mas começamos a perder as atitudes e reações que tornaram a primeira metade do filme tão estimulante. A ação começa a parecer convencional. O ambiente do filme, que também era estimulante, começa a parecer variações animadas sobre desenhos de Ken Adam para filmes de James Bond (o covil do arquivilão, o grupo de ilhas de *007 e o homem com a pistola de ouro* [1974]), com cenas que fazem referências a outros filmes de ação (os carros no trânsito como em *Independence Day* [1996]). Será que Bird perdeu a imaginação na metade do filme?

A outra face da raiva
(*The Upside of Anger*, 2005. Roteiro de Mike Binder. 118 minutos)

O marido de Terry Wolfmeyer foi embora, ela supõe, com uma jovem sueca. Terry, que precisa se ocupar com as quatro filhas adolescentes, inicia uma relação amorosa com um ex-jogador de beisebol, Danny, que agora é apresentador de um programa de entrevistas no rádio. Binder escreveu grandes papéis para os personagens Terry e Danny, e Joan Allen e Kevin Costner os tiram de letra. As quatro filhas são quase tão boas. O filme trata de pessoas reais e de relacionamentos reais. Qual o problema então?

O vestidinho vermelho deste roteiro: de onde vem o dinheiro de Terry? Nós, e Terry, pensamos que o marido dela foi embora, logo – presume-se – não está lhe mandado dinheiro. Descobrimos depois que – atenção, spoiler – ele não foi embora, e sim morreu ao cair na mata atrás do quintal da casa, o que explica por que não manda dinheiro e por que Binder não vai atrás dele. Terry não parece ter um trabalho. E gasta muito com bebida. E tem uma casa grande e bonita. E quatro filhas em várias escolas, faculdades, conservatórios etc. Por mais que tentemos nos concentrar no romance Terry-Danny, ficamos imaginando: como ela consegue pagar tudo isso? Tudo podia ser resolvido com uma pequena frase, tipo, "Bom, pelo menos temos o dinheiro da herança da vovó", para tranquilizar nossas mentes. O que os espectadores *precisam* saber para manter a atenção na história? E qual é a maneira mais simples que você tem para fazê-los saber?

Retratos de família
(*Junebug*, 2005. Escrito por
Angus MacLachlan. 107 minutos)

Madeleine é uma comerciante de arte em Chicago que conhece George, com quem se casa. Ela é cosmopolita e sofisticada, ele vem de uma pequena cidade do Sul. Quando Madeleine descobre um artista em potencial que vive perto da cidade de George, os dois viajam para lá. Madeleine não conhecia a família de George, e o filme é sobre o relacionamento dela com a interessante galeria de personagens da família. MacLachlan escreveu grandes papéis para Madeleine e para os membros da família, e assim temos uma visão não convencional da vida numa cidadezinha do Sul dos Estados Unidos.

O problema é que Angus não escreveu um papel para George. Ele é uma incógnita, e com frequência não está presente quando Madeleine lida com a família *dele*. Não temos conversas entre Madeleine e George sobre como *era* a família dele antes de chegarem, sobre como eles *estão* depois que o casal chegou, ou como eles *ficarão* depois de Madeleine e George partirem. George parece ser a estrela da família, mas não sabemos por quê. Um parente lhe diz, já com o filme bem avançado, que ele sempre esteve ali, no coração de todos. Esteve?! Não temos nenhuma prova disso no filme.

Se você vai escrever para personagens, garanta que todos estejam adequadamente equilibrados.

PARTE III

Os ruins

14. *Titanic*

Titanic
(*Titanic*, 1997. Roteiro de James Cameron.
194 minutos)

Desde que o *Titanic* afundou em 15 de abril de 1912, muitos filmes foram feitos a seu respeito. Em 1943 os nazistas produziram *Titanic* como propaganda sobre os excessos do capitalismo britânico. Joseph Goebbels, ministro da Propaganda, proibiu-o, pois achava que os alemães, que eram alvo dos bombardeios aliados, poderiam entrar em pânico assim como os passageiros. Goebbels já havia assassinado o diretor do filme, devido a traição e não a diferenças criativas; alguns produtores são mais durões do que outros.

O que o cinema fez de melhor sobre o *Titanic* foram dois filmes: o britânico, de 1958, *Somente Deus por testemunha*, com roteiro de Eric Ambler e baseado no best-seller não ficional de Walter Lord, publicado em 1955, e *Titanic*, de 1953. O roteiro deste, de Charles Brackett, Richard L. Breen e Walter Reisch, conta a história de um casal fictício da classe alta, Richard e Julia Sturges, que retorna aos Estados Unidos com os filhos. A história é como uma antecipação do roteiro de James Cameron, de 1997. O texto de 1953 é tão poderoso dramaticamente (preste atenção à cena da mesa de jantar entre Richard e Julia) que ganhou o Oscar de Melhor História (categoria eliminada em 1957) e Melhor Roteiro. E tem apenas 98 minutos, metade da duração do filme de Cameron. Maior nem sempre é melhor.

Depois de cenas de falsos cinejornais de 1912 e dos créditos iniciais sobre imagens do oceano, Cameron nos mostra Brock Lovett, o líder da expedição, dentro de um aparelho de mergulho profundo. Ele diz que visitar a carcaça do *Titanic* "sempre me emociona", o que nos indica que não é sua primeira vez. Quando ele começa a ficar poético, Bodine, um assistente cabeludo que parece saído de um filme de Michael Crichton (basta ver os assistentes cabeludos de *Twister* [1996] para encontrar exemplos) diz "você só fala besteira, chefe". Maneira estranha de começar um filme que pretende ser um grande épico, romântico e nostálgico. Talvez fosse a forma de Cameron sugerir as diferenças entre o passado romântico e o presente mais cínico, no entanto a temática não é levada adiante ao longo do filme.

Através da câmera de vídeo de Brock, vemos muitas partes da carcaça. Muitas mesmo. Maior não significa melhor. Finalmente, as garras mecânicas do explorador encontram um cofre, e alguém diz "dia de pagamento". A expedição de Brock está fazendo uma pesquisa científica ou são apenas saqueadores? O filme nunca explica. Eles parecem as duas coisas. No primeiro esboço de Cameron, temos cenas com o "cara do dinheiro" de Brock que deixam claro que ele está atrás da pilhagem. Com quase nove minutos de filme, no barco de pesquisa, um assistente mostra a Brock um desenho encontrado em uma pasta no cofre. É um desenho comum de uma mulher nua com um colar. Um colar do qual Brock tem uma foto. E o desenho tem a data de 14 de abril de 1912, a noite antes de o *Titanic* afundar.

Em uma casinha modesta, a Velha Rose (é assim que a identificam nos créditos) se agita ao ouvir a conversa sobre o *Titanic* na TV, e, quando Brock mostra o desenho, ela diz "Deus do céu!". Apesar do nome que recebe nos créditos, ela não é senil e ainda tem a mente alerta, ao contrário da maioria dos idosos em filmes americanos.

A Velha Rose liga para Brock e pergunta se ele encontrou o "Coração do Oceano". Ela diz que é a mulher do desenho. Por que este não é o momento impactante que deveria ser? A Velha Rose e sua neta, Lizzy, chegam ao barco e Rose vê o desenho. Lizzy fica na dúvida quanto à mulher do desenho (como você reagiria ao ver uma imagem dessas de sua avó?), mas a Velha Rose lhe assegura de que foi "uma gata". Brock mostra à Velha Rose alguns dos artefatos que resgatou. Não vemos a reação que esperaríamos dela. Deveria ser uma cena tão poderosa quanto a de *Vinhas da ira*, em que Ma joga fora seus enfeites. Não sabemos exatamente *o que* cada um significa para Ma, mas sabemos, pela sua reação, que significa *alguma coisa*. Brock pergunta à Velha Rose se ela está "pronta para voltar ao *Titanic*".

Uma palavra sobre a linguagem. Desde o início Brock refere-se ao navio apenas como "*Titanic*", e não como "o *Titanic*" ("*the Titanic*"). É comum os pesquisadores desenvolverem a própria fraseologia, mas apenas "*Titanic*", sem o artigo, não soa bem aos nossos ouvidos, sobretudo porque nada explica o motivo para usar essa construção. Acho que é porque Cameron descobriu que pesquisadores falavam assim e decidiu colocar dessa maneira no filme. Mas ele faz todo mundo se referir ao navio dessa forma, exceto o entrevistador da TV no início do filme. Perguntei sobre isso a Gloria Stuart, a atriz que interpretou a Velha Rose, e ela não fazia a menor ideia. Ela é uma profissional, aquilo estava no roteiro, e foi assim que leu. Em vista do que sabemos sobre o ego de Cameron (por exemplo, o diretor usou uma citação do filme, "rei do mundo", ao receber um dos Oscars), suspeito que foi só porque era um filme de JAMES CAMERON baseado em um roteiro de JAMES CAMERON, dirigido por JAMES CAMERON, e os atores tinham de usar a linguagem que JAMES CAMERON queria que eles usassem. Onde está Goebbels quando você precisa dele?

Brock e Bodine mostram à Velha Rose uma animação de computador que reproduz o *Titanic* batendo no iceberg e afundando. É uma prévia do que está por vir, já que sabemos que depois a versão completa será muito mais detalhada. Ficamos por dentro de todos os detalhes técnicos agora, para mais tarde podermos nos concentrar apenas nos personagens. Quando a Velha Rose começa a contar sua história, vemos uma cena em cores do *Titanic* sendo carregado em Southampton. Estamos com 21 minutos do filme. Reveja os 21 minutos e descubra o que você cortaria para chegarmos mais depressa à história.

A Jovem Rose (daqui para frente chamada apenas de Rose), a mãe, Ruth, e o noivo, Cal Hockley, chegam ao cais. Rose não parece muito impressionada com o navio, mas Ruth diz: "Então este é o navio que não afunda", e Cal retruca: "É, ele *não* afunda." Não é um pouco óbvio demais? É claro que isso define Ruth e Cal como pessoas ignorantes, mas não havia uma forma mais sutil? E esta não será a única vez que Cameron dá ênfase à estupidez dos personagens ao fazê-los comentar que o navio não afunda. Observe como Brackett, Breen, Reisch e Ambler lidaram com a questão.

Enquanto Rose e os outros embarcam no *Titanic*, vemos passageiros das classes inferiores sendo examinados à procura de piolhos. Cameron tenta fazer da distinção entre classes sociais um tema do filme, mas só o faz das formas mais óbvias. Enquanto Rose embarca, ouvimos a Velha Rose falar sobre como o *Titanic* era um "navio dos sonhos" para os outros passageiros, mas que para ela era um "navio de escravos", e que estava sendo levada aos Estados Unidos "acorrentada". Não vemos nada a respeito nas suas reações a Ruth e Cal nesta cena. Como de costume, Cameron faz com que a narração da Velha Rose nos conte detalhes que deveríamos ter visualmente, mas não temos. O equilíbrio entre a narração e o visual é fundamental quando se escreve para a tela. Veja *E sua mãe também* mais uma vez.

No cais, Jack e o amigo Fabrizio estão jogando cartas, e Jack diz: "Quando não se tem nada, nada se tem a perder", que nos revela o quê? Que ele é um jogador? Sim, porém o que mais? Ele ganha duas passagens para embarcar na terceira classe do *Titanic*. Aos 27 minutos do filme, o navio parte. O momento é obviamente reservado para a equipe dos efeitos especiais demonstrar sua habilidade. E vemos muito da direção de arte no navio quando um garçom mostra a Cal a área privativa do convés. Rose desfaz as malas, incluindo pinturas que comprou na Europa. São telas de Picasso, mas já que o filme se passa antes de Picasso se tornar famoso, a cena serve para mostrar seu gosto empreendedor em matéria de arte. Adivinhe a reação de Cal diante dos quadros. Referindo-se a Picasso, ele diz: "Nunca vai valer grande coisa, acredite em mim. Pelo menos, foram baratos."

Na escala em Cherbourg, vemos Molly Brown embarcar, uma das entradas menos interessantes que vimos de um personagem. Sabemos quem ela é, inclusive que ficou conhecida como "A Inafundável Molly Brown" por ter sobrevivido ao naufrágio, pela narração da Velha Rose. Era preciso vê-la subir a bordo em Cherbourg? Não. Cameron poderia apresentá-la de maneira melhor, usando sua primeira cena no navio como sua introdução no filme.

Em alto-mar, o capitão Smith dá a ordem para aumentar a velocidade. Smith é um personagem potencialmente interessante, mas não neste roteiro. Veja como o mesmo personagem foi usado no *Titanic* de 1953 e em *Somente Deus por testemunha*. Enquanto a embarcação ganha velocidade, Jack e Fabrizio vão à proa do navio, ficam de braços abertos e Jack grita "Eu sou o rei do mundo!", frase que voltaria para assombrar Cameron. E que não constava do primeiro esboço do roteiro.

No que parece ser a mesa número um na sala de jantar, encontramos Bruce Ismay, da companhia White Star Lines (proprietária do *Titanic*) e Thomas Andrews, projetista do navio. Ismay, durante o filme, só tem um refrão para repetir: o orgulho pela embarcação e o desejo de mostrá-la. Andrews tem uma participação um pouco mais variada: ele é orgulhoso do seu trabalho, mas consciente das limitações do navio. À mesa também estão Rose, Ruth, Cal e Molly. Quando Cal impede Rose de fumar (o que seria impróprio), Molly Brown pergunta se ele vai cortar a carne para ela. Vê o que eu disse sobre esta ser uma entrada melhor para ela? Molly pergunta a Ismay se foi ele quem pensou no nome "*Titanic*" e ele confirma, porque queria um nome capaz de transmitir tamanho, força e estabilidade. O que é, mais uma vez, um prenúncio muito óbvio. Rose se pergunta sobre o que o dr. Freud diria sobre essa obsessão por tamanho. Cal comenta com Molly que precisa prestar atenção ao que Rose lê. Você percebe como Cal também tem apenas um refrão?

Jack vê Rose no convés superior e fica encantado com sua beleza. Ela repara nele, mas é só. Estamos com 37 minutos de filme. Sobre a imagem da glamorosa primeira classe ouvimos a Velha Rose contar que viu como seria sua vida: festas, conversa fiada etc. Não vemos nada disso nas reações de Rose às pessoas. Ela corre para a popa, sobe na grade e está prestes a pular, mas escorrega e Jack a agarra. Rose diz a Cal que estava se debruçando sobre a grade quando escorregou, e Jack a salvou. Ele engole a explicação, embora Lovejoy, seu criado particular, observe que Jack teve tempo para desamarrar os sapatos antes de agarrá-la. Cal convida Jack para juntar-se a eles no jantar do dia seguinte.

No camarote, Cal diz a Rose que percebeu como ela anda "melancólica" e lhe dá um presente: o colar de diamantes Coração do Oceano.

Ouvimos novamente uma explicação sobre ele. Rose parece impressionada com o colar, pelo menos nesse momento. Cal pede que ela "abra seu coração" para ele, mas não podemos ver qual é sua reação. Que reação você lhe daria?

No dia seguinte, Rose e Jack se encontram no convés e ele conta um pouco de sua história. Rose agradece sua discrição, como senhorita bem-educada que é. Conta também o que já ouvimos pela narração da Velha Rose sobre a "inércia" em sua vida. Ele pergunta: "Você o ama?" Ela, que agora mesmo falava sobre seus sentimentos mais profundos, se ofende com a pergunta, que acha "rude". Jack insiste e ela começa a ir embora. Então, do nada, seu humor muda e ela agarra o caderno de desenhos de Jack, perguntando por que ele sempre o leva consigo. Será que essa mulher é bipolar? Rose parece três personagens diferentes na cena: a menininha mimada da alta sociedade, a jovem inteligente e a companheira agradável. Talvez você seja capaz de amarrar todas elas numa mesma cena, mas Cameron não. Ela diz que os desenhos são "muito bons". Mas, se gosta de arte moderna, por que gostaria de desenhos realistas medíocres? Ou ela mudou de personagem novamente e agora gosta de Jack? Rose fica impressionada por ele ter ido a Paris e começa a observar os nus em seu caderno. Jack diz que "essa é a melhor parte de Paris: muitas garotas prontas para tirar a roupa". E Rose *não* se levanta e vai embora ofendida. Ela acha que Jack ficou apaixonado por uma das modelos, mas ele garante que só pelas mãos (mãos, claro, é um dos grandes temas visuais do filme). Rose diz que ele consegue enxergar as pessoas, e Jack responde "eu vejo você". Rose pergunta: "E?" Ele responde: "Você não teria pulado." Mas como Jack sabe disso? Não vimos no comportamento dela nenhuma insinuação de que não teria pulado se ele não estivesse lá.

Ruth explica a uma condessa que Rose não precisa ir para a universidade, já que tem um noivo. Eu admiro o estilo feminista final do século XX de Cameron, mas será que é preciso perseguir os personagens que não concordam com ele? Ismay diz ao capitão Smith que ele quer impressionar os jornais com a velocidade do navio: "A viagem inaugural de *Titanic* [sic] tem que estar nas manchetes!" Certo, o filme tem 194 minutos, estamos com menos de uma hora e vou parar de citar as frases de Cameron condenando personagens por não saberem o que nós sabemos. Não faça isso, pessoal.

De volta ao convés com Jack e Rose. Ela aprecia o fato de ele poder ir sozinho aonde quiser. Jack sugere que os dois partam para o Oeste, onde ela pode aprender a montar à moda dos vaqueiros. Espere um minuto. Eles vão para o Oeste? Quando decidiram que iam ficar juntos? Talvez ele só esteja brincando. Jack a ensina a cuspir, e Rose não parece se importar.

Jack, é claro, fica lindo no smoking do filho de Molly, mas também um pouco nervoso ao descer a escadaria. Ele observa as pessoas e fixa os detalhes do comportamento delas. Molly fala para ele fingir que tem dinheiro. Cameron teve uma ideia interessante ao fazer de Molly Brown a protetora de Jack, mas, além de alguns conselhos e do smoking, não desenvolveu a ideia. O que você faria com Molly Brown? A cena do jantar poderia ser maravilhosa, mas Cameron usou apenas seus temas mais óbvios.

Jack leva Rose a uma "festa de verdade" no convés inferior. Não é preciso dizer que os passageiros são pessoas simples, amistosas, tocam uma música mais descontraída e dançam que é uma beleza. Em suma, eles comportam-se exatamente como as classes mais baixas se comportam em filmes destinados ao grande público, inclusive às classes mais baixas. Para acabar logo com a questão, Cameron corta para os ricos bebendo conhaque e fumando charutos. *Zzzzz.*

Cal *de novo* chove no molhado a respeito de como Rose deve se comportar. Ele joga longe a mesa do café. Pelo menos é uma contribuição para nosso conhecimento do personagem (que pode ser tão violento quanto insensato), embora aos setenta minutos não esperávamos por isso. Ruth pede a Rose que se case com Cal para pagar as dívidas da família. Ruth tem medo da pobreza, mas é muito tarde – e mal-escrito – para a revelação ter algum impacto. Não temos a menor simpatia por Ruth. Cameron está adentrando no território da escritora Edith Wharton, mas sem a elegância desta.

Na cabine de comando, um telegrafista informa o capitão Smith sobre o perigo de icebergs. No convés, Rose menciona a Andrews que só há botes salva-vidas para metade dos passageiros, e ele diz que não concordaram com sua proposta de instalar mais uma fileira de botes. Mencionei alguns filmes anteriores sobre o *Titanic*, mas não falei sobre os muitos documentários, todos repletos de informações que Cameron poderia ter usado (como fez com as animações de Bodine), mas aqui, como no resto do filme, o diretor o faz de forma completamente mecânica.

Jack rouba um paletó e entra no convés da primeira classe, onde Rose lhe conta que está noiva e ama Cal. Quando isso aconteceu? Não vimos nenhuma prova e, do jeito que a cena é escrita, não é possível saber se Rose fala a verdade ou se está mantendo as aparências. À mesa de jantar, Rose vê uma garotinha dobrando um guardanapo. Rose corre até Jack e diz que mudou de ideia. O quê? O que a garotinha fez para ela mudar de opinião? Não fazemos ideia. O que Rose pode ter visto que nos mostraria que tinha mudado de ideia? Jack leva Rose até a proa, fazendo com que abra os braços e feche os olhos. Ela sente como se estivesse voando. Em direção ao pôr do sol. De 14 de abril.

A Velha Rose desvia os olhos do monitor e diz que aquela foi a última vez que o navio viu a luz do sol. Brock, no caso de o espectador estar muito lento, adianta que "só faltam seis horas". Será que é isto o que você quer dizer para uma plateia que está a menos da metade de um filme de três horas e catorze minutos (ou como os executivos do estúdio, preocupados com a recepção de um filme de mais de três horas, diziam: um filme de duas horas e 74 minutos)?

Chegando ao camarote de Rose, Jack fica impressionado com seu Monet. Mas espere um minuto, isso não é um pouco genérico como "arte"? Picasso e cubistas são muito diferentes de Monet e impressionistas. Suponho que devemos imaginá-la como dona de gostos bem tolerantes. Ela tira o colar do cofre, chamando-o de "horrível". Bem, não é o nenúfar de Monet, mas não é tão ruim assim. Ah, não, ela quer dizer que é horrível porque foi o horrível Cal quem deu. Muito bem. Ela odeia o colar. Lembre-se disso.

Rose diz que quer um desenho dela "como o de suas garotas francesas". Bem, Jack até agora foi bastante esperto no filme, mas ele não entende nada desse comentário. Ela continua, dizendo "vestindo isso".

"Certo." "Vestindo *só* isso." E só *agora* que ele entende. Será que os personagens podiam ser só um pouquinho consistentes? Enquanto ela posa para o retrato, a Velha Rose diz que seu coração estava batendo tão forte a ponto de explodir, e foi o momento mais erótico de toda a sua vida. Mas não vemos nada disso no rosto de Rose. Por quê? Por causa de 200 milhões de dólares. Foi aparentemente o custo do filme, o que significa que ele teria de fazer muito dinheiro para não ficar no prejuízo. E por causa disso você não vai querer uma classificação R, que limita o número de espectadores, a quantidade de salas nos quais é exibido, e faz sua plateia mais jovem ter que ir ao cinema acompanhada dos pais. Neste caso, o filme foi considerado PG-13 (menores de treze anos foram aos cinemas com pais ou responsáveis) por mostrar os seios de Rose, algo rápido e sem conotação *visivelmente* sexual. Veremos o oposto disso mais tarde, na cena de amor.

Rose guarda o retrato e um bilhete no cofre com o colar. Lovejoy vê quando Jack e Rose saem do camarote. Ele os persegue, passando pelo hall, pelo elevador e pelas escadas. Isto foi escrito desta forma, assim como algumas cenas posteriores, para permitir ao diretor expor seus cenários. Rose e Jack acabam dentro de um dos compartimentos de carga. Eles fazem amor, mas não há nudez, apenas uma mão contra a janela. Protegendo os 200 milhões novamente.

Cal encontra o desenho e o bilhete no cofre. O bilhete diz: "Querido, agora você pode manter nós dois trancados no seu cofre." Vamos tentar entender isso juntos, pessoal. Ela está indo embora, então mandou Jack fazer seu desenho para Cal ficar com uma recordação dela... embora pensasse que ele a manteve presa? Mas ela posou para o desenho com o colar. Mas está *deixando* o colar de verdade para trás. Certo, o amor frita o cérebro, mas...

No convés, Rose diz a Jack que vai desembarcar com ele quando chegarem a Nova York. Dois marinheiros na gávea do navio os observam. Cameron está quase sugerindo que o que Jack e Rose fizeram foi a causa da colisão. O pior tipo de revisionismo histórico. Mas os observadores percebem o iceberg e soam o alarme. Com cem minutos de filme, o *Titanic* bate no iceberg. Com cem minutos de filme, na versão de 1953, o barco já havia afundado e a plateia nem estava mais no cinema.

Membros da tripulação se afogam no convés inferior, passageiros da terceira classe entram em pânico e os passageiros da primeira classe presumem que não há nada errado. Cal e um oficial do navio encontram o colar que Lovejoy plantou no casaco de Jack. Rose não tem certeza de que ele não roubou o colar. Uma amante muito dedicada, realmente. Jack é algemado a um cano no escritório do oficial. Andrews, usando as plantas do projeto do navio, demonstra ao capitão e a Ismay por que o *Titanic* vai afundar. Todos ficam chocados, sem nenhuma variação em suas reações. O capitão Smith diz: "Você vai conseguir sua primeira página, senhor Ismay", o que é uma referência muito óbvia para a frase dita mais cedo.

Cal é muito duro com Rose, chegando a esbofeteá-la, o cachorro. Pelo menos Cameron não lhe deu um bigode para cofiar. O capitão Smith pede ao rádio-operador que envie o sinal de socorro, avisando que estão submergindo a partir da proa. É uma cena muito literal, chata, sem nenhuma textura. Pense em como poderia ser mais interessante. Andrews lembra a Rose do que falaram antes sobre a falta de botes. É uma das poucas cenas em todo o roteiro que tem alguma sutileza.

Os passageiros da terceira classe são barrados no portão que dá acesso ao convés. A água está chegando até a janela no escritório do oficial do navio. No convés, Rose finalmente diz algumas verdades para a mãe e para Cal, a quem chama de "um bastardo inimaginável". Alô, Rose, foi exatamente assim que ele agiu nos últimos 117 minutos de filme, e você, se não sabia disso, é ainda mais idiota do que acho que é. Por que só agora está falando isso?

Ruth e Molly (lembram-se dela? Eu disse que ela podia ter sido usada melhor no roteiro) tentam colocar Rose em um bote. Cal tenta impedi-la de ir até Jack "como uma prostituta". E a resposta de Rose é: "Prefiro ser a prostituta dele do que sua mulher!" Esses personagens falam tais coisas, porém é tudo certinho demais. Para escapar de Cal, ela cospe nele. Pelo menos é algo que a vimos aprender.

Rose começa a correr para encontrar Jack. Do minuto 118 até o 127 acompanhamos seu périplo através de corredores inundados, encontrando Jack, tentando achar a chave das algemas, arrumando um machado para quebrá-las e escapando com ele. São nove minutos de galeria inundada. E depois mais alguns minutos com Jack. Eles chegam ao convés mas não conseguem passar pelos portões fechados. Não acabamos de ver uma cena com o portão cheio de gente? Finalmente conseguem passar. Cal põe o colar no bolso do próprio casaco. Ele faz um "trato" com um dos oficiais dos botes, garantindo um lugar para si. Então Lovejoy diz que viu Rose subindo à proa. O que Cal faz nessa situação? Tudo o que vimos até agora nos diz que ele entrará no bote. Mas não. Ele sai à procura de Rose. Por quê? Aparentemente, nesta parte do filme, ele *de fato* ama Rose. Houve algumas insinuações anteriores ("abra seu coração") de que ele a amava, no entanto havia mais comprovações de que apenas desejava controlá-la e possuí-la. Que ele esteja subitamente apaixonado muda tudo o que sabemos sobre o personagem.

Rose não quer entrar no bote sem Jack, mas Cal insiste. Ele entrega a ela seu casaco. Aquele que está com o colar no bolso. O amor realmente frita... Rose entra no bote e, quando ele está sendo baixado, temos um longo olhar entre ela e Jack. Ela pula de volta para o navio. O amor frita etc... Jack e Rose correm pela embarcação. Cal explica a Lovejoy que entregou o casaco a Rose, com o colar no bolso, aparentemente só percebendo o detalhe agora. Jack e Rose se encontram atrás de – você adivinhou – um portão fechado. Conseguem abri-lo, mas o roteiro precisava de três cenas com portões? Pelo menos as três cenas de ataques a trens em *Lawrence da Arábia* são *diferentes* umas das outras!

Cal encontra uma criança perdida, finge que é dele, e consegue entrar em um dos botes. O capitão Smith perambula pela casa de máquinas, o olhar perdido. Se o personagem tivesse sido mais bem-utilizado pelo roteiro antes, seria um momento emocionante, mas não é. A banda para de tocar, começa a se dispersar, e então o violinista recomeça e os outros músicos retornam: uma cena simples e emocionante entre tantos efeitos especiais. A música continua ao longo de uma montagem com vários personagens, alguns conhecidos, outros nunca vistos antes.

A proa começa a submergir, e Jack e Rose correm para a popa e seguram-se na grade, enquanto outros não conseguem, despencando lá de cima. O navio se parte ao meio, a proa puxando a popa para cima até ficar completamente vertical, antes de ser tragada para debaixo da água. As tomadas são muito mais impressionantes que as animações de Bodine. No momento em que a popa submerge, Jack e Rose pulam na água. Estamos com 164 minutos de filme, e temos menos de meia hora até o final. Tudo bem, só mais 23 minutos para os créditos começarem a aparecer.

Rose nada até um grande pedaço de madeira. Jack não consegue subir nele sem fazer com que afunde, e permanece na água. Jack esta congelando, mas lhe pede para nunca deixá-lo. Mas quando Rose acorda ele está morto, e ela solta os dedos dele. E tinha prometido nunca deixá-lo. Bom, mas também não tinha certeza de que não havia roubado o colar. A bordo do navio de resgate *Carpathia*, ela evita Cal. Rose diz se chamar Rose Dawson (o sobrenome de Jack) ao oficial de bordo. A Velha Rose diz que Jack a salvou "de todas as formas que uma pessoa pode ser salva".

Brock conversa com Lizzy. Ele está segurando um charuto e diz que "estou guardando este para quando encontrar o diamante". Ele realmente é um saqueador. Como você escreveria a fala para deixar isso mais patente? Ele diz que pensou no *Titanic* durante três anos, mas nunca havia "se tocado". A ideia é que, ao ouvir a história da Velha Rose, ele se abriu emocionalmente e sentiu a tragédia, mas não vimos isso em sua reação.

A Velha Rose caminha até a popa do navio e sobe na grade. Ela está com o colar (vimos Rose encontrá-lo no bolso do casaco de Cal). Ela sorri. Por que essa mulher está sorrindo? Ela achava o colar horrível, lembra? E depois Cal usou-o para incriminar Jack. Por que ela o guardou todos esses anos? Certo, talvez o diamante fosse caro demais para vendê-lo por aí, mas existem tantas formas... Então ela joga o colar no mar. Por quê? Se é sua única lembrança de Jack, por que não fica com ele? E, já que se passaram 84 anos, por que não decidiu jogá-lo no mar antes? Talvez ela tivesse desistido de andar de navio, mas como saberia que, cedo ou tarde, ainda poderia voltar ao lugar onde os restos mortais de Jack descansam, sob as ondas? Eu sei, eu sei, era para ser o grande momento romântico, e o amor realmente frita..., mas mesmo assim...

A Velha Rose volta para cama, e vemos fotos de sua vida, inclusive montada a cavalo, no estilo do Oeste. O *Titanic* afundado torna-se o velho *Titanic*, enquanto a câmera desliza através das portas até a grande escadaria. No topo, Jack a espera, vestido como um passageiro da terceira classe. Ele estende a mão e Rose a toma. Aos 187 minutos de filme os créditos começam a rolar.

Certo, o roteiro, como filmado, é ruim, por todos os motivos vistos acima. Mas o primeiro esboço do roteiro era apenas 75% ruim. Vamos examinar como o roteiro resultou no filme. A produção, como cabe a um filme de 200 milhões de dólares, é suntuosa. Não sem motivo o filme ganhou quase todos os Oscars de "beleza" (arte e direção de cenário, figurino, fotografia), mas a produção está repleta de falhas. Vários efeitos especiais são ruins, especialmente os aquáticos. Passei dois anos a bordo de um navio na Marinha, e fiquei de pé na proa, observando-o cortar a água, e não se parece com o que se vê no filme. Desconfio que os efeitos aquáticos foram criados por um nerd da informática que nunca viu o mar. Vê a desvantagem da computação gráfica em relação ao mundo real?

Então temos o problema da duração. Maior não significa melhor. Ocorreu-me, quando vi o filme pela primeira vez, que, se você retirasse todas as tomadas que mais pareciam cópias de tomadas anteriores, ele teria menos meia hora sem perder nada importante. E, se mais quinze minutos fossem eliminados, ele ficaria com cerca de duas horas e meia, o que o roteiro pode aguentar. E sabe o que mais? O primeiro esboço do roteiro tem 153 páginas, o que, com um minuto por página, acabaria sendo... praticamente duas horas e meia. Naquele roteiro, o flashback começa na página dezesseis. Lembra-se da corrida interminável pelos corredores inundados? Nele, isso leva apenas quatro páginas, metade da duração da sequência no filme. E, quando a popa começa a se levantar, percebemos que Cameron está adorando as tomadas das pessoas despencando do navio. Contei por alto 21 dessas tomadas colocadas por ele. Havia apenas meia página no roteiro. Fiquei sem palavras quando o filme não só foi indicado para o Oscar de Melhor Edição, como depois o ganhou.

Se Cameron, como diretor, exagerou nos efeitos especiais e nas tomadas de direção de arte, também deixou de lado cenas do primeiro esboço que davam mais sentido ao filme. Nas cenas finais, Lizzy e Brock descobriam que a Velha Rose vai jogar o colar no mar, e temos um diálogo que explica (de certa forma) por que ela guardou o colar todo esse tempo.

Com uma caracterização tão fraca no roteiro, bons atores como Frances Fisher (Ruth), Billy Zane (Cal) e Bernard Hill (capitão Smith) não têm um desempenho à altura de que são capazes. Victor Garber tem melhor resultado como Andrews, e Gloria Stuart coloca toda a força de seus mais de sessenta anos de experiência a serviço de uma astuta performance como a Velha Rose.

Mas a pior atuação é a de Kate Winslet como Rose. Winslet é uma das maiores atrizes de sua geração, e em praticamente todos os filmes nos quais atuou foi soberba. Mas aqui ela é derrotada por um papel malconcebido. No primeiro esboço, seu personagem é mais coerente. A cena do passeio no convés, na qual parece ser três pessoas diferentes, faz muito mais sentido naquele roteiro. A versão revisada já começa a fazer menos sentido. Na versão filmada é uma confusão. Se você decidir "desenvolver" uma cena, trate de melhorá-la, não de piorá-la. Winslet com frequência mostra-se adequada numa cena, e certamente tem seus momentos encantadores, mas nada se encaixa na personagem.

Portanto, *Titanic* tem um roteiro ruim, água ruim, atuações ruins, computação gráfica ruim, e dura mais tempo do que era preciso. Foi indicado para catorze Oscars, mas não – e deve-se assinalar isto – para o de Melhor Roteiro Original. Ganhou onze, incluindo o de Melhor Filme. E rendeu 2 bilhões de dólares (sim, você leu certo, bilhão, com "b") nas bilheterias ao redor do mundo, tornando-se o filme mais bem-sucedido até então.

Como?

Duas palavras:

Leonardo DiCaprio.

Antes de *Titanic*, DiCaprio era um grande ator e uma estrela em ascensão. Mas depois do filme ele tornou-se um astro. Ele fez o filme, e o filme o fez. Vista apenas como performance, sua atuação em *Titanic* foi apropriada, diante das limitações do roteiro. Com um personagem unidimensional, muito pouca atuação pode ser feita, como vimos em relação a algumas das outras atuações. O que DiCaprio nos oferece é a performance de um *astro*. Ele ocupa a tela de tal forma que é impossível deixar de olhá-lo. DiCaprio capta o entusiasmo de Jack e o projeta em tudo. Observe como ele olha para os passageiros enquanto os desenha. Repare seu entusiasmo quando ensina Rose a cuspir. Perceba o giro de 360 graus que descreve quando Ruth e Molly o pegam ensinando Rose a cuspir. DiCaprio está sempre fazendo algo para atrair seu olhar. E o faz usando o entusiasmo de Jack. Ao contrário de Sam Neill em *Parque dos dinossauros*, ele percebeu que teria que se esforçar bastante para marcar sua presença ao contracenar com uma das mulheres mais atraentes do cinema, Kate Winslet, e também com o valor da produção, os efeitos especiais e as sequências de ação. E, em todas as catorze indicações, DiCaprio não foi incluído, mas Winslet foi.

Como muitos assinalaram, uma parte da plateia que fez de *Titanic* um sucesso era de meninas adolescentes e pré-adolescentes. Por aí, é possível ver a vantagem de ter a classificação PG-13. Aliás, na próxima vez que alguém se queixar da baixa capacidade de concentração das crianças de hoje, responda que elas viram duas horas e 74 minutos de *Titanic* muitas, mas muitas vezes. A atuação de DiCaprio colaborou para a conquista dessa faixa etária, sendo ele tão cheio de vida e adorável. E nada ameaçador. A atuação medíocre de Winslet também pode ter ajudado a atrair a mesma faixa etária, pois, se ela se mostrasse mais cativante, a parte feminina do mercado jovem poderia calar a boca, ao ter que "compartilhar" Leo! Leo! Leo! com ela.

Às vezes, você tem sorte com um roteiro ruim, e o filme e/ou seu astro têm força para dar à plateia aquilo que o público potencial do filme deseja. Mas não se pode contar com isso.

O poder de astro de DiCaprio não o ajudou no filme seguinte, *A praia* (2000). Ou em *Gangues de Nova York* (2002).

FONTES

As informações sobre o filme alemão de 1943 e seu diretor estão em *Film in the Third Reich* (Touchstone, 1969), de David Stewart Hull. O material sobre os outros filmes a respeito do *Titanic* pode ser encontrado no site IMDb. As informações sobre os Oscars estão em *70 Years of the Oscar: The Official History of the Academy Awards* (Abbeville Press, 1999), de Robert Osborne.

O primeiro esboço do roteiro, de 7 de maio de 1996, está na Biblioteca Herrick. Também foi publicado no livro *Titanic* (Harper, 1998), mas com os números de página do roteiro substituídos pelos números das páginas do livro. A obra inclui anotações sobre o que foi cortado ou modificado. Se achar um exemplar do livro, veja como é fascinante lê-lo enquanto assiste ao filme. Há ainda mais cenas do que as que descrevi como melhores no primeiro esboço do que no filme, e, embora seja comum os diretores estragarem o trabalho dos roteiristas, é relativamente raro ver um diretor filmar seu próprio roteiro prejudicando-o. Suspeito que Cameron tenha entrado na sua frequência "diretor" e começado a perder o foco, algo que às vezes acontece sob o peso esmagador de uma produção de alto orçamento. Uma versão revisada, anterior ao filme e datada de março de 1998, pode ser encontrada na Biblioteca Herrick, e inclui revisões para a cena do convés.

15. *O âncora: A lenda de Ron Burgundy*

O âncora: A lenda de Ron Burgundy
(*Anchorman: The Legend of Ron Burgundy.*
2004. Roteiro de Will Ferrell e Adam McKay.
94 minutos)

Alguns leitores dos primeiros rascunhos deste livro ficaram perturbados com este capítulo, dizendo que comédia é algo "subjetivo", e então como podia eu colocar uma comédia na parte de "roteiros ruins", já que muita gente riu com ela? Estranhamente, nenhum dos leitores fez objeções a meus comentários sobre os filmes da série *American Pie,* dois dos quais não eram bons. Como você pode ter percebido em parte do que escrevi, tenho senso de humor. Não achei *O âncora* engraçado; outros acharam. Mas os problemas com ele não resultam apenas de eu não ter rido das piadas, mas de seu roteiro ter sido malfeito sob quase todos os aspectos. Não desaprovo filmes que sejam estupidamente engraçados. Desaprovo-os quando são mais estúpidos do que engraçados.

Leia o que diz a abertura: "O que veremos a seguir é baseado em fatos reais. Apenas os nomes, os lugares e os fatos foram modificados." Como escreveu um leitor: "É uma piada; uma piada estúpida, mas é também um filme estúpido." Meu problema com a abertura não é apenas ela ser estúpida, mas que não faz sentido no contexto do filme. A história não se baseia em fatos reais mais do que qualquer outro filme de ficção. Às vezes, parece haver sinais de que o filme seria um pseudodocumentário, como *Isto é Spinal Tap* (1984), mas esses sinais não são levados adiante.

O narrador – e não temos ideia no início de quem é ele – define a cena, nos dizendo que se trata do noticiário da TV local na década de 1970. Mas repare que a ênfase é tanto sobre Ron Burgundy ser um homem, como sobre o fato de ele ser um âncora do noticiário, tema principal do filme. É um dos dois motivos para o filme se passar nos anos 1970. O outro é conseguir algumas risadas diante das roupas usadas na época.

O narrador lembra bastante o de outro filme sobre telejornalismo, *Rede de intrigas* (1976). Um problema para os roteiristas de hoje é que vários assuntos foram abordados antes, e com frequência muito bem. Lembra-se de *Pearl Harbor*? Se você estiver escrevendo sobre telejornais, vai concorrer não só com grandes filmes e programas de TV, mas também com as lembranças que as pessoas têm desses filmes e programas. O que é um grande problema para *O âncora*.

Ron se prepara para entrar no ar fazendo exercícios vocais. Alguns parecem tolos, mas os exercícios vocais para atores e apresentadores de TV costumam parecer bobos, portanto não sabemos se de fato Ron é bobo. Vemos uma paródia da sequência das manchetes do noticiário local, com âncora, locutor esportivo, apresentador da previsão do tempo e repórter caminhando em direção à câmera. Sim, todos nós já vimos essa caminhada, mas a referência a alguma coisa não é, por si só, uma paródia, como vários críticos assinalaram a respeito de *Uma comédia nada romântica* (2006).

Temos cenas de pessoas em San Diego reagindo positivamente ao noticiário e a Ron, entre elas um grupo de motoqueiros num bar. Não sabemos por que eles gostam de Ron. Ele parece a caricatura de um âncora local, pomposo e convencido, mas Ted Baxter no seriado *Mary Tyler Moore Show* (1970-77) fez isso como ninguém. Veja alguns episódios para perceber como isso deve ser feito. O diretor do canal, Ed, aparece no estúdio depois do jornal e diz a todos que eles estão mais uma vez em primeiro lugar na audiência. Estamos com cinco minutos de filme. Ed, num aparte ao assistente Grant, pede que não deixe o pessoal comemorar demais.

Você adivinha aonde vamos em seguida? Na festa, o narrador nos apresenta à equipe do noticiário de Ron. Cada um fala direto para a câmera, como se estivesse sendo entrevistado para um documentário, mas a abordagem não será usada novamente. O primeiro é o repórter Brian Fantana, cujo nome parece uma referência ao repórter investigativo

Frank Fontana, da série *Murphy Brown* (1988-98). Ele está sentado num sofá com uma bela mulher e falando sobre os apelidos que dá a seu pênis e a seus testículos, e acrescenta: "Vocês, minhas damas, joguem diretinho suas cartas, quem sabe acabarão se encontrando com a turma toda." Só que ele não está falando para a mulher. E a mulher não tem qualquer reação ao que ele fala. Qual poderia ser a reação dela?

O próximo é o repórter esportivo, Champ Kind, que fala para a câmera sobre o bordão que usa no programa. Não vou contar qual é, mas veja se consegue se lembrar dele nas duas outras vezes que é usado no filme. Brick Tamland, o homem do tempo, admite que as pessoas gostam dele por ser educado, e que um médico lhe dirá depois que é retardado mental. Ele é de fato o que tem o raciocínio mais lento na turma, o que não é um grande feito.

Uma mulher se aproxima de Ron e confessa que tem uma queda por ele. O roteiro não nos dá qualquer indicação do motivo de sua atração por Ron Burgundy.

Ron vê uma mulher atraente, Veronica Corningstone, que não tem ideia de quem ele seja. Ele se apresenta: "Não sei como dizer isso... mas sou alguém bem importante... As pessoas me conhecem... Sou muito importante... Tenho muitos livros com capas de couro... e meu apartamento cheira a mogno." Nada mau, porém nada de mais. Reescreva a fala e torne-a engraçada. Ou simplesmente observe Will Ferrell pronunciar as palavras e imagine como ele poderia tê-las tornado mais interessantes. Ferrell é corroteirista do filme, portanto escreveu a fala para a própria atuação. Mas como ator ele parece pensar que essas palavras constituem apenas uma piada, e não capta o subtexto emocional, que poderia fazê-las funcionar melhor na tela. Provavelmente, as falhas na escrita e na atuação de Ferrell advenham do fato de ele ter feito esquetes cômicos no *Saturday Night Live* (no ar desde 1975). O texto do programa tende a ser muito descuidado, assim como a atuação, sem a precisão necessária para a grande comédia. No final da cena, Ron diz a Veronica: "Quero ficar em cima de você", e ela muito sabiamente se afasta. Estamos com onze minutos de filme.

Ron vai para casa. Sozinho. Bela casa. Seu cachorro Baxter com certeza é uma referência a Ted Baxter. Ron reclama de Baxter falar espanhol, quando ele está apenas latindo. Se Baxter tivesse produzido algum som que pudesse ser interpretado como espanhol, a piada talvez tivesse graça, mas fica nisso. O cão talvez servisse para mostrar a solidão de Ron, mas não há sinal dela no diálogo ou nas reações de Ron a Baxter.

No escritório do canal, na manhã seguinte, Ed conta à equipe que Ling Wong, a panda do zoológico (talvez a única razão para o filme ser rodado em San Diego) está grávida, e todo mundo concorda que vai ser a grande sensação do verão. Os dias de "Vigília da Panda" em vários canais dão um mínimo de apoio estrutural ao roteiro. Compare isso ao uso que James L. Brooks faz das cenas das partidas de dominó em *Nos bastidores da notícia* (1987) para mostrar a superficialidade do noticiário televisivo. Ed também diz que a rede quer contratar mais um âncora, o que põe a trama em ação. Ele conta aos rapazes que as afiliadas têm se queixado da falta de diversidade. Grande problema: por que as afiliadas se queixariam da falta de diversidade de outro canal? Provavelmente, a afiliada estaria mais preocupada com a concorrência local. Quando Brooks escreveu *Nos bastidores da notícia*, ele não só se baseou nos seus anos de televisão, como também passou um bocado de tempo pesquisando os noticiários, como Paddy Chayefsky fez em *Rede de intrigas*. E eis aqui um segredinho: você tem que ser inteligente mesmo ao escrever algo não muito profundo. O espectador *sabe* quando você assume uma atitude condescendente com ele. Veja quantas risadas Chayefsky e Brooks extraem da *realidade* dos noticiários de televisão. Sim, eles exageraram um pouco, mas sempre com base na verdade.

Há uma discussão cômica medíocre sobre o que significa diversidade, o que leva Ed a apresentar o mais novo repórter da estação, Veronica. Ron fica surpreso, e só. Que outras reações você daria a ele? E quanto a ela? Se ela era nova na cidade, como tinha sido convidada para a festa na véspera? E, se sabia alguma coisa sobre o canal no qual ia trabalhar, devia saber quem ele era. E não há qualquer indicação na cena da festa de que ela o estivesse adulando. Agora Veronica diz esperar contribuir para o bom conceito do canal. Afinal, ela sabia antes quem era Ron ou não? Mais tarde, no escritório de Ed, Champ e Brian estão reclamando que não é bom ter uma mulher à frente do noticiário. Eles estão urrando, eu desconfio, para disfarçar o texto ruim, problema que acompanha o filme, embora, mais para o final, um dos melhores momentos de Ferrell seja quase sem palavras. Brick se queixa da presença de mulheres na redação, e diz: "Li em algum lugar que a menstruação atrai os ursos. Os ursos conseguem sentir o cheiro da menstruação", uma frase mais complexa do que Brick, o idiota, seria capaz de proferir. Mantenha suas piadas condizentes com seu personagem. Champ finge colocar molho de churrasco no que imagina ser o traseiro de Veronica. Ela entra na sala, mas não fica claro se compreende o que ele está fazendo, o que reduz uma cena de reação potencialmente interessante. Ela sai, e temos uma narração dela, dizendo que aquele é o mesmo tipo de coisa que sofreu em outras emissoras, e que está decidida a encontrar o caminho para o sucesso. É a única narração do filme, por parte dela ou de qualquer outro personagem. Por que você acha que os roteiristas a incluíram? Eles já haviam estabelecido um narrador que é mais ou menos onisciente e que poderia ter nos dito isso. Um dos temas do filme é a luta entre os sexos, motivo pelo qual o filme é ambientado nos anos 1970, quando as mulheres estavam tendo cada vez mais oportunidades na TV e em toda parte. Os roteiristas parecem evitar deliberadamente as possibilidades do tema. Brooks, em *Nos bastidores da notícia*, arrancou gargalhadas – e mais – ao abordar com seriedade a questão da mulher no telejornalismo. Ferrell e McKay têm menos em vista – e erram.

Nossos quatro rapazes estão caminhando num parque (pode ser uma referência à "caminhada da equipe" na sequência da abertura do jornal, mas é filmado de forma tão inábil que a piada se perde), discutindo o que fazer a respeito de Veronica. O grupo se encontra com a equipe do jornal do Canal 9, os concorrentes. A primeira cena do encontro é montada, acho, como paródia do primeiro confronto das gangues de *Amor, sublime amor* (1961), mas a música equivocada mata a brincadeira. Se você precisa de música para uma piada específica, escreva o nome dela e torça para os produtores conseguirem comprar os direitos. Os dois grupos trocam insultos, na maioria sobre suas roupas, mas, como elas são as horríveis roupas dos anos 1970, a discussão parece enfatizar como *todos eles* são tolos.

Ed está ao telefone falando sobre o filho, que parece ter levado revistas pornográficas alemãs para a escola, a primeira de uma série de piadas sobre as encrencas provocadas pelo garoto. A piada é um pouco engraçada (só no final da conversa descobrimos que Ed está falando com uma freira), mas as outras não são. Veronica entra no escritório para queixar-se de ter sido designada para fazer a cobertura de um desfile de moda para gatos. Ora, sabemos que Veronica sabe como seu ambiente de trabalho é sexista, e certamente não seria surpresa para ela que lhe tivessem atribuído essa missão, portanto não seria mais inteligente apenas cumprir a tarefa e fazer isso tão bem e de uma maneira tão inventiva que a fizesse brilhar? Na excelente comédia sobre jornalismo *Jejum de amor* (1940), Hildy já é uma repórter do primeiro time na abertura do filme, e vemos como ela é uma repórter inteligente ao longo de todo o filme, o que a torna uma personagem muito mais interessante. Mas aí o seu galã, seu editor Walter Burns, é ainda mais inteligente, o que o torna interessante também, o que por sua vez torna *fantástico* o relacionamento dos dois.

Champ, Brian e Ron tentam, um de cada vez, conquistar Veronica. Ela não tem qualquer reação interessante. Agora imagine como Hildy em *Jejum de amor* responderia a esses "avanços". Christina Applegate (Veronica) pode ser uma ótima comediante, mas o roteiro dá pouca oportunidade para ela mostrar seu trabalho. Os roteiristas se concentram tanto nos personagens masculinos que negligenciam a personagem de Veronica e as risadas que ela poderia proporcionar em suas reações aos rapazes.

Enquanto espera por Ron na portaria, Veronica pensa duas vezes sobre a proposta dele de lhe mostrar San Diego, mas lembra que ele é bonito. Bom, poder ser. Todos nós em algum momento da vida nos apaixonamos pelas pessoas erradas, mas a diferença entre Veronica e Ron é enorme, e os roteiristas parecem não perceber o trabalho que terão para nos convencer de que os dois devem ficar juntos. Ron e Veronica vão a um restaurante e o gerente pede a ele que toque jazz com uma flauta. Quem sabia desta habilidade? Bom, ele toca, e toca bem. Finalmente algo que Ron sabe fazer direito, e devemos imaginar, pela reação de Veronica, que isso vai selar o acordo entre os dois. Talvez, mas ela precisa de mais falas e/ou de uma reação visual para a ideia funcionar, sobretudo em vista de todas as bobagens que ele já cometeu. Eles vão para a cama, o que resulta numa sequência rápida e razoavelmente divertida. A situação não nos conta algo que já não sabíamos. Pela manhã, ela lhe diz: "Muito bem-feito, senhor", no que temos dificuldade para acreditar, simplesmente porque nada vimos que justificasse. Como você sugeriria que ele é bom? E ainda assim mantendo a classificação PG-13? Estamos aos 37 minutos do filme.

Ela quer manter o caso em segredo. Mas conhecemos bem o estilo dos roteiristas do filme e podemos adivinhar a cena seguinte: no escritório, ele berra para todos ouvirem que ficaram juntos. Ron e os rapazes trocam ideias sobre o que é estar apaixonado, e o texto, embora seja apenas passável, não é interpretado a todo o volume, e sim num tom de conversa normal, e o resultado é melhor. A conversa flui para a única cena encantadora do filme, quando os quatro rapazes se põem a cantar "Afternoon Delight", também em volume normal.

A equipe de jornalismo de Ron o avisa sobre o café da manhã da turma no dia seguinte, mas ele diz que prefere fazer jogging com Veronica. Os rapazes parecem preocupados ao vê-lo preferir a companhia dela à deles, mas isso é apenas falado repetidamente, e não é desenvolvido. Aqui os roteiristas evitam uma questão interessante, mais do que Adam Herz evitou nos filmes da série *American Pie*.

Ron está ao volante e joga um *burrito* pela janela do carro, o que faz um motociclista cair. Em represália, o motociclista pega Baxter, que estava no carro, e o atira da ponte que estavam atravessando. Ron fica tão aflito que não chega a tempo ao trabalho. O chefe de Veronica reluta em deixá-la apresentar o jornal, mas ela pergunta: "Sr. Harken, esta cidade precisa das notícias. E o senhor vai privá-la disso porque eu tenho seios?... E seios perfeitos." Até agora não tínhamos visto Veronica usar sua sexualidade dessa maneira, então é uma surpresa. Applegate poderia tirar mais dessa fala, especialmente das duas últimas palavras. Ouça Julia Roberts dizendo "Isto se chama peitos, Ed", em *Erin Brockovich* (2000), para perceber como a frase deveria ser dita. Veronica apresenta o noticiário, e as mulheres do estúdio (espere um minuto, de onde elas vieram? Não as vimos no estúdio ou na redação nos cinquenta minutos iniciais do filme) ficam felizes com o sucesso dela. Ron, claro, não fica.

Ed anuncia que a audiência aumentou (por causa de uma única edição, e inesperada? Pouco provável) e que Veronica será a âncora do jornal ao lado de Ron. No final do programa, cada um deles tenta falar seu bordão por último (a dele: "Mantenha a classe, San Diego"; o dela: "Obrigada por ficar conosco, San Diego"), depois do outro ter dito o seu. É a única cena no filme que funciona 100%. Por quê? Primeiro, como minha mulher observou, "é o único trecho que não foi gritado". Segundo, Ferrell e Applegate conseguem um bom ritmo e de fato *interpretam* as falas. Terceiro, o diretor e corroteirista ao lado de Ferrell, Adam McKay, é esperto o bastante para manter a câmera parada e deixar Ferrell e Applegate darem conta do recado. Uma de minhas ex-alunas, Tamra Davis, dirigiu um filme de Adam Sandler, *Billy Madison, um herdeiro bobalhão* (1995). Ela me contou ter aprendido com a experiência que, em uma comédia, o diretor tem que colocar o talento a serviço dos atores: se não vemos ou ouvimos o que os atores estão fazendo, não vamos rir.

Ouvimos o que os dois âncoras estão dizendo um para o outro enquanto sorriem por trás dos créditos. Devia ser o equivalente à cena da discussão no campo em *Sorte no amor*. Mas, ao contrário, é uma troca de insultos medíocres. Talvez Veronica seja perfeita para ele, afinal.

Os rapazes tentam enganar Veronica. A cena deveria ser uma intensificação das anteriores, na qual se queixavam da apresentadora, porém é mais do mesmo. Helen, uma das mulheres que festejaram o sucesso de Veronica, diz que os rapazes são crianças que precisam crescer. Ela tem razão. Percebo que *O âncora* segue a tradição do que os britânicos chamam de comédia "*laddish*", ou seja, meio infantil, na qual caras de vinte, trinta, e às vezes quarenta e tantos anos se comportam como garotos de onze. Mas será que os filmes têm que parecer *escritos* por garotos de onze anos? Afinal, em *Nos bastidores da notícia*, James L. Brooks criou um aspirante a âncora razoavelmente consistente, Tom Grunik, mas o fez bastante atraente para acreditarmos que a produtora Jane Craig, uma mulher esperta, se interessaria por ele. E quanto às trapaças quase adolescentes, porém inteligentes, que Walter Burns prega no noivo de Hildy em *Jejum de amor*? Certo, quem faz o papel de Burns é Cary Grant, mas, rapazes, não há nada de errado em ser um adulto, mesmo se você não é um Cary Grant.

Os rapazes esbarram com a equipe do jornal do Canal 9 e de outras estações. E há uma briga. O quê? É talvez uma daquelas ideias que pareceram ótimas quando as sugestões para o filme estavam sendo avaliadas, e tem certo apelo maluco, mas parece vir de lugar nenhum. É, suponho, uma espécie de acerto de contas depois do confronto anterior com a equipe do Canal 9. Mas fazer disso uma briga, com armas de verdade, com ao menos um morto e uma pessoa com o braço decepado, é totalmente diferente do tom do resto do filme. Sim, tivemos Baxter lançado de uma ponte, mas isto foi o mais perto a que se chegou do humor negro.

Depois da briga eles voltam ao escritório e (por volta da 27ª vez) tentam imaginar o que fazer com Veronica. Você diria "repetitivo"? Numa discussão, Veronica diz a Ron que o cabelo dele é feio. Ora, é um insulto horrível para um âncora, mas os roteiristas nada fazem. Há muito pouca reação por parte de Ron, ou de qualquer outra pessoa. Estamos com 67 minutos de filme.

Num restaurante, Helen conta a Veronica que Ron lê *qualquer coisa* que esteja escrita no teleprompter. Veronica escreve "Vá se foder, San Diego" e Ron lê, o que aborrece os motoqueiros do bar (lembra-se deles?), assim como todo mundo na cidade. Ed tem que despedir Ron. Para uma versão mais viva da cena, veja o roteiro de Budd Schulberg para *Um rosto na multidão* (1957), e observe como Schulberg maneja o relacionamento entre uma mulher inteligente e um jovem roceiro.

Veronica é agora a única âncora e estamos no 46º dia da Vigília da Panda. Ed recebe um telefonema avisando que Ling Wong está em trabalho de parto, e as várias equipes que vimos brigando estão lá. Ron está bêbado, molambento e barbado num bar, e conta ao bartender que "uma demônia roubou meu coração", mas admite, ao vê-la na TV, que ela é melhor do que ele. O bartender diz que os tempos estão mudando. Quem faz o papel é Danny Trejo, um dos maiores "caras de mau" do cinema. O contraste entre sua aparência e seus sentimentos liberais torna a cena melhor do que quando apenas a lemos no roteiro.

No zoológico, Veronica encontra o ângulo perfeito para filmar o nascimento, mas o repórter da televisão pública a empurra para dentro do fosso dos ursos, onde se vê cercada por três animais que dormem. Lembra-se da piada grosseira do urso? Não creio que os roteiristas tenham se lembrado, pois não há referência a ela na cena. Se você vai contar uma piada daquelas, é melhor dar a ela uma consequência (*pay off*) realmente boa.

Chamado de volta ao trabalho, Ron avista Veronica no fosso dos ursos e tem que fazer uma escolha: assumir a reportagem da panda ou resgatar Veronica. Ele pula dentro do fosso. Ela confessa sua culpa quanto ao teleprompter e o urro de revolta que ele dá acorda os animais. Os três rapazes da equipe pulam no fosso e lutam com os ursos. Baxter aparece. Surpresa, surpresa, ele não morreu. Nós o vimos sair do rio e se dirigir para o zoológico (hum, essa foi feia. A ponte de onde ele foi jogado fica sobre a baía de San Diego, que não é ligada a qualquer rio). Baxter pula no fosso e conversa com os ursos. Baxter conta que em suas viagens encontrou um urso, Katow-Jo, que por acaso era primo do urso do zoológico, e assim ele deixa os humanos irem embora. Baxter diz: "Contarei a todos sobre sua bondade." A cena é estranha, porém funciona não só em termos da trama, mas também como uma paródia surgida do nada de cenas semelhantes em filmes sobre a vida selvagem. Funciona porque Baxter e o urso não estão berrando, e simplesmente latem e grunhem num tom normal de conversação.

Quando nossos rapazes e Veronica estão saindo do fosso por uma escada, o âncora do Canal 9 ameaça jogá-los de volta, mas se arrepende e diz que respeita Ron. É um pequeno *pay off* para um personagem menor, que apenas serve para desacelerar o final do filme. Veronica concorda em deixar Ron contar a história da panda, mas ele a reconduz como sua "coâncora". Veronica diz: "Existem literalmente milhares de homens com quem eu gostaria de estar, mas estou 72% convencida de que amo você." Não sei qual foi sua reação, leitor, mas a minha foi: fuja, Veronica, com *qualquer* um dos outros.

O narrador nos conta que pegou Ron e Veronica como seus substitutos, mas ficamos sem saber o que ele era (o âncora de uma rede de TV? Um âncora numa cidade maior?). O narrador diz que eles formaram a primeira "equipe de notícias mista" e a cena seguinte os mostra como âncoras, mas não fica claro onde estão trabalhando. E o narrador conta ainda que eles continuam lá, mas a maquiagem de Ferrell e Applegate está equivocada, se é para nos convencer de que eles estão com trinta anos a mais do que no restante do filme. Aos 89 minutos, os créditos começam a aparecer.

O âncora: A lenda de Ron Burgundy custou cerca de 26 milhões de dólares, e rendeu nos Estados Unidos 84 milhões de dólares e outros 5 milhões de dólares no exterior. Em outras palavras, depois de descontar parte da renda que fica com os exibidores, o custo de divulgação e marketing, o filme se pagou. Teve um sucesso relativamente bom com as plateias americanas, uma vez que o tema era a televisão local do país, e houve muita gente que, ao contrário de mim, o considerou um pouco engraçado. O público de outros países ficou desconcertado, como em geral acontece nas comédias americanas vulgares.

FONTES

As citações do diálogo são tiradas das minhas anotações sobre o filme e da seção "citações memoráveis" no site IMDb, embora deva ser assinalado que na seção há citações do trailer que não estão no filme, e outras cenas cortadas que também não constam dele. O orçamento é do IMDb e a renda foi obtida na revista *Variety (w)*, janeiro, 17-23, 2005.

Sobre a discussão a respeito de *Mary Tyler Moore Show* e *Saturday Night Live*, veja, da minha autoria, *Storytellers to the Nation: A History of Writing for American Television*, 2ª ed. (Syracuse University Press, 1996). Para uma breve discussão sobre *Nos bastidores da notícia*, veja a segunda edição ou outra mais recente do meu *Framework* (Syracuse University Press, 2000).

16. *Guerra nas estrelas: Episódios I, II* e *III*

Guerra nas estrelas: Episódio I – A ameaça fantasma
(*Star Wars: Episode I – The Phantom Menace*, 1999.
Roteiro de George Lucas. 133 minutos)

"Há muito tempo em uma galáxia muito distante..."

Sim, eu sei que é a primeira frase do primeiro filme, mas existe um motivo para Lucas ter decidido repeti-la em todos os outros. Ela deixa claro que este filme e os outros da série não se passam em um mundo real. Embora tenha sido divertido reclamar dos detalhes "sem realismo" dos roteiros e dos filmes – e, admita, foi divertido –, é também inútil argumentar que: naves espaciais não fariam barulho no vácuo; explosões não produziriam lindas bolas de fogo onde não existe ar para sustentá-las; buracos nas naves sugariam todo o ar e as criaturas dentro delas para o vácuo; naves pequenas provavelmente não contariam com recursos de gravidade artificial; planetas estranhos não teriam todos a mesma gravidade e atmosfera; as variações de temperatura nesses planetas não permitiriam que pessoas e criaturas caminhassem quase sem proteção, com roupas normais; e, devido ao meu apreço pela língua inglesa, o ser mais sábio do universo aprenderia a falar de uma forma um pouco mais correta gramaticalmente do que Yoda.

Mesmo que seja inútil lembrar tais coisas, os roteiros também são cheios de falhas, além de sua falta de realismo, em particular os *Episódios I, II*, e em menor grau o *III*, tanto em termos do próprio universo quanto à forma que o apresentam ao universo habitado por nós, a plateia (pelo menos, quando não estamos vendo os filmes).

"Há muito tempo..." etc. também é uma boa abertura para o *Episódio I*, já que ele foi lançado dezesseis anos depois do filme anterior da série

Guerra nas estrelas. A frase leva a plateia de volta ao mundo desses filmes e cria expectativas quanto ao *Episódio I*: rápido, ligeiro, com efeitos especiais elaborados e talvez até algumas atuações decentes. Não demora muito e o filme começa a pôr abaixo as expectativas.

Logo de início, o texto de abertura nos informa que a desordem se instaurou na República Galáctica. Isso é bom, desordem é quase sempre algo divertido de assistir. Mas então somos informados que a desordem se deve à "disputa acerca da cobrança de impostos sobre o comércio nos sistemas estelares remotos". Desordem na tela é divertido, mas disputas sobre impostos são chatas. Em *Guerra nas estrelas* (que agora é mais conhecido como *Guerra nas estrelas: Episódio IV – Uma nova esperança*), o texto de abertura falava sobre a luta da Rebelião contra o Império, o que prendia a atenção da plateia. O texto introdutório do *Episódio I* segue em frente, revelando-nos que o chanceler supremo enviou dois cavaleiros Jedi para as naves de comando da Federação de Comércio em órbita do planeta Naboo, para negociar o fim de seu bloqueio e do embargo comercial ao planeta. "Federação de Comércio"? "Naboo"? Um nome é sem graça, o outro, bobo. Lucas sempre se saiu melhor no visual do que no literário, para não dizer coisa pior, mas o uso da linguagem em todos os roteiros de *Guerra nas estrelas* é desajeitado e fora de sintonia com seus impressionantes efeitos visuais. Se você vai escrever um filme muito visual, assegure-se de que a linguagem usada não seja um obstáculo. Um exemplo em três palavras: *Lawrence da Arábia*.

O texto de abertura termina e os cavaleiros Jedi entram na nave. Qui-Gon Jinn (o mais maduro) e Obi-Wan Kenobi (seu aprendiz) conversam com representantes da Federação de Comércio. Não é uma abertura cheia de ação, bem diferente da abertura do *Episódio IV*, que mostra nitidamente quem são os mocinhos (os robôs simpáticos e a garota bonitinha) e os bandidos (os soldados, sobretudo aquele vestido de preto). Logo depois presenciamos a conversa dos líderes da Federação de Comércio com um holograma de seu misterioso líder. Ora, em um filme chamado *A ameaça fantasma* fica bem claro para a plateia que o personagem que se apresenta a) ordenando a morte dos Jedi e b) sem ser visto é a própria ameaça fantasma.

O problema é que o ator que o interpreta, Ian McDiarmid, tem um rosto e uma voz muito característicos, o que o torna logo reconhecível quando aparece como o senador Palpatine. Como pode ser fantasma quando é tão facilmente reconhecível? Os Jedi encontram um exército de droides e se escondem em naves para descer ao planeta. Estamos com pouco mais de oito minutos de filme.

Os líderes da Federação de Comércio conversam via holograma com a rainha Amidala de Naboo. Uma pergunta política: como uma garota que parece uma adolescente conseguiu tornar-se rainha... de uma democracia, como Naboo depois é identificada? Isto vai ser um pouco explicado no *Episódio II*, mas por enquanto vamos ter que aceitar isso como parte da "galáxia muito distante" etc. Entretanto é algo que vai continuar assombrando a trama deste roteiro e dos filmes seguintes, especialmente no tocante ao personagem de Amidala.

Em Naboo, Qui-Gon tropeça em Jar Jar Binks, o mais desprezado de todos os personagens da série. Acho que a intenção era criar um personagem engraçado na mesma linha de Satipo, o assistente covarde de Indiana Jones na sequência de abertura de *Os caçadores da arca perdida* (1981), também produzido por George Lucas. Esses personagens servem de relevo cômico e de contraponto para as ações corajosas do herói, seja a de Indy em *Os caçadores da arca perdida*, seja dos Jedi neste filme. Mas o problema com Jar Jar vem do ouvido fraco de Lucas para escrever diálogos. No inglês estropiado que o roteirista escreveu para Jar Jar, "I'm" ("eu sou") tornou-se "meesa", o que presumo ser uma versão de "me is" ("mim é"). Infelizmente, "meesa" é muito semelhante a "massa", forma de dizer "master" ("mestre, senhor") no dialeto tradicional dos escravos negros dos Estados Unidos. Tudo isso, combinado com o fato de ser desajeitado e subserviente, convenceu muitos espectadores, e não apenas negros, de que Jar Jar havia sido criado por Lucas como um estereótipo racista. O roteirista provavelmente foi mais negligente do que racista. Percebe como você tem que ser cuidadoso com a linguagem utilizada em seu roteiro?

Jar Jar leva Qui-Gon e Obi-Wan para a cidade submersa de seu povo, os Gungans. A cidade é linda, e temos bastante tempo para nos maravilharmos com as imagens, mas ela é um detalhe menor na trama, e não é particularmente expressiva em termos de história, personagens ou ideias. Isso costuma acontecer com os elementos visuais dos filmes, e você pode defendê-los como sendo parte da grande tradição dos espetáculos americanos (Griffith, De Mille etc.), mas ainda assim podem ser excessivos. Quantos elementos visuais você vai precisar em seus filmes?

Os Gungans (o líder dos Gungans é outro estereótipo, agora do líder tribal visto em filmes que se passam na África ou nos mares do Sul) designam Jar Jar (por que ele?) como navegador do submarino que vai levá-los, através do centro do planeta, para a capital de Naboo. É uma viagem extravagante em computação gráfica, mas que até hoje não chega aos pés do brinquedo Star Tours na Disneylândia. Como mencionei várias vezes ao longo deste livro, um roteiro é escrito para uma atuação, e, assim como a cidade dos Gungans foi escrita para a performance dos designers, essa viagem foi escrita para a atuação dos técnicos em computação gráfica. Ela é razoavelmente bem-feita, mas nosso desejo é que os peixes gigantes que os atacam comam Jar Jar. Estamos com dezoito minutos de filme.

Depois do espetáculo que são as cenas da capital de Naboo, vamos direto à ação. Os cavaleiros Jedi resgatam a rainha Amidala das mãos da Federação de Comércio. Mais duelos de sabre de luz contra droides, iguais àqueles que presenciamos na nave da Federação de Comércio. Lembre-se de fazer com que suas cenas de ação ao menos *pareçam* diferentes. Os Jedi precisam consertar a nave antes de levar a rainha ao Senado. Eles pousam no planeta Tatooine, o planeta-natal de Luke Skywalker no primeiro filme da série. Então ficamos atentos, já com meia hora de filme, muito mais tempo do que precisávamos para chegar até aqui.

Qui-Gon e Jar Jar vão até o vilarejo, levando com eles uma jovem chamada Padmé. Ela é apresentada como serva da rainha, mas, como é obviamente interpretada por Natalie Portman, a atriz que faz o papel da rainha, podemos suspeitar que é a rainha adolescente mentindo para conseguir um dia de aventuras longe de seus deveres de Estado. Mas Qui-Gon a aceita como serva. Um detalhe sobre Qui-Gon e Obi-Wan. Volte e veja quantas vezes me referi a eles como "cavaleiros Jedi", ou simplesmente "Jedi". Isto se deve ao fato de não terem personalidade alguma. Uma das limitações inerentes ao conceito de cavaleiros Jedi é que, embora sejam muito bons na hora da ação, são absolutamente inertes em termos dramáticos. Liam Neeson, que teve uma atuação brilhante no papel de Kinsey, se vê incapaz de fazer qualquer coisa além de ficar parado com uma pose de nobre. Ewan McGregor, pelo menos, encontrou uma forma de se manter entretido em seu papel, e me pergunto se Lucas, o diretor, percebeu o que estava fazendo. McGregor adotou o sotaque do jovem Alec Guinness, que interpretou o velho Obi-Wan nos três filmes da trilogia original. Ouça bem as falas de Guinness em *Grandes esperanças* (1946) se não está acreditando em mim.

Nosso trio entra em uma loja de peças usadas. Eles encontram o jovem Anakin Skywalker, que tem cerca de dez anos. Aqueles que conhecem a trilogia original vão perceber logo que ele vai se tornar Darth Vader, e é uma surpresa encontrá-lo como um garoto de dez anos. Já que a plateia também sabe que ele será o pai de Luke e de Leia com a rainha/Padmé, o primeiro encontro é um tanto perturbador. Ela é muito mais velha que ele, e aparentemente muito mais madura. Então por que a jovem parece interessada em um garoto que só quer saber das corridas de pods? Pode ser que ela tenha uma queda por garotinhos. Pode ser que esteja apenas curtindo o tempo longe dos deveres da realeza. Ou que tenha uma curiosidade natural pelas coisas. Ou que seja um instinto maternal em relação ao garoto. Ou que tenha um lado bem rebelde (afinal de contas, de onde a princesa Leia herdou *isso*?). Podem ser todas as alternativas acima. Mas o roteiro não nos diz nada.

Coitada da Natalie Portman, uma ótima atriz (veja em *Hora de voltar* [2004]), mas não lhe dão nada para interpretar neste filme. Um conselho sobre atuação. Os funcionários do império Lucasfilm estavam preocupados, antes do lançamento do filme, com a atuação de Jake Lloyd (Anakin). Ele é tedioso, mas todos os outros atores também são, portanto sua atuação não sobressai como pior do que as outras. Lucas defendeu uma atuação monótona no *Episódio I* e *II* argumentando que nos seriados antigos que inspiraram a série a atuação costuma ser monótona. Seguindo a mesma lógica, os efeitos especiais de Lucas deveriam ser de má qualidade. Mas não são, e a atuação também não deveria ser. O problema é, em parte, que o diálogo é tão monótono que fica difícil para os atores fazerem alguma coisa com ele. Além disso, quando Lucas dirigiu o *Episódio I*, havia 22 anos que não dirigia um filme. Lucas nunca foi um diretor de atores particularmente bom, porém, se tiver um bom elenco, como em *Loucuras de verão* (1973), ele não os atrapalha.

Anakin leva todos para conhecerem sua mãe, Shmi. Anakin construiu o que claramente é C-3PO, que é apresentado a R2-D2. O primeiro encontro entre os dois personagens mais animados de todos os seis filmes é inexpressivo. Como você escreveria a cena?

De volta à nave, Obi-Wan diz à rainha Amidala que seu pedido por... espere um minuto. Rainha Amidala? Ela não está conversando sobre corridas de pod com o pequeno Anakin? Não, sabemos que, oficialmente, aquela é apenas sua criada. Mas se ela está com Anakin, e *esta aqui* é sua criada e sua sósia, então por que está tratando de questões de Estado? E isso ainda vai piorar.

Na casa de Anakin, Padmé fica surpresa ao descobrir que existe escravidão em Tatooine, mas sua reação vem do nada e vai a lugar nenhum. Se ela é a rainha, não deveria ter uma reação mais forte? E se ela é só uma serva, não deveria querer saber mais para falar com a rainha? Quando Anakin diz pressentir que os cavaleiros Jedi vieram acabar com a escravidão, Qui-Gon não esboça qualquer reação, embora conte a Obi-Wan, mais tarde, que tem um pressentimento sobre o garoto. As reações, sobretudo quando imediatas, nos mostram o personagem.

Qui-Gon percebe que o único jeito de conseguir as peças de que precisam é apostar dinheiro nas corridas de pod, já que apostas são a única forma de conseguir dinheiro com os Hutts. Descobrimos que as outras crianças riram das tentativas de Anakin e que ele nunca terminou uma corrida, o que nos prepara para a corrida. Quando Anakin testa seu pod, Padmé o observa, sorrindo. Por que ela está sorrindo?

Qui-Gon conversa com Shmi e diz que a Força é poderosa em Anakin. Qui-Gon examina uma amostra de sangue de Anakin. A contagem de midi-clorians é maior que a de Yoda. Qui-Gon, a pessoa mais madura no filme, diz que não sabe o que isso significa, embora já tenha conversado com Shmi sobre o menino e a Força. Certo, não sabemos literalmente o que a contagem de midi-clorians significa, mas, na verdade, sabemos. Estamos à frente do filme. Você nunca deve deixar a plateia ficar tão à sua frente. O ideal é que o filme esteja um pouco à frente da plateia, e ela tenha que se esforçar para acompanhá-lo. Isto deixa os espectadores mais envolvidos.

Aos 55 minutos de filme chegamos à corrida de pods, a melhor sequência de todo o filme. Você pode pensar que se deve ao fato de ser puro cinema, como Hitchcock. Está certo. É a melhor sequência do filme por ser a sequência mais *bem-escrita* do filme. O significado da ação foi estabelecido nas discussões sobre as corridas de pod. Mais do que por qualquer um no filme, estamos torcendo para Anakin vencer a corrida. E, embora o diretor Lucas tenha achatado a atuação, a sequência requer reações.

Os detalhes em torno da corrida acrescentam uma textura inexistente nas outras cenas do filme. Cada uma das figurinhas fofas de computação gráfica dos outros competidores recebe coisas específicas para fazer e, surpreendentemente, reações. Temos dois locutores ou, como logo vamos descobrir, um locutor de duas cabeças, e Lucas deu-lhe um bom diálogo, cheio de paródias dos nossos amigos, os clichês de esporte. Temos até uma criatura caminhando na multidão e vendendo umas comidas bem esquisitas. Ou suvenires bem esquisitos. É difícil dizer.

A corrida em si, nitidamente inspirada na corrida de bigas da versão de 1959 de *Ben-Hur*, tem, ao contrário de seu predecessor, diversos cenários que os competidores atravessam. Em vez de as rodas das bigas se enroscarem, é a maquinaria dos pods que se entrelaça. Mas o final da corrida não tem o mesmo peso emocional que a morte de Messala em *Ben-Hur*. Se a sequência foi escrita para a atuação da equipe de computação gráfica, também foi escrita para Ben Burtt, responsável pela sonoplastia em todos os filmes da série. Você só precisa ouvir esta sequência para ver a importância do som em qualquer sequência cinematográfica.

Não é preciso dizer que, ao final da sequência de quinze minutos, Anakin vence e Qui-Gon consegue as peças para a nave. Qui-Gon fez uma aposta extra com o dono da loja e libertou Anakin da escravidão. Sua mãe não foi libertada, mas, como é uma mãe muito nobre, deixa o filho ir embora. No primeiro filme da série, Lucas copiou filmes tão diversos quanto *O mágico de Oz* (1939), *Triunfo da vontade* (1935) e, claro, *Lawrence da Arábia*. Nas cenas de despedida que vemos neste ponto, Lucas perdeu a oportunidade de copiar de dois dos melhores. Como Qui-Gon é tão nobre, não ocorre a Lucas a ideia de sugerir um interesse romântico dele por Shmi. Não estou dizendo algo como *E sua mãe também*, mas talvez a atração silenciosa entre Shane e a mulher do fazendeiro em *Os brutos também amam* (1953) pudesse dar ao filme um pouco de textura. E, se quiser ver uma grande cena de adeus entre mãe e o filho que ela vê partir com esperanças de uma vida melhor, é só assistir a *Cidadão Kane*. Mankiewicz e Welles mantêm o foco na mãe e em suas reações. Purnilla August, a atriz sueca que interpreta Shmi, é perfeitamente capaz de se igualar a Agnes Moorehead em *Cidadão Kane*, mas o roteiro e a direção não são.

Darth Maul chega a Tatooine e temos mais um duelo de sabres de luz. Qui-Gon escapa de volta para a nave, que vai ao planeta onde o Senado está, aos oitenta minutos de filme. A rainha Amidala encontra-se com o senador Palpatine e o chanceler Valorum. É a primeira vez que vemos Palpatine como ele mesmo, e o reconhecemos como a Ameaça Não Tão Fantasma.

Anakin vai visitar Padmé, mas só encontra a rainha. Agora espere aí um minuto. Se a garota com quem ele tem andado é a rainha, ela não deveria demonstrar algum sinal de que o reconhece? Nada demais, talvez uma piscada. Ou será que ela o está dispensando porque conseguiu o que queria: as peças para sua nave? Não fazemos a menor ideia. No Senado, a Federação de Comércio quer enviar um grupo para investigar a situação, mas a rainha Amidala fica nervosa, pede um voto de censura ao chanceler e decide retornar a Naboo. Como sugerido por Qui-Gon, Anakin é testado pelo Conselho Jedi, que o considera velho demais para ser treinado. Qui-Gon quer que ele se torne seu aprendiz. Você já foi comprar mais pipoca? Na prática, é para isso que servem cenas com diálogos entediantes.

O Conselho despacha Qui-Gon, Obi-Wan e Anakin para Naboo, apesar de sentir que Anakin tem um "futuro incerto". Vê o que quero dizer sobre o diálogo ser muito monótono? No primeiro filme da série, Lucas é o único crédito no roteiro, porém ele contou com os companheiros Willard Huyck e Gloria Katz, de *Loucuras de verão*, que ajudaram um pouco no diálogo com pequenos toques de humor, especialmente nas briguinhas entre Leia e Han Solo. Em *O império contra-ataca* (1980) a história é de Lucas, mas foram Lawrence Kasdan (*Corpos ardentes* [1981]) e Leigh Brackett (*À beira do abismo* [1946]) que escreveram o roteiro, e Kasdan e Lucas assinaram o texto de *O retorno de Jedi* (1983). Nos *Episódios I* e *III* Lucas é o único roteirista, e um segundo escritor no *Episódio II* não ajudou muito. Às vezes, os roteiristas não deveriam ter permissão para dirigir os próprios roteiros, e às vezes os diretores não deveriam ter permissão para escrever os roteiros de seus filmes. Mas é verdade que o próprio Lucas percebeu suas limitações como roteirista. Ao aceitar o American Film Institute Life Achievement Award, em 2005, ele referiu-se a si mesmo como o "rei do diálogo inexpressivo".

Jar Jar leva a rainha Amidala até os Gungans. Certo, agora ficou óbvio para nós que Padmé está logo atrás da rainha quando eles se aproximam. Então talvez ela seja uma serva. Mas então ela dá um passo à frente, diz que é a verdadeira rainha, e que a garota vestida de rainha é apenas uma de suas servas. Lucas provavelmente fez com que a rainha se vestisse de forma extravagante, com penteados ainda mais extravagantes, para contribuir com o uso de sósias na trama. Mas isto não contribuiu, e tornou impossível para a pobre Natalie Portman atuar sob o peso de todos aqueles acessórios. Se tentasse usar a linguagem corporal o cabelo desabaria. Veremos no *Episódio III* que Lucas a deixou com o cabelo solto, literalmente, e sua atuação melhora muito. Talvez você afirme que aquele cabelo e aquela roupa foram escritos para mostrar o trabalho de estilistas e figurinistas, mas não escreva cenas com roupas e penteados que impeçam seus atores de atuar.

Amidala vai usar os Gungans como armadilha para entrar na cidade e capturar o vice-rei da Federação de Comércio. As cenas de ação finais foram definidas e agora estamos com 105 minutos de filme. O exército dos Gungans enfrenta o exército de droides enquanto Qui-Gon, Obi-Wan, Anakin e Amidala se esgueiram no palácio para raptar o vice-rei. Anakin encontra uma nave para voar. Lucas faz cortes alternando as quatro cenas de ação: a batalha, a nave, o duelo entre Darth Maul e os cavaleiros Jedi, e Amidala procurando o vice-rei. Jar Jar, lutando ao lado dos Gungans, deixa cair por engano várias bolas azuis que destroem os tanques dos Gungans. Alguns fãs de Lucas vão reconhecer na cena uma variação da bola gigante de *Os caçadores da arca perdida*, enquanto historiadores de cinema podem ver uma referência à avalanche em *Os sete amores* (1925), de Buster Keaton. As cenas de Keaton e de *Os caçadores* funcionam porque você quer que Keaton e Indy escapem das pedras que rolam. Mas Jar Jar...

Ao final do duelo, Darth Maul fere Qui-Gon Jinn mortalmente. Devíamos ficar tão emocionados quanto ficamos no filme de 1977 quando Obi-Wan é morto, mas não ficamos. Não nos conectamos com Qui-Gon da mesma forma que nos conectamos com Obi-Wan. E também sabemos que Qui-Gon, no mundo de *Guerra nas estrelas,* provavelmente reaparecerá nos filmes seguintes em uma boa ponta. É um exemplo de como o conhecimento das regras diminui o impacto da cena.

Anakin faz seu foguete funcionar de novo e abate a nave da Federação de Comércio, que por sua vez destrói o escudo protetor do exército de droides, permitindo que os Gungans vençam. Obi-Wan mata Darth Maul. Qui-Gon, que estava esperando para morrer, revela a Obi-Wan que Anakin é "o escolhido". Palpatine, que agora se tornou chanceler, chega a Naboo e fala para Anakin que vai observar sua carreira com muito interesse, o que não é uma cena tão terrível de prenúncio.

Obi-Wan conta a Yoda que quer tornar Anakin seu aprendiz e Yoda diz que o Conselho Jedi vai concordar. Yoda e Mace Windu concordam que Darth Maul era um Sith, mas, uma vez que Siths sempre vêm em pares, significa que há outro Sith em algum lugar do universo, e eles não sabem qual deles morreu, o mestre ou o aprendiz. As cenas são uma preparação para os dois episódios seguintes, porém de um modo muito óbvio. Lucas fecha o filme com o desfile da vitória em Naboo, mas a banda parece saída de uma escola secundária americana. Você pode tirar Lucas da cidade natal de Modesto, mas você não pode tirar Modesto de Lucas.

Se o roteiro é tão ruim quanto eu digo que é, e se as plateias odiaram Jar Jar Binks, por que o filme se tornou a terceira maior bilheteria da história até aquele momento? A resposta mais fácil, porém não a mais correta, é que havia tanta expectativa nos dezesseis anos desde o fim da primeira trilogia que os fãs da série acharam que *tinham* que assistir a ele. Queríamos ver como começava a história que aprendemos a amar depois de vê-la tantas vezes. Os três filmes anteriores nos entregaram não apenas um mundo, mas vários, aos quais queríamos retornar.

Mas isso explica apenas o sucesso de bilheteria no lançamento, mas não o motivo de continuar a atrair o público. Acho que parte do atrativo é que, apesar de todas as falhas no roteiro, o filme cumpriu parte do que havia prometido. Temos a chance de ver alguns dos velhos personagens e outros novos, mesmo que estes não sejam tão interessantes. Ficamos impressionados com o espetáculo que sabemos que Lucas consegue criar. Embora você possa prever os personagens e a história, o espetáculo criado pelos filmes da série é uma experiência que tem que ser vivida, de preferência na tela grande. Ainda que não tenha sido completamente satisfatório, foi bastante satisfatório. A pergunta é se os elementos insatisfatórios diminuirão o apelo do *Episódio II*.

Guerra nas estrelas: Episódio II – O ataque dos clones
(_Star Wars: Episode II – Attack of the Clones_, 2002.
História de George Lucas. Roteiro de George Lucas e Jonathan Hales. 142 minutos)

"Há muito tempo..." Você esperava algo diferente?

O texto de abertura fala da inquietação no Senado Galáctico, e que milhares de sistemas solares (nada como pensar grande, embora nunca cheguemos a *ver* tantos assim) estão pensando em deixar a República. O movimento separatista sob a liderança do conde Dooku* (tente falar o nome em voz alta sem rir) tem dificultado as tentativas dos cavaleiros Jedi de manter a paz. Um texto de abertura muito melhor do que o do *Episódio I*,

* No Brasil, o nome foi alterado para Dookan. (N.E.)

prometendo combates mais dinâmicos. O texto continua, e descobrimos que Amidala, que conhecíamos como Padmé, a "antiga rainha de Naboo" (ela foi deposta? Ela desistiu? Vai demorar até termos uma explicação) está a caminho do Senado Galáctico. Sua nave pousa (ouça como Ben Burtt se diverte durante a cena: as naves têm o som dos aviões da Segunda Guerra Mundial) e ela morre em uma explosão. Não, não é ela, mas uma de suas sósias, o trabalho mais perigoso do universo. A primeira pergunta do filme é por que alguém iria querer matar Amidala. Nunca teremos uma resposta, embora vejamos um indício mais tarde. Ela agora é uma senadora, então por que ainda tem permissão para usar todas essas sósias?

O chanceler Palpatine conversa com Yoda e Mace Windu sobre seus esforços para impedir a guerra. Aparentemente, ninguém percebeu *ainda* que ele é a ameaça fantasma. Obi-Wan (McGregor está usando o sotaque do Guinness mais maduro, de *A ponte do rio Kwai* [1957]) e Anakin chegam para ver Amidala. Anakin agora é um jovem (embora Padmé não tenha envelhecido nem um pouco) e não vê Amidala faz dez anos. Ele está nervoso porque está meio apaixonado por ela. Amidala reconhece Ani (o apelido de Anakin). Como? Ele era interpretado por Jake Lloyd no primeiro filme e agora é por Hayden Christensen, e os dois não se parecem em nada. Ela percebe que ele cresceu. Ani diz que ela está linda, e ela responde: "Você sempre será aquele garotinho que conheci em Tatooine." E é aqui que o filme começa a se tornar o pior de toda a série *Guerra nas estrelas*. A principal ação dramática do episódio é o surgimento do amor entre Ani e Amidala. Infelizmente, Lucas não é bom nesse tipo de coisa, como roteirista ou diretor. O corroteirista é o inglês Jonathan Hales, que assinou a série de TV *Dallas* (1978-91) e outra chamada *Dempsey and Makepeace* (1985-86) sobre um policial nova-iorquino que se torna parceiro de uma policial britânica em Londres. Sejam quais forem as habilidades que ele usou nessas séries ao escrever sobre homens e mulheres elas não se evidenciam neste roteiro. É impossível dizer, pelas reações de Amidala, como ela se sente em relação a Ani. Depois de observar como ele cresceu, Amidala diz que ele sempre será um garotinho para ela, o que faz com que suas atitudes adiante sejam estranhas. A cena deveria estabelecer que existe uma atração, mesmo que indesejada, por parte de um deles ou dos dois.

Há um pouco de tensão entre Obi-Wan e Ani. Ani quer investigar o atentado contra a vida de Amidala, mas Obi-Wan quer seguir as instruções que ambos receberam. Jar Jar conta a Ani que Amidala ficou feliz em vê-lo. Mas como Jar Jar sabe disso? Ani pensa que Amidala se esqueceu dele, mas será que não estava ouvindo quando ela disse que o reconheceu?

Uma mulher soldado (sim, é verdade) coloca alguma coisa venenosa no quarto de Amidala através de um cilindro voador. Ani destrói o cilindro e, aos catorze minutos, tem início a primeira sequência de ação do filme. Ani e Obi-Wan perseguem a soldado em um carro voador. É uma sequência um pouquinho emocionante, mas se prolonga demais quando os efeitos em computação gráfica tomam a cena, uma falha recorrente no filme. O carro da soldado acaba batendo, e Ani a persegue até uma casa noturna. É uma das poucas vezes nos *Episódios I, II* e *III* que presenciamos um pouco da cultura dos vários planetas de Lucas. As competições de pods no *Episódio I* são, eu acho, um equivalente galáctico à corrida Nascar. Já a casa noturna, escrita para a atuação dos diretores de arte e cenógrafos, é uma combinação de Las Vegas e Tóquio, mas você tem que perceber a textura nos cantos da tela, o que não é necessariamente ruim. Obi-Wan desarma a soldado, que está prestes a lhe revelar o nome do caçador de recompensas quando é morta por um dardo.

O Conselho Jedi sugere que Ani leve Amidala a seu planeta natal, Naboo, para protegê-la. Em termos estratégicos não faz sentido, já que a ideia é mantê-la escondida. Mas se ela é uma senadora, como o Conselho imagina que sua ausência não será notada? Temos uma pequena cena entre Ani e Palpatine, na qual Ani refere-se a ele como seu "guia", o que nos ajudará no *Episódio III*. Yoda, Mace e Obi-Wan discutem o quanto Anakin está se tornando arrogante. Mas, se isso for verdade, por que estão entregando Amidala a seus cuidados? Lucas precisava colocar Ani e Amidala juntos, porém o jeito que escolheu não faz muito sentido.

Amidala pede a Jar Jar que fale por ela no Senado, dizendo-lhe: "Sei que posso contar com você." Ela não assistiu ao *Episódio I*? Não temos qualquer prova de que Jar Jar tenha se tornado mais inteligente. Ela comenta com Ani que ele amadureceu, mas ele se comporta como um adolescente mimado. O juízo dela parece seriamente prejudicado na cena, e ainda não temos qualquer sinal de que esteja apaixonada por Anakin. Quando ele a encara, ela pede que não a olhe "desta maneira". Ani pergunta por quê, e ela responde: "Faz com que eu me sinta pouco à vontade." Mas não há nada em sua reação que nos esclareça por quê. Será que ela o considera desagradável? Estará irritada porque se sente atraída por ele? Nenhuma explicação.

Obi-Wan entra em um barzinho no estilo anos 1950, com uma garçonete de patins, um ambiente com alguma definição, onde conversa com um velho amigo, Dex, personagem de computação gráfica mais interessante que Jar Jar. Dex reconhece o dardo como de um planeta distante. Obi-Wan tenta sem sucesso encontrá-lo nos arquivos (mais uma ligeira referência cultural, mas seria mesmo necessário mostrar a bibliotecária como uma idosa com o cabelo preso em um coque por duas canetas?). Enquanto Ani e Amidala lancham, ela pergunta se um Jedi pode amar. Ele diz que um Jedi tem que mostrar compaixão, a forma mais incondicional de amor. Exatamente o que as garotas querem ouvir.

Obi-Wan mostra a Yoda um holograma do universo (se ele tinha isso, por que foi até os arquivos?) no qual não se vê o planeta perdido. Yoda diz que a gravidade ainda está ali, o que sugere que o planeta ainda está ali. Aos 38 minutos do segundo filme finalmente temos um esclarecimento sobre a situação política em Naboo. Amidala diz que foi a rainha mais jovem já escolhida e que não tinha certeza se estava à altura da responsabilidade. Ani a faz lembrar que gostavam tanto dela que tentaram mudar a constituição para que pudesse ficar no cargo por mais de dois mandatos. Mas ela afirma que ficou aliviada quando seus dois mandatos terminaram. A rainha seguinte pediu-lhe que se tornasse senadora, e ela sentiu que não podia recusar. A cena parece ter sido colocada no roteiro porque os fãs da série tiveram os mesmos problemas que eu em relação aos assuntos da rainha no *Episódio I*. Há uma conversa com a nova rainha, que parece ainda mais jovem do que Amidala quando esta ocupava o cargo. Amidala diz que estará mais segura no Distrito dos Lagos.

Obi-Wan encontra o planeta perdido, Camino, e lá se depara com 200 mil clones preparados para o exército da República, e mais 1 milhão quase prontos. Obi-Wan fica bastante surpreso, uma vez que o Jedi que encomendou os clones tinha morrido havia dez anos. Ele descobre que o exército foi todo clonado dos genes do caçador de recompensas Jango Fett.

Em Naboo, Ani e Amidala vão até um castelo no lago. Ele diz que seu planeta era de areia, não era liso como Naboo. Depois toca suas costas e eles se beijam. Ela se afasta, dizendo que "não deveríamos ter feito isso". Ele se desculpa. Fim da cena. Não percebemos um sinal de paixão entre os dois, o diálogo não diz nada, e os atores, sob a direção de Lucas, não buscam qualquer subtexto.

Em um lago com belas cachoeiras, Ani e Amidala fazem um piquenique. Não é uma locação perfeita para uma cena romântica? O começo é bem promissor, com Amidala falando de seu primeiro namorado, mas logo se torna uma conversa política. Sim, eles rolam na grama, mas ainda é um desperdício de uma bela locação. O principal problema do roteiro é que Lucas e Hales não sabem contar uma história de amor. Eles podiam ter feito isso de diversas maneiras diferentes. Alguns exemplos. Pensar em Anakin como um adolescente rebelde dos anos 1950, e em Amidala como a garota boazinha atraída pelo menino mau. Se esta é a versão de *O selvagem* (1953), então a versão de *A princesa e o plebeu* (1953) é: a princesa se cansa de seus deveres reais, foge, apaixona-se por um plebeu, mas decide no final voltar ao seu dever. Vimos no *Episódio I* uma ponta disso que não foi desenvolvida, nem antes nem depois. Assista a esses filmes dos anos 1950 para ver como a história pode ser comovente.

Ani e Amidala estão em um quarto com uma lareira crepitante. Uma locação quase tão boa quanto a cachoeira para uma cena romântica, mas os roteiristas falham mais uma vez. Ela diz, sem qualquer emoção: "Eu não vou ceder a isso..." Compare com a cena no carro entre a princesa e o repórter em *A princesa e o plebeu*, ou, ainda melhor, com sua fala na embaixada, quando tentam lembrá-la de suas responsabilidades: "Se eu não estivesse ciente de meus deveres não teria retornado esta noite. De fato, jamais retornaria." É *assim* que você parte o coração da plateia. Estamos com quase uma hora de filme.

Obi-Wan entra em um duelo de sabre de luz (o primeiro do filme, o que é um alívio se comparado aos outros) com Jango Fett (a propósito,

Fett tem um filho, que parece fora de sintonia com os acontecimentos ao redor. Você precisa ser um verdadeiro fanático por *Guerra nas estrelas*, ou ter decorado a lista do elenco, para saber que ele é Bobba Fett, que vai crescer e se tornar um caçador de recompensas nos *Episódios V* e *VI*). Fett escapa, mas Obi-Wan o persegue até outro planeta. Em Tatooine, Ani descobre com seu antigo dono que sua mãe, que segundo seus sonhos estava sofrendo e em perigo, foi vendida para Cliegg Lars. Obi-Wan persegue Fett através de um campo de asteroides, uma cena que lembra *O império contra-ataca*. É mais complexa visualmente, porém não tão emocionante, pois a complexidade atrapalha a história que está sendo contada.

Ani e Amidala encontram-se com Owen, o meio-irmão dele (que acaba se tornando o tio de Luke), sua noiva Beru e o pai de Owen, Cliegg, que diz que saqueadores raptaram Shmi. Obi-Wan ouve o conde Dooku dizer que pretende reunir o maior exército da galáxia. Estamos com uma hora e quinze minutos de filme. Ani encontra a mãe e ela morre em seus braços. Como não a vemos desde o *Episódio I*, a morte não tem o impacto que deveria. Yoda pressente que Ani está sofrendo e Obi-Wan envia uma mensagem para Ani, já que Tatooine fica mais perto do planeta onde ele se encontra do que daquele onde Yoda está. É uma das poucas vezes em toda a série em que um detalhe tão importante sobre tempo e espaço é mencionado. Mas logo será suplantado por outros problemas de tempo e espaço, que são particularmente malresolvidos neste filme.

Ani está angustiado por ter falhado em salvar Shmi e diz que, quando se tornar um verdadeiro cavaleiro Jedi, vai impedir que as pessoas morram. Isso determina em parte sua motivação para ser seduzido pelo lado negro da Força no *Episódio III*, mas aqui apenas faz com que pareça abalado pelo sofrimento. Também não contribui para percebermos sua motivação o monólogo sobre as pessoas que matou como Jedi, sobre as quais não temos nenhuma prova. É uma das cenas mais confusas e insatisfatórias de todo o filme. É preparado um funeral para Shmi, sem qualquer traço da grandeza emotiva que John Ford deu a cenas similares em seus filmes sobre o Velho Oeste. Ani então ouve a mensagem de Obi-Wan, que é cortada abruptamente, fazendo Ani e o Conselho Jedi presumirem que

Obi-Wan está sob ataque. Amidala demonstra finalmente um pouco da bravura pela qual sua filha, Leia, se tornará conhecida no futuro, ao dizer a Ani que vai ajudar Obi-Wan, uma vez que estão mais perto dele do que o Conselho Jedi. E, já que Ani tem que protegê-la, ele vai também.

Palpatine diz que precisa de uma emenda para instituir um exército, mas nenhum senador se dispõe a propô-la. Um deles diz que Amidala faria a proposta da emenda se estivesse presente. Agora o atentado à sua vida não faz o menor sentido. Se ela é a única senadora corajosa o suficiente para propor a emenda, por que Palpatine, a Ameaça Não Tão Fantasma, a) tentou matá-la, e b) concordou com o plano de enviá-la para longe? E faz ainda menos sentido em vista da facilidade com que conseguem fazer com que Jar Jar proponha a emenda. Bom, talvez Palpatine soubesse que ela *não* faria a proposta. Porém ninguém mais faria. Talvez ele soubesse que ela iria se opor à proposta, mas isto nunca fica claro.

O conde Dooku tenta convencer Obi-Wan de que ele, o conde, só pensa no que é melhor para a República, e que o Senado está sendo controlado por um Lorde Negro dos Sith. E Obi-Wan ainda não percebeu quem é Palpatine! Ani e Amidala chegam para salvar Obi-Wan, mas acabam presos em uma linha de montagem que parece saída de um desenho antigo da Warner Brothers. Eles são capturados e Amidala diz que não tem medo de morrer. Ela diz para Ani: "Tenho morrido um pouco a cada dia desde que você voltou para minha vida." Não é uma fala ruim, mas nada presenciamos em seu comportamento, nem ouvimos de seus lábios, que nos faça acreditar que seja verdade.

Com 105 minutos, Obi-Wan, Ani e Amidala são levados até a arena, que é muito parecida com o Coliseu em *Gladiador*. A verdadeira referência veio provavelmente das cenas de arena em *Quo Vadis* (1951). Mas, como o *Episódio II* estreou apenas dois anos depois de *Gladiador*, é o filme que permanece fresco na memória da plateia, e então a sequência pode parecer datada, ao contrário da corrida de bigas no *Episódio I*, cuja fonte de inspiração era tão antiga que parecia nova. Roube não só dos melhores, como também dos mais antigos, e assim a maior parte da plateia só se lembrará deles vagamente. Os três são acorrentados a três grandes colunas (veja

Quo Vadis) e três grandes feras são libertadas de suas jaulas para atacá-los. Amidala apela para o velho truque de "usar o grampo do cabelo para abrir as algemas" e os outros dois enfrentam as feras. Uma pessoa na multidão diz que isso não é justo, mas essa é toda a textura que os roteiristas dão à cena, bem diferente da corrida de pods no *Episódio I*.

Nosso trio enfrenta os clones que estão sob o comando do conde Dooku (presumo que é para isso que serve a fabricação neste planeta, a não ser que ele tenha roubado os clones do outro planeta. Ou tenha *clonado os clones*. Será que sua cabeça está começando a doer tanto quanto a minha, ao tentar organizar todos esses clones?). Os cavaleiros Jedi chegam para resgatá-los, e recebem o reforço, pouco depois, dos soldados de armadura branca da República. Não há indicação de que os três tenham ficado presos por muitas horas antes da cena na arena, então como os cavaleiros Jedi e a República conseguiram reunir todos os clones, transportá-los através do espaço, e ainda chegaram a tempo? Sim, temos que deixar de lado nossa descrença, mas às vezes a situação extrapola, e esta é uma das ocasiões.

Os soldados pousam suas naves na arena e salvam o trio, assim como Mace Windu, que, depois de ficar sem fazer nada além de ler falas horríveis durante quase dois filmes inteiros, finalmente recebe uma cena de ação. O conde Dooku se pergunta como a República conseguiu um exército armado e operante tão rápido – uma ótima pergunta, mas, quando alguém sugere que use *seus* próprios clones, responde que levaria muito tempo para mobilizá-los. Mas eles não estavam sendo produzidos em seu planeta? Se a República conseguiu chegar tão rápido, por que seus clones não conseguiriam?

Quero fazer uma pequena pausa para afirmar que é uma honra ver a atuação de Christopher Lee, o ator que interpreta o conde Dooku. Lee, que passou um bom tempo fazendo os filmes de terror da produtora Hammer, dos anos 1950 aos 1970, sabe como atuar com um diálogo ruim. Ouça-o bem na segunda metade do filme, e observe especialmente a enorme variação que dá a falas que não possuem variação alguma. E ele consegue manter a expressão séria ao pronunciar falas desse nível. O que não é pouca coisa para um ator.

Pouco depois de duas horas de filme, Obi-Wan duela com o conde Dooku, fracassa e é substituído por Ani, que acaba perdendo o braço direito. E quem chega para salvar o dia? Yoda. Estamos diante de um dos grandes enigmas da escrita de roteiros. Conhecemos Yoda. Nós o vimos em três filmes antes deste. Sabemos que ele mal se mexe e, quando o faz, usa uma bengala. Tudo que sabemos sobre Yoda nos sugere que ele não é um guerreiro de primeira. Mas aqui está ele, pulando de um lado para o outro, e só não mata o conde Dooku porque precisa salvar Obi-Wan e Ani. Transformá-lo em um prodígio do sabre de luz é errado. Errado, errado, errado e ERRADO!!! Você prestou atenção à reação da plateia quando ele começou a brigar? Eles *adoraram*. Eu, que como vocês devem ter notado gosto de um pouco de coerência, adorei. Por que isso funciona, apesar de contrariar tudo o que sabemos sobre roteiros? Podemos apenas imaginar. Em parte pode ser que o filme seja tão ruim que estejamos preparados para uma surpresa, qualquer surpresa, o que é algo inexistente no roteiro até este ponto. Em parte pode ser porque, desde *O império contra-ataca*, adoramos Yoda como personagem, mesmo com sua sintaxe quebrada, e estamos prontos para aceitar mais esse lado do personagem. Talvez seja só a vontade de ver alguém salvar a pátria. Talvez ele seja apenas como Vivian Leigh em *E o vento levou* (1939). Por que você acha que funcionou? Ou, se você for ainda mais lógico do que eu, por que você acha que não funcionou?

O Conselho Jedi se pergunta se um Sith assumiu o controle do Senado. Puxa vida, como vocês são lentos! Em Naboo, Ani e Amidala se casam. Pelo menos, é o que pensamos que aconteceu, já que não há nenhum diálogo. Vamos lá, seria muito difícil escrever esta cena?

Aos 136 minutos, os créditos começam a rolar.

Assim como no *Episódio I*, fica a pergunta: se é tão ruim, por que fez tanto sucesso? Acho que as respostas são parecidas com aquelas que dei para o filme anterior. É com certeza um espetáculo, mesmo quando a história se desacelera para o que Lucas depois chamaria de seus "refrões de jazz" (veja adiante), alguns dos quais um tanto interessantes. Discuti anteriormente a importância do contexto para um diálogo. Acho que contexto também é importante para um filme, e aqui o contexto é parte de uma série de filmes que já possuíam grande significado emocional para milhões de pessoas. Isso vai se prolongar no *Episódio III*, ou será que os *Episódios I* e *II* foram tão ruins que acabarão com a franquia?

Guerra nas estrelas: Episódio III – A vingança dos Sith (Star Wars: Revenge of the Sith, 2005. Roteiro de George Lucas. 140 minutos)

"Há muito..." É, nós já sabemos, mas ainda funciona.

O texto de abertura nos diz que a República está em perigo, agora que o general Grievous sequestrou o chanceler Palpatine. Certo, nós sabemos, uma vez que prestamos atenção aos *Episódios I* e *II*, que Palpatine é a Ameaça Não Tão Fantasma. Então por que ele foi raptado por seus próprios colegas? Quem sabe eles eram bonzinhos? Isso é algo que nunca descobriremos.

Mas, em vez disso, vemos uma tentativa de resgatar Palpatine, empreendida por dois cavaleiros Jedi: Obi-Wan e Anakin. A cena tem início com uma série de tomadas espetaculares das naves guerreiras de Grievous, com várias outras naves e combates ao seu redor. É uma das mais impressionantes aberturas em toda a série *Guerra nas estrelas*, e nos dá a sensação de que, depois dos episódios anteriores, Lucas pode ter voltado à velha forma. As tomadas não são apenas impressionantes visualmente: também servem para preparar a tentativa de resgate dos Jedi. Eles abordam a nave não para negociar, como no início do *Episódio I*, mas para lutar. Anakin mata o conde Dooku. Isto nos diz que ninguém estará seguro no filme, uma vez que você mata a estrela com cachê altíssimo nos catorze minutos iniciais do filme. É sempre bom deixar a plateia nervosa. Os Jedi tentam pousar a nave, que está se desintegrando, no planeta mais próximo. E conseguem, é claro, aos 22 minutos do filme. É *assim* que você começa um filme: capitalize seus pontos fortes como roteirista: neste caso a ação, a velocidade da narrativa e a escrita para a atuação da equipe de computação gráfica.

Ah, sim, chegamos ao diálogo. Anakin e Amidala conversam. Ela está grávida. Anakin ainda é o adolescente taciturno e ela a princesa ocasional, e o diálogo continua tão monótono quanto antes, embora Christensen e Portman tenham permissão para mostrar alguma emoção. E seu penteado não é mais tão elaborado quanto nos filmes anteriores, e assim a atriz pode mover a cabeça e o corpo. Faz toda a diferença.

Lucas também mostra inteligência ao entrecortar as cenas de diálogo com outras cenas de diálogos curtos, diminuindo o cansaço de ouvir o diálogo ruim *desses* personagens ao lançar o foco para o diálogo ruim *daqueles* personagens. Temos uma cena em holograma da Ameaça Fantasma (e até agora ninguém sabe que… ah, esquece) assegurando a Grievous que logo terá outro aprendiz para substituir Dooku. E voltamos para Amidala e Anakin. Ela quer ter o bebê em Naboo, e faz uma referência à rainha. Está bem, mais uma.

Anakin sonha com Amidala morrendo no parto, o que estabelece uma das motivações que o guiarão no decorrer do filme. Ele fala com Yoda sobre o sonho e tudo o que Yoda tem a dizer é que ele precisa "treinar para se desapegar de tudo o que teme perder". O quê? Yoda tornou-se um niilista?

Palpatine indica Anakin como seu representante pessoal no Conselho Jedi, o início da sedução de Anakin. O diálogo ainda é um pouco óbvio demais, porém Ian McDiarmid, como os outros atores do filme, finalmente tem permissão para *atuar*. Ele consegue encontrar diversas maneiras de evocar emoções sutis em suas cenas. (Existe o boato de que o dramaturgo britânico Tom Stoppard ajudou Lucas no diálogo, mas, como fã de Stoppard, exijo uma declaração registrada em cartório de que o autor de *Arcádia* chegou perto desse roteiro.)

O Conselho Jedi fica preocupado com a designação de Anakin como representante de Palpatine, e não lhe confere o grau de mestre, o que lhe dá mais uma motivação. Temos em todas essas cenas, se não um conflito ostensivo, certamente tensões dinâmicas entre Anakin e os outros membros do Conselho.

Com cerca de 42 minutos de filme, Lucas nos mostra algo que nunca vimos antes em um filme da série: um traço de alta cultura. Até aqui tudo o que podia ser visto nos filmes era cultura pop. Mas Anakin aparece no saguão ornamentado de um teatro. Quem diria que existe um teatro tão classudo numa galáxia distante? O espetáculo parece uma versão galáctica do Cirque du Soleil, com um peixe dourado em um imenso aquário no lugar dos acrobatas. Palpatine diz a Anakin que os Jedi estão conspirando contra ele. Ele compreendeu que o Conselho quer usar Anakin para espioná-lo. Também discorre sobre o poder do Lado Negro da Força. Lucas apresenta a sedução de Anakin através de uma série de cenas que o farão passar para o Lado Negro. O diálogo não é melhor do que antes, mas a estrutura das cenas cria uma dinâmica capaz de fazer frente às cenas de efeitos especiais.

O conselho Jedi envia Obi-Wan para negociar com Grievous, enquanto Yoda vai tratar de uma aliança com os Wookies, um dos quais se revela como sendo Chewbacca. Sua apresentação não é mais impressionante que o encontro entre C-3PO e R2-D2 no *Episódio I*. Não ficou claro para mim, ao assistir ao filme, se os Wookies estão treinando para combater ou empenhados em algum tipo de guerra. Se for um treinamento, por que a destruição? Se for uma guerra, por que não presenciamos seu resultado? Um artigo da revista *Entertainment Weekly* menciona que a sequência foi reduzida no processo de edição, e não preciso de uma declaração em cartório para acreditar nisso.

A sedução de Palpatine começa a surtir efeito em Anakin. Ele diz a Amidala que quer mais. Bom, essas cenas de diálogo podem ser mais ou menos satisfatórias, mas estamos com sessenta minutos de filme e está na hora de uma cena de ação. Temos o duelo de sabres de luz entre Obi-Wan e Grievous. Palpatine se oferece para ensinar a Anakin os segredos da Força, inclusive os do Lado Negro, e sugere que isso pode ajudá-lo a salvar Amidala da morte que ele vê em seus sonhos. Anakin começa a deduzir (finalmente!) que Palpatine é um lorde dos Sith. Volte atrás e releia minha descrição da cena do teatro. Percebe como esta cena é uma progressão daquela?

Anakin conta a Mace que Palpatine é um lorde dos Sith. Mace vai prender Palpatine. Agora temos um problema. Exceto por alguma participação na cena de batalha no final do *Episódio II*, Mace Windu foi muito mal-utilizado. Agora, se Mace está indo atrás de Palpatine, eu quero ver ele "botar para quebrar". Afinal de contas estamos falando de Samuel L. Jackson, o Jules de *Pulp Fiction* (1994) em pessoa. Mas nada disso. É só mais um duelo de sabres de luz. Palpatine mata Mace. Anakin concorda em ajudar Palpatine se ele conseguir salvar Amidala. Palpatine dá a Anakin o nome, mas só o nome, de Darth Vader. Estamos com 76 minutos do filme.

Yoda engana os soldados enviados para matá-lo, e o senador Organa escapa também. Anakin é enviado ao planeta vulcânico Mustafar para proteger o vice-rei. Mustafar é um dos cenários/locações/criações em computação gráfica mais expressivos de todos os filmes da saga *Guerra nas estrelas*. Pode não ser o mais impressionante em termos visuais, porém tem um maior poder sugestivo, algo que Lucas parece entender muito bem. Mustafar vai ser útil como veículo para dar a Anakin o visual de Darth Vader. Os rios de lava sugerem o caos interior de Anakin muito mais do que a atuação de Christensen. Como ator, Christensen tem sutileza, mas não consegue convencer como aquele que vai se tornar o Darth Vader que conhecemos.

Palpatine ataca o complô Jedi contra sua vida no Senado, e Amidala tem uma verdadeira reação diante das palavras dele, *em uma tomada de reação*, algo que você não vê muito, pelo menos não nos *Episódios I, II* e *III*. Obi-Wan descobre que Anakin tornou-se um Sith e conta para Amidala, e depois lhe pergunta se ele é o pai de seu bebê. O que é óbvio. Nenhum desses sábios pensou em perguntar-lhe isso? Afinal de contas, ela estava nitidamente grávida desde o início do filme, e Anakin é a opção mais lógica, não é? Ela é uma senadora e ex-rainha. Ninguém se interessou em fazer a pergunta antes? E então (aos 103 minutos de filme) ela vai a Mustafar falar com Anakin. Desculpe, mas a atmosfera daquele planeta não deve ser um pouco pesada para uma mulher que está prestes a dar à luz? Ela não deveria ser impedida de voar por aí nessa situação? Bom, se eles conseguiram solucionar todos esses problemas médicos, por que não inventaram uma máquina de ultrassom para informá-la de que está grávida de gêmeos?

Anakin diz que o Lado Negro vai salvá-la, mas ela quer que ele fuja. Obi-Wan e Anakin se enfrentam com sabres de luz. O duelo é entremeado com o confronto entre Yoda e Palpatine e sua luta que acontece no Senado, outra maneira de se usar a computação gráfica de forma criativa: a destruição física do Senado é um claro paralelo a sua destruição política. Obi-Wan derrota Anakin e deixa-o queimar (aos 121 minutos). Palpatine resgata Anakin enquanto Obi-Wan leva Amidala para Organa, que diz: "Rápido! Vamos levá-la para o centro médico." Jimmy Smits, que interpreta Organa, é um excelente ator, mas não tem como salvar essa fala.

Lucas entremeia o "reparo" médico de Anakin com o nascimento de Luke e Leia. Anakin recebe sua famosa máscara e começa a falar como James Earl Jones, o que é uma grande mudança da voz de Christensen, mas ainda assim é um momento de satisfação para o público. O contexto faz o momento, da mesma maneira que no nascimento dos gêmeos. O droide médico diz que Amidala perdeu a vontade de viver, e eu acreditaria muito mais nisso se seu amor fosse mostrado de forma mais convincente durante o *Episódio II*. Ela morre. O funeral ocorre em Naboo, com a presença daquela que suponho ser a rainha do mês.

Organa leva Leia para a esposa, e terminamos com Obi-Wan carregando Luke para o tio Owen e a tia Beru. Ambos aparecem na cena final, que faz lembrar uma das imagens mais poéticas daquele primeiro filme da série: o planeta deserto com duas luas. Tudo se encaixa, o que satisfaz os antigos fãs. Mas não podíamos ter pelo menos uma surpresa? Provavelmente não. Aos 133 minutos os créditos começam a rolar.

Certo, admito que o *Episódio III* é melhor do que os *Episódios I* e *II*, e você poderia argumentar que se encaixaria muito melhor na parte "Não tão bons" deste livro. Se quiser arrancar as páginas e colar naquela seção, fique à vontade. A história se move muito mais rápido, como o próprio Lucas reconheceu. Ele disse à *Entertainment Weekly* que 60% do que havia imaginado para os três episódios iniciais está no *Episódio III*, com apenas 40% nos outros dois filmes. Isso lhe deu tempo para fazer o que chamou de "refrões de jazz… coisas que curto" nos dois primeiros filmes. Mas isso acabou prejudicando a força de Lucas como diretor de filmes mais movimentados. E alguns desses refrões, como Jar Jar Binks, não funcionam. Lucas voltou ao vigor narrativo, embora grande parte decorra do processo de edição, onde ele encontrou o foco que a história tem que ter. As limitações do texto, tanto na caracterização quanto – e especialmente – no diálogo, impedem o filme de ser tudo o que poderia ser. Mas ainda assim fez uma *montanha* de dinheiro em virtude do que tinha para oferecer.

Como disse Elaine Lennon, que leu o primeiro rascunho deste livro, referindo-se à sensação familiar criada pelos filmes de *Guerra nas estrelas* em suas plateias: "Vou te contar, esse Lucas sabia o que estava fazendo..."

FONTES

A matéria sobre o *Episódio III* que inclui citações de Lucas é de Jeff Jensen e foi publicada com o título "What a Long Strange Trip It Has Been", na *Entertainment Weekly* de 20 de maio de 2005. A citação de Lucas na entrega do prêmio da AFI está em "Lucas Earns His Own Star", de Susan King, no *Los Angeles Times* de 11 de junho de 2005. Não citei diretamente, mas as duas resenhas de Jeff Goldsmith sobre o *Episódio III* foram publicadas em *CS Weekly* (20 de maio de 2005), uma delas sem quaisquer revelações sobre a trama, outra com muitas. Ambas observaram muito bem as falhas no roteiro desse filme.

17. Tomadas curtas de roteiros ruins

Os filmes estão em ordem cronológica de lançamento.

Duna
(*Dune*, 1984. Baseado no livro de Frank Herbert. Roteiro de David Lynch, mas ele retirou seu nome dos créditos como roteirista da versão de 137 minutos lançada nos cinemas. Seu nome voltou a aparecer na versão de 190 minutos para a TV, embora na opinião da crítica esta seja ligeiramente pior que a do cinema)

Tenho de admitir que nunca vi este filme de cabo a rabo, tanto na versão que chegou aos cinemas quanto na feita para a TV, mas você pode aprender com filmes que não viu. Pode ler as resenhas e o que foi escrito sobre eles em vários lugares. Existe um site muito útil, www.rottentomatos.com, com links para resenhas de jornais e revistas dos Estados Unidos. Como você não quer gastar tempo e dinheiro com filmes ruins, ler as resenhas é uma maneira útil de saber o que é tão ruim nos roteiros que até os críticos percebem. E você ainda economiza e aprende sobre roteiros.

No caso de *Duna*, tenho uma amiga que viu o filme e me contou uma coisa muito interessante. Ela era grande fã do romance de Herbert e, enquanto assistia ao filme, não parava de dizer para si mesma: "Eles ainda estão na página vinte", "Eles estão ainda na página quarenta", "Ainda na página cinquenta", e assim por diante. Dois pontos.

Primeiro ponto: quando adaptar um romance, especialmente um romance longo, você tem que ser implacável. Lembra-se de David Benioff e *Troia*? Romancistas gastam páginas e páginas para escrever coisas que você pode dispensar num filme de duas horas. Quais as partes do romance que você *precisa* ter no filme?

Segundo ponto: uma das dificuldades para escrever um roteiro de ficção científica é criar o mundo do filme. Se você nos mostrar primeiro um homem com um revólver montado a cavalo num deserto, sabemos, até você nos dizer o contrário, que se trata de um faroeste, e conhecemos muito bem quais são as regras. Num filme de ficção científica, você deve determinar as regras do universo onde o filme se passa. Num romance você pode gastar muitas páginas descrevendo as regras, mas não em um filme. Volte atrás e leia o que escrevi sobre as aberturas dos filmes de *Guerra nas estrelas*.

Howard, o super-herói
(*Howard the Duck*, 1986. Baseado na história em quadrinhos de Steve Gerber. Roteiro de Willard Huyck e Gloria Katz. 110 minutos)

Lamento dizer que este eu vi. Assim como os outros deste capítulo.

Eu não tinha lido os quadrinhos *Howard the Duck*, mas conhecia a história o suficiente para saber que Howard era um personagem desbocado e pusilânime, o que era seu charme. Em outras palavras, era o Pato Donald levado à sua conclusão lógica. Ele foi tão suavizado no filme que os fãs dos quadrinhos sentiram-se enganados, assim como aqueles que apenas tinham ouvido falar nele. Se você vai fazer um filme sobre Howard, o Pato, faça um filme sobre Howard, o Pato.

Para fazer justiça a Huyck e Katz, devo dizer que sua abordagem original era mais curta e sombria, mas o estúdio, a Universal, quis que fosse maior e mais leve. Às vezes, você tem que se afastar de um projeto.

FONTES

Não há muita coisa sobre *Howard, o super-herói* em textos oficiais e não oficiais sobre seu produtor-executivo, porém *George Lucas: The Creative Impulse*, de Charles Champlin (Harry N. Abrams, 1992), tem um breve comentário sobre o filme e sobre a abordagem de Huyck e Katz.

Willow: Na Terra da Magia
(*Willow*, 1988. História de George Lucas.
Roteiro de Bob Dolman. 126 minutos)

Este filme é a primeira prova para condenação no caso contra Joseph Campbell e o uso do paradigma de sua jornada do herói como base para a estruturação de um filme. Sim, ele segue a direção de Campbell e bebe na fonte de muitas mitologias clássicas. Willow, o Nelwyn, precisa devolver a escolhida, a infanta Elora Danan, para restaurar... zzz, zzz. Acorde! Tem ainda um vilão no estilo de Darth Vader, o general Kael, e também uma cabra que se transforma numa feiticeira, e... zzz.

A menos que a história e os personagens sejam atraentes, não lhe fará nenhum bem seguir os Segredos Ocultos das Grandes Mitologias do Ocidente. Ou do Oriente.

E efeitos especiais elaborados não compensam, como devemos saber agora, a carência de história e de personagens.

FONTES

Veja no livro de Champlin alguns detalhes sobre a produção.

Procura-se uma noiva
(*The Bachelor*, 1999. Baseado no roteiro
Os sete amores (1925), de Jean C. Havez,
Clyde Bruckman e Joseph A. Mitchell,
por sua vez baseado na peça teatral *Seven
Chances*, de Roi Cooper Megrue, encenada
em 1916. Roteiro de Steve Cohen. 101 minutos)

Os sete amores (1925), com Buster Keaton, é um filme com estrutura impecável, elegante e brilhantemente ritmado. E, não esqueçamos, engraçado. É a quintessência do cinema *mudo*.

A história é simples: Jimmy Shannon descobre que vai herdar 7 milhões de dólares ao completars 27 anos se estiver casado até sete da noite. Ele descobre isso, é claro, no mesmo dia. Tudo bem, sem problema. Ele pode pedir em casamento a garota que ama, Mary. Mas ele põe tudo a perder e agora tem que pedir a mão de cada garota que encontra, e todas recusam. Até seu sócio publicar um anúncio, dizendo que ele herdará o dinheiro. Então aparecem centenas de candidatas que o perseguem pelas ruas, pelo penhasco que Lucas copiou no *Episódio I* etc. Não é preciso dizer que ele acaba ficando com Mary.

Não sei nada sobre a peça teatral, mas você pode perceber que a história é perfeita para um filme mudo. Sabemos o que ele está propondo a cada garota, não precisamos *ouvir* o que é dito a cada vez. Isso significa que Keaton e seus roteiristas podem focalizar as reações das mulheres à sua proposta, e é nisso que está o humor. Observe suas diferentes reações. E a perseguição proporciona grandes momentos de "comédia-pastelão" nos vinte minutos finais.

Os autores de *Procura-se uma noiva* entenderam tudo errado. O Jimmy de Keaton é um cara tímido, desajeitado, um personagem simpático. Torcemos por ele quando sua primeira proposta a Mary não dá certo. Em *Procura-se uma noiva*, Jimmy é um idiota consumado, e nos encolhemos quando este Jimmy pede a mão de Mary, porque temos pena dela.

Então temos cena após cena com ele pedindo as mulheres em casamento, e nós *ouvimos* todas elas. Cohen tenta fazer de cada uma das mulheres parte de um personagem, o que acaba reduzindo o impulso e a velocidade da história. Bem! Tenho destacado não muito sutilmente neste livro os papéis femininos mais bem-escritos. Esta é a exceção que comprova a regra: você não necessita de personagens profundos para estas cenas. Personagens superficiais, engraçados, seriam o bastante *aqui*. Mas *bons* personagens superficiais etc.

Cohen infelizmente não repensou a horda de aspirantes a noiva. As plateias do filme em 1925 deduziram que as mulheres queriam casar, sobretudo pelo dinheiro. Cohen deduz a mesma coisa, em vez de repensar por que mulheres de hoje iriam querer casar com este rapaz e seu dinheiro. Perdeu assim um grande potencial de sátira.

Os sete amores tem 56 minutos. *Procura-se uma noiva* tem 101. Maior não significa melhor. Veja os dois filmes se você *ainda* não acredita em mim.

FONTES

As informações sobre *Os sete amores* estão em *Keaton: The Man Who Wouldn't Lie Down*, de Tom Dardis (Charles Scribner's Sons, 1979).

Deuses e generais
(*Gods and Generals*, 2003. Baseado no livro de Jeffrey M. Shaara. Roteiro de Ronald F. Maxwell. 231 minutos)

Em 1993, Ronald F. Maxwell escreveu e dirigiu *Anjos assassinos*, baseado no romance *The Killer Angels*, de Michael Shaara. Originalmente concebido para a televisão, o filme chegou aos cinemas, saindo-se melhor entre os críticos do que nas bilheterias. Custou cerca de 25 milhões de dólares e rendeu apenas 10 milhões. Isto devia ter sido um sinal de alerta para Maxwell e seus parceiros.

Anjos assassinos funcionou tão bem porque oferecia uma visão épica da batalha mais importante da Guerra Civil dos Estados Unidos. Além da ação, havia um sentido de estratégia de ambos os lados. O filme foi prejudicado pelas constantes falas dos personagens sulistas sobre como lutavam "pelo dever, a honra e o país". Mas o espetáculo foi o suficiente para esquecer tanta falação.

No entanto, parece que Maxwell pensou que o filme funcionou tão bem *por causa* das falas sobre o "dever, a honra e o país", e não *apesar* delas. Assim, em *Deuses e generais*, baseado num livro do filho de Shaara, Jeffrey, as cenas de batalha foram encurtadas, enquanto temos falas após falas sobre – você pode imaginar. Depois de algumas horas disto, ou provavelmente menos, caso seu pessoal, como o meu, tenha lutado pelo Norte, você tem vontade de dar uns tapas em Stonewall Jackson e dizer para ele deixar de fingir que está protegendo a escravidão por uma causa nobre. Como diria um Sulista amigo meu, "that dog won't hunt"*.

---

* Equivalente a "o que você diz não faz sentido". (N.T.)

E você sabe que o filme é pró-Sul quando as únicas batalhas mostradas são as que o Sul venceu. O orçamento da produção foi de 56 milhões de dólares e seu retorno de apenas 12 milhões.

FONTES

Os orçamentos e os resultados de bilheteria de ambos os filmes são do IMDb

---

Sinbad: A lenda dos Sete Mares
(*Sinbad: Legend of the Seven Seas*, 2003.
Roteiro de John Logan. 86 minutos)

Houve muitos filmes sobre Sinbad, o marujo. Ray Harryhausen, o mestre da animação "stop-motion", trabalhou em pelo menos três deles ao longo dos anos. Um filme de Sinbad particularmente brega foi *O filho de Sinbad* (1955), feito pela RKO antes de mais nada, ao que parece, para o dono do estúdio, Howard Hughes, poder paquerar as várias atrizes coadjuvantes.

A história do filme de 2003 é sobre uma falsa acusação a Sinbad de ter roubado o *Livro da paz*. Ele tem uma chance de encontrá-lo e devolvê-lo, ou seu amigo Proteus será morto. Sinbad decide singrar para Fiji, um novo atrativo para filmes de Sinbad e algo que Howard Hughes teria aprovado, mas a noiva de Proteus, Marina, embarca como clandestina e tenta convencer Sinbad a resgatar Proteus. Até aí tudo bem. Sinbad é o belo Brad Pitt, que estaria muito bem se deixasse seu lado ator aparecer mais do que seu ego de astro. Marina é a igualmente bela Catherine Zeta Jones. E a deusa do mal Eris, que põe tudo em movimento, é Michelle Pfeiffer, a quem igualmente ninguém tocou com uma varinha para ser feia ao nascer. Então, qual é o problema?

É uma animação.

Você viu alguma coisa no que lhe contei nos parágrafos anteriores indicando que o filme seria uma animação? Não. Os personagens não são bem-escritos e, com exceção de Eris, não exigem bom desempenho vocal. Quase toda situação poderia ser feita em "live-action". Harryhausen foi inteligente ao usar atores em seus filmes de Sinbad e reservar o "stop-motion" para esqueletos, monstros e afins. Se você estiver escrevendo uma animação, é melhor levar isso em consideração e escrever para a performance dos animadores.

A única coisa no filme que requer uma animação brilhante, e consegue, é o cabelo de Eris. Mas será que o público vai pagar o ingresso só para ver uma cabeleira animada?

Lembre-se dos Gênios da Pixar.

Mulheres perfeitas
(*The Stepford Wives*, 2004. Baseado no livro de Ira Levin. Roteiro de Paul Rudnick. 93 minutos)

O romance de Ira Levin, de 1972, é um inventivo disfarce para os temores masculinos sobre o movimento feminista: no subúrbio de Stepford, os homens se reúnem para ter suas esposas "consertadas" de forma que sejam belas, porém dóceis. O filme de 1975 contava a história mais ou menos como ela foi escrita, como uma história de terror na qual uma das esposas descobre o que realmente está acontecendo.

Em 2004, as coisas tinham mudado. Antes de mais nada, o termo "Stepford wives" ("esposas de Stepford") já faz parte da cultura americana, graças ao livro e ao filme. Todos conheciam a história e o significado da expressão, e isso quer dizer que a plateia estava bem à frente da história. Além disso, tal como *Procura-se uma noiva*, a cultura mudou. Muitas coisas melhoraram para as mulheres, outras não, mas a cultura não é mais a mesma, então não havia como a história ter a ressonância que teve nos anos 1970.

Uma maneira que os produtores encontraram para "atualizar" a história foi transformar um dos casais em um casal gay. Eu gostaria de estar presente na primeira reunião onde a ideia apareceu. Paul Rudnick é um roteirista divertido, e tenho certeza de que ele foi ótimo na reunião em que as possibilidades foram discutidas. Infelizmente, o casal gay tira o filme do eixo, e não de um modo positivo. A história de Levin é apenas superficialmente sobre casais. No fundo, é sobre as atitudes dos homens em relação às mulheres.

Se você pretender refilmar um clássico, lembre-se de que hoje a plateia não é a mesma da época em que ele foi feito. O que nos leva a...

Sob o domínio do mal
(*The Manchurian Candidate*, 2004. Baseado no romance de Richard Condon e no roteiro de 1962 de George Axelrod. Roteiro de Daniel Pyne e Dean Georgaris. 129 minutos)

O livro de Condon e o roteiro de Axelrod oferecem uma visão extremamente cética e mais próxima ao humor negro do que era apresentado à opinião pública na época em que ambos foram escritos: lavagem cerebral tanto pelos norte-coreanos como pelos anticomunistas do governo americano. O filme de 1962 foi o primeiro a parodiar o macarthismo no cinema, e numa época em que a Guerra Fria ainda estava em vigor.

Dos roteiristas creditados na nova versão, Dean Georgaris foi o primeiro a trabalhar o material. No livro e no primeiro filme, Raymod Shaw é o suposto assassino. Ben Marco, seu oficial na Coreia, deduz o que aconteceu e persegue Shaw até o final. Georgaris fez de Marco o suposto assassino. O que significa, para quem se lembra do filme original, que o momento em que Shaw atende o telefone e passa-o a Marco dizendo "É para você" devia ser de parar o coração. Mas não é, porque agora parece artificial e forçado. E mata a última meia hora do filme, uma vez que Marco foi nosso substituto, e que agora não vemos mais Rosie – cujo papel foi promovido para o de um investigador federal – persegui-lo incessantemente. Ruim para o ator que representa o papel com que a plateia mais se identifica desaparecer por tanto tempo ao final do filme.

O trabalho de Daniel Pyne foi atualizar o material concebido para a situação da Guerra Fria. Sua ideia era de que a lavagem cerebral agora seria feita não pelos norte-coreanos, mas por uma grande corporação. Tudo bem, embora óbvio (e Pyne tinha diante de si as notícias sobre o Iraque, a Enron etc.), mas ele não desenvolveu bem a ideia. Volte ao primeiro filme para ver como Condon e Axelrod criaram *personagens* para os norte-coreanos, especialmente o dr. Yen Lo. As pessoas da empresa na nova versão são homens de negócios genéricos. Ao adaptar um clássico, oficialmente ou não, pense em como a história e a situação irão funcionar na cultura de hoje.

A atualização que Pyne e Georgaris fazem para a mãe de Shaw torna-a uma figura mais contemporânea, porém nem um pouco tão convincente quanto no original. Rosie é o único personagem cuja modificação parece ajudar o filme, pois agora se envolve na trama, embora a antiga Rosie servisse como um alívio, tanto para Marco quanto para nós, da tensão da história. Como seus personagens agem no seu roteiro, e como você pode proteger a função deles e os próprios personagens?

FONTES

O artigo de Jeff Goldsmith "Coming Soon: *The Manchurian Candidate*", na *Creative Screenwriting* de julho/agosto 2004, aborda as modificações nos personagens. "Suicide Mission: Writing The Manchurian Candidate", publicado em *Scr(i)pt*, de julho/agosto 2004, aborda a atualização da trama da lavagem cerebral.

Flores partidas
(*Broken Flowers*, 2005. Escrito por Jim Jarmusch, 106 minutos)

A ideia não é ruim: um tipo Don Juan recebe uma carta dizendo que ele é pai de um filho de dezenove anos que não sabia que tinha. Então ele decide ir atrás das mulheres com quem saía vinte anos antes e que poderiam ser a mãe. E encontra o filho.

Opa! No roteiro de Jarmusch, ele *não* encontra o filho. Não haveria problema se ele nos desse alguma coisa em troca. *Acho* que Jarmusch está tentando, no fim das contas, nos levar a pensar que Don Johnston vai achar que *qualquer* rapaz de dezenove anos que vê pode ser seu filho. Desculpe, mas isso não basta. Que final satisfatório você conseguiria encontrar? Você poderia inventar um em que ele não encontra o filho? Como?

Parte do problema, como está escrito e é representado (por Bill Murray), é que Don não convence como um Don Juan. Ele não parece ter energia para sair de casa, ainda mais para seduzir alguém. Sei que o estilo de Jarmusch e o de Murray mais recentemente, a exemplo de *Encontros e desencontros*, é minimalista, porém o Bob Harris de *Encontros* tem um motivo para ser apático: a diferença de fuso horário.

As cenas com as mulheres que ele reencontra são uma salada mista. A primeira delas, Laura, assim como a filha Lolita, tem alguma vida, e o espanto de Don com elas parece justificado. A segunda sequência com Dora e o marido Ron prova seu ponto muito cedo e se alonga mais do que devia. A terceira, com Carmen, a terapeuta de animais, é simplesmente insossa. A quarta, com a ciclista Penny, nunca chega a lugar algum. Que tipos de mulheres você escreveria para Don encontrar?

Sei que Jarmusch é um cineasta minimalista, mas em seus melhores filmes, como *Estranhos no paraíso* (1984) e *Trem Mistério* (1989), temos personagens reais. Estranhos, claro, mas isso é apenas parte da graça.

Perguntas

Fiz um levantamento de perguntas, algumas específicas e outras mais genéricas, sobre os roteiros e filmes que discuto no livro. Abaixo, numa lista prática para uso diário, estão perguntas genéricas que costumam surgir; perguntas que você gostaria de fazer quando lê um roteiro e/ou vê um filme. São, é claro, perguntas genéricas, e haverá também muitas específicas, como há no livro, que podem e devem vir à sua cabeça nessas ocasiões.

Onde o filme começa?
- No presente?
- No presente, pulando para o passado?
- No passado, saltando para o presente?

Como os personagens são estabelecidos?
- Mostrando?
  - O que eles fazem.
  - O que nós vemos.
- Contando?
  - O que eles dizem.
  - O que escutamos a respeito deles.
  - O que outras pessoas dizem *a* eles.

Os personagens são adequados para o filme?

A história é adequada para os personagens?

O que o roteirista está nos contando ou mostrando?
- Ou não nos contando?
- Por quê?

Como o filme está se movimentando?

A história está se desenvolvendo?

Os personagens estão se desenvolvendo?

Os personagens estão se comportando de maneira tola?

Por quê?

Precisamos saber isso?

O roteirista segue o padrão de Syd Field ou o de Joseph Campbell muito rigidamente?

O filme está se afastando daquilo de que trata?

Ele está roubando dos melhores?

Sobre o final:

Ele conclui a história que o filme começou a contar?

Satisfaz o espectador?

Demora muito?

O filme cumpre o que prometeu?

O filme é sobre o quê?

Então, claro, você deve fazer a si próprio as mesmas perguntas quando escrever seu roteiro.

Vários leitores do primeiro rascunho deste livro sugeriram que os roteiristas deixassem esta lista perto de seus computadores, suas máquinas de escrever, suas canetas etc. Quero dar outra sugestão. Se você trabalha com um computador, faça um arquivo separado com as perguntas. Assim você pode facilmente atualizar a lista quando pensar em uma nova pergunta. E, por favor, envie-a para mim através da editora.

Afinal de contas, como a romancista e roteirista ocasional Rita Mae Brown disse: "Computadores não ajudam a escrever, mas sem dúvida ajudam a reescrever."

Agradecimentos

Este livro evoluiu a partir do manual que publiquei em 1982, *Screenwriting*. Para completar aquele volume, coloquei no final uma relação dos roteiros com os quais se pode aprender e anotações de detalhes a serem observados. Não me limitei a roteiros muito bons e apresentei outras duas categorias: as "Joias imperfeitas" (o equivalente à parte "Os não tão bons" deste livro) e os "Desastres com os quais devemos aprender" ("Os ruins"). Portanto, agradeço primeiro aos leitores daquele manual que me sugeriram transformar aquela seção em um livro.

Eu tinha outros projetos em mente, porém, alguns anos atrás, uma conversa com Erik Bauer, editor-chefe da revista *Creative Screenwriting*, sobre livros de roteiros me levou a retomar esta ideia. Portanto, Erik merece muitos agradecimentos, e sobretudo por ter lançado a *Creative Screenwriting*, na qual muitas partes deste livro foram publicadas pela primeira vez, como artigos mais extensos (ver em "Fontes" quais são eles). A *Creative Screenwriting* também é uma das principais fontes de informação para os bastidores da maioria dos roteiros aqui discutidos. Foi através de seu atual editor, Den Shewman, e de Jack Morrisey, assistente do diretor-escritor Bill Condon, que tive acesso aos roteiros de *Kinsey*.

Como sempre, tenho que agradecer a Linda Mehr, chefe da Biblioteca Margaret Herrick da Academia de Artes e Ciências Cinematográficas de Hollywood, e a seus funcionários, que podem achar tudo do que se precisa para escrever sobre filmes.

Jerry Hendrix, que lecionou sobre roteiros para TV no Los Angeles City College (LACC) por 25 anos; Jim Desmarais, que escreve filmes para a TV e leciona criação de roteiros no LACC; e Elaine Lennon, que trabalhou em desenvolvimento com o diretor John Boorman por anos – todos eles leram o primeiro rascunho deste livro e me forneceram uma quantidade imensa de notas detalhadas que o enriqueceram.

O segundo rascunho foi lido por Patrick McGilligan, editor da respeitada série de livros *Backstory*; Claus Teiber, historiador de cinema na Universidade de Viena; e um leitor anônimo da editora da Universidade de Kentucky. Suas notas, comentários e reclamações melhoraram ainda mais este livro.

E agradeço, é claro, a Evander Lomke, Gabriella Page-Fort, e a todos que trabalham na Continuum.